Alpine Guide

ヤマケイ アルペンガイド

関西周辺
週末の山登り
ベストコース123

六甲・北摂／京都周辺／比良・湖西
湖北・湖東・鈴鹿／丹波・播州・但馬
金剛・生駒・紀泉／紀州
奈良・伊勢・室生／大峰・台高

Alpine Guide
ヤマケイ アルペンガイド

関西周辺
週末の山登り
ベストコース123

Contents

本書の利用法

本書は、関西の山のなかから、初心者からベテランまで楽しめるように、コースを厳選して紹介しています。本書に掲載した情報やデータはすべて2020年3月現在のものです。

❶山名

地元での呼び名や地形図上の表記を考慮していますが、一般的に登山者の間で呼びならわされている名称を記しています。

❷所在府県

紹介した山の山頂の所在する府県を載せています。山頂が他府県に属していても、主要なルートがある場合はその府県も表記していることがあります。

❸標高

2020年3月時点の標高で、新たに測量が行われて標高が変更になることもあります。三角点が設けられているピークの場合、小数点第1位まで入れた標高を下に入れています（例＝△1509.8ｍ）。

❹カレンダー

その時期の山の状況を表していますので、出かける時期を決めるときの参考にしてください。花はその時期を代表する花の名を紹介しています。花期は年によって前後することもあります。

❶ 氷ノ山

丹波 播州 但馬

兵庫県
鳥取県

標高
1510m
△1509.8m

但馬の盟主で兵庫県の最高峰になる

氷ノ山は、兵庫県と鳥取県の県境に横たわる中国地西部の雄峰であり、兵庫県の最高峰。関西からは東麓の福定から登るコースが一般的。「ひょうのせん」は鳥取側の呼び名で、昔は兵庫側では「ひょうのやま」と呼んだ。

花（トウダンツツジ）

日本の棚田百選の別宮の棚田から望む氷ノ山

コースガイド

→日帰り　一般向き　歩行時間：8時間25分

❶氷ノ山鉢伏口（20分）→❷福定親水公園（45分）→❸地蔵堂（1時間15分）→❹氷ノ越（1時間20分）→❺氷ノ山（三ノ丸往復2時間、40分）→❻神大ヒュッテ（1時間）→❼東尾根避難小屋（15分）→❷福定親水公園（20分）→❶氷ノ山鉢伏口

❶氷ノ山鉢伏口バス停から登山口の❷福定親水公園までは道路歩きとなる。親水公園から登山道に入り、兵庫の山々を紹介した登山家・多田繁治を顕彰した多田ケルンを右に見て、登山道へ。布滝を正面に見て、滝への遊歩道を外れて左の急な道を登っていく。いったん平坦になると❸地蔵堂がある。再び登りとなり、ひとがんばりで古道の越えた❹氷ノ越（氷ノ山越）に着く。ここには避難小屋があり、山頂に目を向けるとそこにも三角屋根の避難小屋が見える。

ここから稜線伝いにブナ林を抜けてコシキ岩へ。岩には上部から回り込め、岩上から鉢伏山へと続く稜線が一望できる。ここまで来ると❺氷ノ山山頂はすぐ。時間と体力に余裕があるならぜひ南の❻三ノ丸にも足を延ばそう。振り返ると氷ノ山のたおやかな姿が印象

162

❺ピクト

そのコースの特徴をマークで表しています。

- 花が見られる
- 展望がすばらしい
- 温泉をコースと組み合わせられる
- コース中に由緒ある社寺がある
- 新緑が美しい
- 紅葉が美しい

❻日程

登山口から下山口まで歩くのに要する日程を「日帰り」または「1泊2日」で表しています。公共交通機関を利用する場合に前夜発日帰りとなる行程でも「日帰り」と記しています。

氷ノ山から三ノ丸方面にかけては笹原が広がる

的だ。また、氷ノ山山頂直下の千年キャラボクもぜひ見ておきたい。氷ノ山山頂からは東に下る。高層湿原の古生沼を見て、杉木立の古千本を抜けていくと❼神大ヒュッテ（非公開）がある。ここから左へ折れ、しばらくは山腹道を歩くが、やがて尾根通しとなり、❽東尾根避難小屋からはスキー場へと下っていく。❾東尾根登山口に下

り立って舗装路を歩き、❷福定親水公園を経て❶氷ノ山鉢伏バス停まで戻る。

アクセス 往復＝大阪（JR宝塚線・山陰本線特急2時間20分）八鹿駅／全但バス50分）氷ノ山鉢伏／全但バス30分＝6151
駐車場情報 福定親水公園に無料駐車場（約20台）がある。
アドバイス 歩行時間が長く、京阪神から公共交通機関利用の場合は日帰りが難しいので、福定の民宿泊も検討すること。時間的に余裕がなければ三ノ丸は割愛すること。
立ち寄り情報 国道9号沿いの道の駅但馬楽座内にやぶ温泉が湧く。京阪神からのマイカーアプローチの際に便利。8時30分～22時、無休、500円。☎079-664-1000
問合せ先 氷ノ山鉢伏観光協会☎079-667-3113
2万5000分の1地形図 氷ノ山

登山口の多田ケルン

香美町
布滝頭▲1264
地蔵堂
赤倉山
氷ノ城
避難小屋
氷ノ山キャンプ場
仙谷登山口
氷ノ山国際スキー場
❺氷ノ山
避難小屋
1509
千年キャラボク
神大ヒュッテ❼
福定観水公園
氷ノ山鉢伏❶
福定スキー場
八鹿駅
東尾根避難小屋❾
❽東尾根登山口
一ノ谷休憩所
兵庫県
養父市
鳥取県
若桜町
チャレンジリフト終点
三ノ丸❺
▲1464
三ノ丸展望所
三ノ丸避難小屋
大段ケ平
1067m

1:44,000
0 1km
1cm=440m
等高線は20mごと

主な地図記号

- - - 紹介コース		⛨ 避難小屋	
⭘ コースタイムポイント		△ テント場	
⚲ バス停		⊛ 水場	
♨ 温泉		WC トイレ	
⌂ 営業小屋		Ⓟ 駐車場	

❼グレード

コースの難易度を「初心者向き」「一般向き」「経験者向き」の3つのグレードで表しています。体力は個人差が大きいので、よほどの長距離のコースでない限り、難易度の選定をするうえで加味していません。グレードはあくまでも目安なので、自分の体力や登山スタイルを考慮して判断してください。

初心者向き 山登りを始めたばかりの人でも安心して歩けるコース。多少道が複雑な箇所があっても道標が完備され、エスケープルートも多く、危険度が少ない。
一般向き 山登りを何度か経験している人なら、無理なく歩くことができるコース。
経験者向き 道標が未整備であったり、道が不明瞭なため、ルートファインディング能力が必要となるコース。もしくはクサリ場やハシゴ場などの難所の多いコースを主に経験者向きとしています。

❽歩行時間

一般登山者が、日帰り程度の荷物で無理なく歩ける平均的な時間を示しています。休憩時間や食事時間は加味していません。登山中にトラブルが発生することもあるので、時間に余裕をもったスケジュールを組んでください。

❾ガイド文

ガイド文中で、太字で表記されている地名などは、コースタイムの区切りの地点になっています。その地名の前についている番号は地図上の番号と連動しています。なお、自然災害などによって現地の状況が変わることもありますので、登山の計画を立てる際には現地の最新情報をご確認ください。

❿アクセス

大阪のターミナル駅を起点にした一般的な経路を記しています。所要時間は時間帯によって増減することがあります。また、バス便が予告なく廃止されることがあります。

⓫コースマップ

紹介しているコースを赤の破線（2コース以上ある場合は、コース❶を赤、コース❷を緑、コース❸を青）で表しています。

関西の山に登る

関西に標高2000mを越える山はありません。しかし昔からいうように、「山高きがゆえに貴からず」。関西の山には標高にはない魅力にあふれています。

深田久弥の著した『日本百名山』で扱われるのは、伊吹山（いぶき）、大峰山（おおみね）、大台ヶ原山のわずか3山。しかし、これは近代登山のなかに生きる深田久弥という個人が、個人の基準で選んだものです。時代は遡り、江戸時代の絵師・谷文晁が描いた『名山図譜』には、88座、90図の山が扱われていますが、そのうち実に26座の山が関西の山です。それはやはり、関西はわが国では古くから政治の中心であり、それだけ人と関わりをもつ山が数多く存在したということを表しています。あの紀伊半島の奥深くの大峰山脈・山上ヶ岳（さんじょう）にでさえ、すでに

平安時代には、藤原道長が登拝しています。宗教的な意味合いが濃いとはいえ、関西では、幅広い層が、登山に親しんできたのでした。

山が身近であることは、現在においても、変わりはありません。早くから多くの鉄道が山麓に延び、駅から登れる山が多いのも、関西の山の特徴です。登拝の歴史がある山だけでなく、各私鉄では、昭和初期から登山に注目し、登山道の整備を進めてきました。朝、目覚めてよい天気であれば、それからでも山に出かけることができるのです。

本書で紹介した山は、そんな魅力あふれる関西の山のほんの一部です。本書をきっかけに、もっと広く、深く、関西の山に親しまれたならば、幸いです。

加藤芳樹

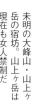

未明の大峰山・山上ヶ岳の宿坊。山上ヶ岳は現在も女人禁制だ

六甲・北摂

京都府

兵庫県

深山
剣尾山
三草山　能勢妙見山
ポンポン山
大岩ヶ岳
有馬三山
（湯槽谷山・灰形山・落葉山）
中山連山
丹生山
東お多福山　六甲最高峰
菊水山　　　荒地山
摩耶山
高取山　再度山
須磨アルプス　六甲全山縦走路
（旗振山・横尾山）
大阪府

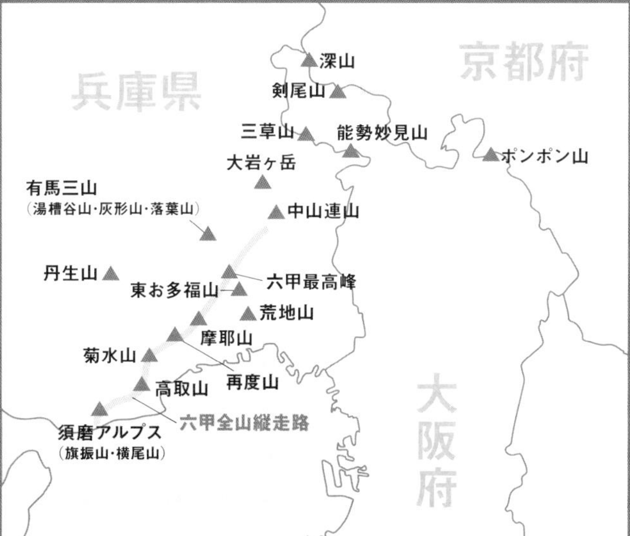

六甲最高峰
（ろっこうさいこうほう）

標高
931m
△931.3m

六甲山の表銀座ともいえる定番コース

六甲山とは山地の名称で、その名を冠したピークはない。実質的には六甲最高峰がその山頂として多くの登山者を迎え入れている。芦屋ロックガーデンから六甲最高峰経由で有馬温泉へ下る道が代表的コースとして人気がある。

1月	2月	3月	4月	5月	6月	7月	8月	9月	10月	11月	12月

新緑

花（コバノミツバツツジ）

花　展望　温泉　　新緑　紅葉

紅葉

電波塔の立つ六甲最高峰山頂

コースガイド

日帰り｜一般向き｜歩行時間：4時間50分

❶芦屋川駅（30分）→ ❷高座ノ滝（40分）→ ❸風吹岩（50分）→
❹雨ヶ峠（1時間20分）→ ❺六甲最高峰（1時間30分）→ ❻有馬温泉駅

　阪急❶芦屋川駅から芦屋川の上流に向けて歩く。「高座の滝」道標に従って高級住宅地を抜けて、❷高座ノ滝へ。高座ノ滝の左には、芦屋ロックガーデンの名づけ親・藤木九三のレリーフがある。ここから中央稜に登り風吹岩に向かう。ひと登りすると、さっそくクサリ場があるが危険はない。いくつか岩場をこなし、道がゆるやかになると、❸風吹岩は近い。

　大阪湾を一望する風吹岩からしばらく魚屋道を水平に歩く。ゴルフ場の先で急坂を登ると東お多福山との分岐である❹雨ヶ峠だ。ここからいったん本庄橋跡まで下り、七曲りの急登に取り付く。ひとふん張りすると、一軒茶屋の前に飛び出す。❺六甲最高峰へは道路を横切って5分ほどだ。

　一軒茶屋の前から魚屋道をたどり、有馬温泉を目指す。時折、左

手の木の間越しに有馬三山が見える。射場山を回り込んでさらに下っていくと、鳥地獄、虫地獄の前に出る。ここで道路を右にたどり、炭酸泉源公園の上部で左に温泉街へと下る道に入って、あとは温泉街を抜けて神戸電鉄❻有馬温泉駅を目指すとよい。

下山したあとに温泉に入るなら、銀の湯と金の湯が日帰りで楽しめる。

風吹岩と六甲名物のイノシシ

アクセス 行き＝大阪梅田駅（阪急神戸線特急15分）西宮北口駅（同線5分）芦屋川駅 帰り＝有馬温泉駅（神戸電鉄有馬線5分）有馬口（同線10分）谷上駅（北神急行10分）神戸三宮駅（JR神戸線新快速20分）大阪駅

駐車場情報 六甲に関しては、街中のコインパーキング利用となり、アクセスには電車利用のほうが便利。

アドバイス 人気コースなので迷うところはない。ロングコースなので、体力は必要だ。ゆとりあるスケジュールで臨もう。

立ち寄り情報 有馬温泉には立ち寄り湯として金の湯（8〜22時、第2・4火曜〈祝日の場合翌日〉休、650円）、銀の湯（9〜21時、第1・3火曜〈祝日の場合翌日〉休、550円）がある。

問合せ先 神戸市森林整備事務所☎078-371-5937、芦屋市地域経済振興課☎0797-38-2033

2万5000分の1地形図 西宮、宝塚、有馬

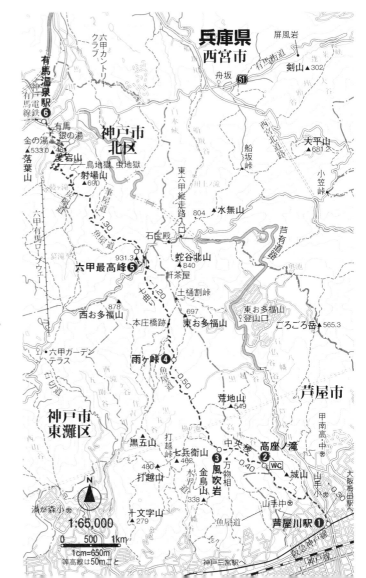

東お多福山

（ひがしおたふくやま）

標高
697m

六甲山地唯一の草原から東六甲縦走路へ

東お多福山は、六甲山地では珍しく草原が広がる。現在はササが優先しているが、以前はススキの草原であり、現在はいくつかの山岳団体がススキ草原復元のために定期的に草刈りなどを実施している。その開放感は折り紙つき。

1月	2月	3月	4月	5月	6月	7月	8月	9月	10月	11月	12月
				新緑						紅葉	

花（ベニドウダン）

花　展望　温泉　　　新緑　紅葉

開放感あふれる東お多福山の草原

コースガイド

日帰り｜経験者向き｜歩行時間：5時間15分

❶東おたふく山登山口（40分）→ ❷東お多福山（草原往復20分、10分）→
❸土樋割峠（30分）→ ❹蛇谷北山（25分）→ ❺石宝殿（50分）→ ❻船坂峠（50分）→
❼大谷乗越（50分）→ ❽塩尾寺（40分）→ ❾宝塚駅

芦有道路にある❶東おたふく山登山口バス停から西に向かう道路に入る。次の分岐で右の林道へ。しばらく林道を歩くと左手に東お多福山への登り口がある。川を渡り、樹林帯の中を登っていく。周囲の植生がササに変わると東お多福山は近い。

❷東お多福山山頂は樹林に囲まれているので、草原の開放感を味わうのなら少し下っていくとよい。

休憩も含め、30分ほど余裕をみよう。山頂からは北の樹林に入って❸土樋割峠で林道を横切り再び山道へ。芦屋市の最高峰である❹蛇谷北山山頂は登山道から少し左に外れている。

蛇谷北山からいったん下り、登り返すと❺石宝殿直下の広場に出る。左に下って山上道路に出て、右にたどって左手に現れる東六甲縦走路入口から登山道に入る。サ

石宝殿の広場

サに囲まれた水無山を越えて、❻**船坂峠**を経て電波塔の立つ大平山で少し舗装路を歩き、右にある登山道を下っていくと、舗装路と交差する❼**大谷乗越**だ。道路を横切り、譲葉山、岩倉山の山腹を絡んで下っていくと❽**塩尾寺**に出る。あとは道路を下り住宅街を抜けていく。ショートカットルートがあるので探してみよう。

宝来橋を越えると、❾**宝塚駅**はすぐそこだ。

アクセス　行き＝大阪梅田駅（阪急神戸線特急15分）西宮北口駅（同線5分）芦屋川駅（阪急バス14分）東おたふく山登山口　帰り＝宝塚駅（JR宝塚線快速25分）大阪駅
アドバイス　土樋割峠から石宝殿までは道標はない。一本道で迷うところはないが、道は倒木などで荒れている。東六甲縦走路も塩尾寺付近が少し荒れている。
立ち寄り情報　宝来橋のたもとに日帰り利用できる温泉、ナチュールスパ宝塚がある。9時30分～23時（土・休日～21時）、第1木曜休、男性840円、女性1040円、☎0797-84-7993
問合せ先　芦屋市地域経済振興課☎0797-38-2033、宝塚市観光企画課☎0797-77-2012
2万5000分の1地形図　宝塚

ベニドウダン咲く東六甲縦走路

摩耶山

六甲・北摂

兵庫県

標高
702m

港町・神戸を見下ろす西六甲の中心地

摩耶山は、新神戸駅を起・終点にでき、ロープウェイも整備されているので、初心者には取り付きやすい山だ。忉利天上寺を中心に古くから信仰の地として栄え、四方から摩耶詣の道が設けられている。

花（アジサイ）

花　展望　社寺　新緑　紅葉

大阪湾を一望する掬星台

コースガイド❶ トエンティクロスを歩き、穂高湖から摩耶山へ

日帰り｜初心者向き｜歩行時間：3時間20分

❶新神戸駅（15分）→ ❷布引ノ滝雄滝（45分）→ ❸市ヶ原（50分）→
❹森林植物園東口（50分）→ ❺穂高湖（40分）→ ❻掬星台・星の駅

　山陽新幹線❶新神戸駅の1階から駅の高架をくぐり駅の北側へ。坂を上がり砂子橋を渡る。布引ノ滝は平安時代からの景勝地で、歌人の歌碑も多い。探勝路をたどると雌滝、鼓滝と続き、最後に最大の❷雄滝が現れる。

　滝前広場の右の階段を登って雄滝茶屋を抜けて尾根道をたどると、すぐに右に神戸市街を見下ろす展望所がある。さらに渓谷沿いに進

むと、目の前に現れる石積みのダムは明治時代に竣工した五本松堰

国重要文化財指定の五本松堰堤

12

飛び石で川を渡るトエンティクロス

堤で、重文指定。布引貯水池の池畔を進み、茶屋が立ち並ぶ❸市ヶ原へ。トイレとベンチがあり、ひと息つける。

　市ヶ原から先に進んで尾根の乗っ越しに着くと、天狗道への分岐がある。ここでは直進して渓谷に下りる。

　ここからはトエンティクロスと呼ばれる渓谷道。途中にある崩落地の歩行は注意が必要だ。「徳川道」看板のある❹森林植物園東口からは歴史の道・徳川道へ。峠を越え左に行くと穂高湖下に着く。❺穂高湖をひとめぐりしてから天上寺を目指そう。

　穂高湖からドライブウェイに出て右に折れ、しばらく行くと左に「アゴニー坂」の道標がある。ひと登りして天上寺に寄り、オテル・ド・摩耶の前を通って縦走路を❻掬星台へ。掬星台は、神戸市街から大阪湾を一望する展望スポット。

　下山は星の駅からロープウェー、ケーブルを利用する。

アクセス　行き＝大阪駅（JR神戸線新快速20分）三宮駅（市営地下鉄3分）新神戸駅
帰り＝星の駅（摩耶ロープウェー・ケーブル15分）摩耶ケーブル下駅（市営バス25分）三宮駅　＊ロープウェー・ケーブルは火曜（祝日の場合翌日）休。夏休み期間は無休。また、摩耶ケーブル下駅から歩いて30分で王子公園駅に出ることもできる。摩耶ロープウェー星の駅☎078-861-2998
アドバイス　渓谷コースなので、雨後の増水に注意しよう。穂高湖は1周すれば15分ほどかかる。
立ち寄り情報　掬星台北にある摩耶自然観察園は、隠れたアジサイの名所。また、星の駅2階のカフェ702のカレーはなかなかの逸品。
問合せ先　神戸市森林整備事務所☎078-371-5937
2万5000分の1地形図　神戸首部

穂高湖。正面のピークはシェール槍

摩耶別山に再建された天上寺

市ヶ原の先、尾根上の分岐までは **コースガイド1** 参照。乗っ越しの分岐から道標に従い稲妻坂に取り付く。

ここから摩耶山までは六甲全山縦走路中でも急坂として知られる稲妻坂と天狗道だ。無理をせずゆっくりと登っていこう。2つ目のピークが❹**学校林道出合**で、ここから天狗道をゆるやかにアップダウンしながら高度を上げていく。最後に急坂を登り切ると山上の舗装路に出る。

舗装路を掬星台に向かう途中、右手に摩耶山山頂三角点への案内が現れる。興味があれば寄っていくとよい。摩耶山最高峰である702mのピークの場所はよくわからないが、三角点のある地点には天狗岩大神が祀られている。やがて右に現れる灯籠は史跡公園への下り口となっている。その先の❺**掬星台**で大展望を満喫したら灯籠へ戻り、石段を下っていく。台風で折れた巨木の親子杉をくぐり、❻**摩耶山史跡公園**へ。ここは昭和51年に焼失した旧天上寺の跡地で、摩耶別山にある天上寺は再建

されたものだ。

史跡公園から長い石段を下り、山門を経て旧参道に入る。左に上野道と呼ばれるロープウェー虹の駅に通じる道を分け、❼**行者堂跡**に着く。直進せずに左に下る道を選ぶと青谷川に沿う青谷道となる。

和歌にも登場する布引ノ滝

掬星台は1000万ドルの夜景でも有名

あけぼの茶屋、観光茶園を経て、最後にコンクリート道を下って橋を渡ると馬頭観音像で有名な**❽妙光院**の前に出てくる。

あとは阪急神戸線の**❾王子公園駅**を目指す。

旧天上寺の階段

アクセス　行き＝大阪駅（JR神戸線新快速20分）三宮駅（市営地下鉄3分）新神戸駅　帰り＝王子公園駅（阪急神戸線7分）岡本駅（同線特急20分）大阪梅田駅

アドバイス　迷うような箇所はないので安心して歩けるが、体力は必要。下山にロープウェーを利用することも検討しよう。上野道を下りケーブル虹の駅へ出るのもおもしろい。

立ち寄り情報　掬星台では冬季を除く第3土曜日にフリーマーケットの「リュックサックマーケット」が開催される。参加は自由。11〜16時。問合せ＝摩耶山再生の会☎078-882-3580

問合せ先　神戸市森林整備事務所☎078-371-5937

2万5000分の1地形図　神戸首部

急坂が続く天狗道

荒地山
（あれちやま）

標高
549m

花の道をたどって巨岩・奇岩の立ち並ぶ山へ

六甲山の人気ルートである中央稜の東、キャッスルウォールやブラックフェイスなど
クライミングゲレンデで知られる荒地山は、一般ルートも岩梯子など手と足を使って
登る岩場が楽しめる。前衛峰の城山は、春はツツジのトンネルになる。

1月	2月	3月	4月	5月	6月	7月	8月	9月	10月	11月	12月
				新緑						紅葉	

花（コバノミツバツツジ）

花 展望　　新緑 紅葉

登山者が憩う岩小屋

コースガイド

日帰り｜経験者向き｜歩行時間：4時間10分

❶芦屋川駅（50分）→ ❷城山（1時間10分）→ ❸荒地山（20分）→
❹魚屋道合流（20分）→ ❺風吹岩（1時間）→ ❻保久良神社（30分）→ ❼岡本駅

阪急❶芦屋川駅から芦屋川の上流に向かい、高座ノ滝への道標に従って住宅地を登る。林間に続く滝道の手前右手に城山（鷹尾山）の道標があるので、右折する。ベンチのある❷城山山頂へはひと登りだ。

春ならばコバノミツバツツジのトンネルとなる尾根道を北へ向かう。下り切ると高座ノ滝への分岐があるが、直進して荒地山への登りにつく。

高度を上げていくと巨岩が目立ち始め、やがて左手に岩梯子と呼ばれる岩場が現れる。手足を使って岩場を登り、ちょっとしたクライミング気分を味わおう。新七右衛門嵓で岩穴をくぐる。岩混じりの道を登り切ると岩小屋という岩場に着く。展望は抜群だ。❸荒地山山頂は尾根道をそのまま北西にたどった小広場だ。

荒地山山頂から西へ下る。ピークの判然としないなかみ山を越えると湿地に出て、❹魚屋道に合流する。左へとって❺風吹岩へ。途中で横池に立ち寄ってもよい。風吹岩からは西へ下る。急な下りがゆるやかになると、やがて魚屋道と分かれ、金鳥山へ向かう。金鳥山もピークはよくわからない。展望のよい広場を過ぎ階段を下っていくと❻保久良神社だ。

保久良神社から急坂を下り、❼岡本駅への石標をたどりつつ帰途につく。

アクセス　行き＝大阪梅田駅（阪急神戸線特急15分）西宮北口駅（同線5分）芦屋川駅　帰り＝岡本駅（阪急神戸線特急20分）大阪梅田駅
アドバイス　荒地山の岩場では岩登りの経験は不要だが、岩梯子を難しく思うのであれば迂回路をたどろう。保久良神社から岡本駅へは石標が立っているがややわかりにくい。
立ち寄り情報　芦屋川駅西の阪急電車高架下にワッフルの店、ワッフラがある。行動食にスイーツはいかが。10〜19時、無休、☎0797-34-5095
問合せ先　芦屋市地域経済振興課☎0797-38-2033
2万5000分の1地形図
西宮

新七右衛門品

有馬三山

湯槽谷山（ゆぶねだにやま）
標高 801m

灰形山（はいがたやま）
標高 619m

落葉山（おちばやま）
標高 533m
△533.0m

有馬温泉を起点にめぐる三山の縦走路

有馬温泉の南西に並ぶ山々を有馬三山という。最高峰の湯槽谷山、展望のある灰形山、妙見宮が立つ落葉山とそれぞれ個性的なピークだ。少し経験者向きになるが、有馬の名を冠する有馬四十八滝とともにめぐってみよう。

花（タムシバ）

花／温泉／社寺／新緑／紅葉

魚屋道からの湯槽谷山

コースガイド

日帰り｜経験者向き｜歩行時間：6時間20分

❶有馬温泉駅（15分）→ ❷ロープウェイ有馬温泉駅（45分）→
❸炭屋道入口（2時間10分、七曲滝・百間滝周遊含む）→ ❹極楽茶屋跡（1時間20分）→
❺湯槽谷山（45分）→ ❻灰形山（35分）→ ❼落葉山（30分）→ ❶有馬温泉駅

　神戸電鉄❶有馬温泉駅から温泉街を抜けてロープウェイ有馬温泉駅へ向かう。金の湯前を右折すると自然に❷ロープウェイ有馬温泉駅に導かれる。駅の横を通る林道は通行止めなので、駅に登らずに直進し、鳥地獄、虫地獄から魚屋道に取り付く。射場山山腹の水平道の途中に炭屋道への下り口があるので、急坂を下って❸炭屋道入口から紅葉谷道に入る。湯槽谷出

合の先で紅葉谷の流れを渡って急坂を登り始めるがすぐに七曲滝への分岐がある。足もとに気をつけながら七曲滝へ向かおう。厳冬期の氷瀑で知られる七曲滝は新緑の頃も美しい。分岐に戻り急坂を登り切ると有馬四十八滝の案内板があり、ここから百間滝へ下ることができる。

　観瀑後、紅葉谷道に戻り、❹極楽屋跡へ。茶屋跡からは折り返

18

すように番匠屋畑尾根に入る。湯槽谷峠から登り返すと❺湯槽谷山山頂だ。長い急坂を下り再び登り返して❻灰形山山頂へ。山頂からは左に折れるように進む。ヤセ尾根を通り❼落葉山の登りへ。山頂には京都の愛宕山山麓から移築された妙見寺が立つ。

落葉山からは観音石仏に見守られながら階段を下る。下り切って少し舗装路を歩き、道標に従って石畳の坂道を行くと観光案内所近くに下り立つ。あとは神鉄❶有馬温泉駅へ。

アクセス 往復＝大阪駅（JR神戸線新快速20分）三宮駅（北神急行10分）谷上駅（神戸電鉄有馬線10分）有馬口駅（同線5分）有馬温泉駅
アドバイス 氷瀑の時期に歩く場合、軽アイゼンは必携。滝めぐりは無雪期も足もとに気をつけよう。自信がなければ観瀑は省いてもよい。
立ち寄り情報 有馬温泉には立ち寄り湯として金の湯（8～22時、第2・4火曜〈祝日の場合翌日〉休、650円）、銀の湯（9～21時、第1・3火曜休〈祝日の場合翌日〉休、550円）がある。
問合せ先 神戸市森林整備事務所☎078-371-5937、有馬温泉観光総合案内所☎078-904-0708
2万5000分の1地形図
有馬、宝塚

落葉山山頂の妙見寺

再度山
ふたたびさん

標高
470m

六甲きっての古刹と憩いの場から異人館通りへ

再度山大龍寺は、弘法大師が渡唐の際にここで修法を祈願し、無事に帰朝して再び訪れたことから、その山号を再度山という。現在その北側は、修法ヶ原池を中心に再度公園が整備され、市民の憩いの場としても親しまれている。

1月	2月	3月	4月	5月	6月	7月	8月	9月	10月	11月	12月
				新緑						紅葉	

社寺　新緑　紅葉

修法ヶ原池と再度山

コースガイド

日帰り｜一般向き｜歩行時間：4時間5分

❶元町駅（20分）→ ❷諏訪神社（1時間40分）→
❸大龍寺（再度公園一周・再度山経由30分）→ ❸大龍寺（30分）→
❹城山（20分）→ ❺北野道入口（30分）→ ❻風見鶏の館（15分）→ ❼神戸三宮駅

　❶元町駅から山の手へ、相楽園の横を通り、突き当たり左の交番横のコンクリートの参道を登って❷諏訪神社へ。本殿左に大師道入口がある。

　水平の山腹道がゆるやかに下り始めると、やがて再度谷に下り立つ。ここからは丁石も点在するコンクリート敷きの登山道で、最後に階段を登ると、江戸時代に完成した猩々池がある。池の横の道路

を登り、すぐ右の登山道を登る。尾根に出て善助茶屋跡を経て、❸大龍寺前の広場に出る。

　大龍寺本堂はあとに回し、左に続く六甲全山縦走路をたどり、再度越を越えて再度公園へ。公園を一周し、再度越に戻るが、峠手前左に再度山山頂への登り口がある。展望のない山頂を越え、弘法大師が自ら彫ったという亀が乗る亀石や、大龍寺奥之院、本堂と参り、

正面の階段を下って大龍寺前の広場に戻る。

　いったん善助茶屋跡に行き、今度は直進。二本松で道路に下り、横断して登山道に入り、城山に向かう。❹城山は戦国時代に松永弾正の城があったところ。そのまま下ると、新神戸駅の北側に出るが、すぐに❺北野道入口があるので入っていこう。たどっていくと、うろこの家のすぐ後ろを通り、北野異人館通りに出る。観光客でにぎわう❻風見鶏の館前の広場を経て北野坂を下って阪急❼神戸三宮駅へ。

紅葉の名所、再度公園

アクセス　行き＝大阪駅（JR神戸線新快速20分）三宮駅（同線2分）元町駅　帰り＝神戸三宮駅（阪急神戸線特急27分）大阪梅田駅

アドバイス　再度山山頂へは特に道標はないが、登山道に入ってしまえば迷わない。城山には曲輪など城跡の遺構が残る。

立ち寄り情報　北野の異人館は、それぞれ定休日や入館料がまちまち。目的の異人館があるようなら事前に調べておこう。北野観光案内所☎078-251-8360

問合せ先　神戸市森林整備事務所☎078-371-5937

2万5000分の1地形図
神戸首部

菊水山
（きくすいやま）

標高
459m
△458.8m

展望抜群のお手軽ピークハント

神戸市街を見下ろす菊水山は、山頂に電波塔を兼ねた展望台があって、明石海峡を望む展望が楽しみだ。下山は、渓谷沿いを歩く鈴蘭台へと下る気持ちのよい道を紹介する。コンパクトで家族でも楽しめるコースだ。

1月	2月	3月	4月	5月	6月	7月	8月	9月	10月	11月	12月
				新緑						紅葉	

展望

新緑 紅葉

港町・神戸を背に菊水山に登る

コースガイド

日帰り｜初心者向き｜歩行時間：1時間55分

❶鵯越駅（25分）→ ❷下水処理場（50分）→ ❸菊水山（30分）→
❹管理道ゲート（10分）→ ❺鈴蘭台駅

神戸電鉄❶**鵯越駅**から線路沿いに東進し、川に沿って橋を渡って六甲全山縦走路を進む。烏原貯水池からの道路に合流し、左へ。道路を北上するとトイレのある❷**下水処理場**がある。その先で処理場を回り込むようにして山道に入り、旧菊水山駅の下を通っていく。

石井ダムを左手に見る橋を渡り、ひと登りすると広場があるが、ここから本格的な登りが始まる。き

つい登りだが、時折背後に展望が開ける。黒い階段がこのコースのふん張りどころだ。きつい登りだが長くは続かず、やがて電波塔の立つ❸**菊水山**山頂に着く。東に神戸市街、電波塔下の展望台からは明石海峡大橋が一望できる。

下山は縦走路を少し進んで、左の鈴蘭台方面への道に入る。下っていくと、池のほとりを歩く散策路があり、すぐに電波塔の管理道

路に出る。ここにはトイレと休憩所がある。少し道路を歩き、再び登山道に入っていく。すぐに道路に出て、今度は横切って登山道に入ると、やがて谷沿いの道になる。せせらぎを聞きながら下れる気持ちのよい道だ。やがて登山道は終わり、❹管理道ゲートに出てくる。

あとは❺鈴蘭台駅を目指せばよい。

渓谷沿いを下っていく

アクセス　行き＝大阪梅田駅（阪急神戸線・神戸高速鉄道特急35分）新開地駅（神戸電鉄有馬線8分）鵯越駅
帰り＝鈴蘭台駅（神戸電鉄有馬線13分）新開地駅
アドバイス　物足りない場合は、オプションとして、イヤガ谷東尾根をたどってもよいだろう。妙号岩は、菊水山を望む好展望地だ。
立ち寄り情報　烏原貯水池は、周遊路が設置されているハイキングエリア。バードウオッチングの適地としても知られる
問合せ先　神戸市森林整備事務所☎078-371-5937
2万5000分の1地形図
神戸首部

電波塔の立つ菊水山山頂

高取山
（たかとりやま）

茶屋めぐりも楽しい神戸長田の裏山

高取山は、六甲全山縦走路中では単独峰の趣がある。山頂直下の高取神社参道には茶屋がいくつもあり、午前中は毎日登山の常連でにぎわっている。単独行の登山家・加藤文太郎をモデルにした小説『孤高の人』の冒頭はこの山で始まる。

1月	2月	3月	4月	5月	6月	7月	8月	9月	10月	11月	12月
				新緑						紅葉	

展望

社寺　新緑　紅葉

階段を登り高取山山頂へ

コースガイド

日帰り｜初心者向き｜歩行時間：1時間45分

❶西代駅（30分）→❷登山口の鳥居（20分）→❸広場（10分）→
❹高取山（20分）→❺野路山公園（25分）→❻妙法寺駅

　神戸高速❶西代駅（にしだいえき）から蓮池小学校の西側を抜け、「右 高取神社本道」と刻まれた石標で右折、すぐに左折して山の手へ坂を上っていく。坂を登り切ると正面に高取山が見える。バス道の信号を渡り、正面の階段を登って高取山への道をたどる。❷鳥居の立っているところが登山口だ。左は高神滝を経て安井茶屋へ至る道で、ここでは右のコンクリートの参道を進む。

　やがて階段になり、清水茶屋や地元登山会のラジオ体操の広場、卓球場のある中の茶屋など、高取山独特の雰囲気の中を登っていく。白川大明神まで登ると道は平坦になり、すぐに六甲全山縦走路と合流する❸広場があり、安井茶屋、潮見茶屋、月見茶屋と続く。ひと登りして山頂直下の高取神社に着く。❹高取山山頂へは奥社に続く階段を登る。

荒熊神社参道にある高取山三角点

ると横尾団地に出る。右折すると地下鉄❻妙法寺駅にたどり着く。

　高取神社に戻ったらさらに西へ。荒熊神社の赤い鳥居が目に入るとそこに高取山の三角点がある。時折須磨アルプスを望む、岩混じりの縦走路を❺野路山公園へと下り、六甲全山縦走路道標を逆走するようにたどりながら住宅地を抜け、突き当たりの広い道路を左へ。バス道を横切り、妙法寺の先で道標に従って高架をくぐって階段を登

アクセス　行き＝大阪梅田駅（阪急神戸線・神戸高速鉄道特急35分）新開地駅（同線6分）西代駅　帰り＝妙法寺駅（市営地下鉄西神・山手線16分）三宮駅（JR神戸線新快速20分）大阪駅
アドバイス　高取神社周辺は神域なので、その心づもりで参拝しよう。登山道らしさを味わうなら、高神滝経由のお滝道もおすすめだ。
立ち寄り情報　茶屋の営業時間はおおむね午前中。月見茶屋（火曜休）、安井茶屋、中の茶屋（月曜休）は開いているが、清水茶屋、潮見茶屋は開いていないこともある。
問合せ先　神戸市森林整備事務所☎078-371-5937
2万5000分の1地形図　神戸首部、神戸南部、前開

妙法寺への道

須磨アルプス

旗振山（はたふりやま）

標高
253m
△252.6m

横尾山（よこおやま）

標高
312m
△312.0m

六甲全山縦走起点のミニアルプス

六甲山地の西端、岩が露出した荒々しい風景を作り出す横尾山から東山にかけてを須磨アルプスと呼ぶ。六甲山の秋の風物詩、全山縦走大会の起点となる須磨浦公園から歩き始めるのが一般的で、初心者に人気が高いコースのひとつだ。

1月	2月	3月	4月	5月	6月	7月	8月	9月	10月	11月	12月

新緑
花（サクラ）

花　展望

新緑

須磨アルプスの核心部・馬ノ背

コースガイド

日帰り｜初心者向き｜歩行時間：2時間40分

❶須磨浦公園駅（40分）→❷旗振山（20分）→❸おらが茶屋（45分）→
❹横尾山（15分）→❺東山（30分）→❻板宿八幡神社（10分）→❼板宿駅

❶須磨浦公園駅から西へ、敦盛橋（あつもりばし）を渡ったところの登山口から須磨浦公園内の階段を登っていく。登るごとに大阪湾の展望が開け、やがて明石海峡大橋が望めるようになる。ロープウェイ山上駅周辺からは須磨の海岸が見下ろせる。

ロープウェイの山上駅から全山縦走路を進まずに、ひと登りして鉢伏山山頂を経由して縦走路に合流しよう。尾根伝いに茶屋と電波

塔のある❷旗振山を過ぎ、急坂を登って鉄拐山（てっかいさん）を越えていくと、丘の上の公園のような場所に出る。目の前には❸おらが茶屋が立っている。茶屋から階段で高倉台団地に下り、縦走路の道標に従って突き当たりを左、名物の長い階段を上がり、展望台がある栂尾山（とがおやま）山頂へ。三角点のある❹横尾山山頂はすぐ先で、ここから岩混じりの下りが始まる。やがて目の前には須

旗振茶屋前から一ノ谷を見下ろす

磨アルプス独特の風景が。このあたりは馬ノ背と呼ばれ、見た目はスケール感があるが、通過は一瞬。❺東山の山頂に着くと正面に高取山が見えている。

　右の板宿（いたやど）への道を選んでゆるやかに下る。分岐がいくつかあるが、❻板宿八幡神社を案内する道標に従えば迷うことはない。板宿駅へは神社から市街地に下り、妙法寺

川沿いの道に出て南下していく。❼板宿駅は地下なので、わかりにくいなら地元の人に聞こう。

アクセス　行き＝大阪梅田駅（阪神本線・神戸高速鉄道・山陽電鉄本線直通特急54分）須磨浦公園駅　帰り＝板宿駅（山陽電鉄本線・神戸高速鉄道・阪神本線直通特急48分）大阪梅田駅
アドバイス　馬ノ背では道を外さなければ見た目ほどは危険でないが、注意して歩こう。短縮したい場合は東山から全山縦走路で妙法寺駅へ下ることもできる。
立ち寄り情報　須磨アルプス近辺は、源平合戦が行われた場所。一ノ谷合戦で討ち死にした平敦盛の塚が須磨浦公園駅近くにあるほか、南麓の須磨寺はゆかりの品々を保管。須磨寺へは山陽須磨寺駅から徒歩15分。
問合せ先　神戸市森林整備事務所☎078-371-5937
2万5000分の1地形図　須磨

おらが茶屋前

1:35,000
0　250　500m
1cm=350m
等高線は20mごと

丹生山
（たんじょうさん）

標高 515m

裏六甲に横たわる自然豊かな山並み

神戸の北部、山田町の背後に横たわる山並みを丹生山系と呼ぶ。丹生山から帝釈山（たいしゃく）を経て稚児ヶ墓山などを有する縦走路が整備され、古くから一部のハイカーには人気の山域だ。神戸市とは思えない、のどかな風景とあわせて楽しみたい。

1月	2月	3月	4月	5月	6月	7月	8月	9月	10月	11月	12月
				新緑						紅葉	

 展望

 社寺　新緑　紅葉

町石の立つ丹生神社の表参道

コースガイド

日帰り｜初心者向き｜歩行時間：2時間20分

❶衝原（1時間）→❷表参道出合（10分）→❸丹生神社（10分）→
❷表参道出合（20分）→❹十一丁石（40分）→❺丹生神社前

　❶**衝原**（つくはら）バス停から山の手に向かって旧サイクリングターミナルを目指して歩くが、せっかくなので、その前に日本最古の民家といわれる箱木千年家（はこぎせんねんや）に立ち寄っておきたい。母屋は室町時代築という14世紀から続く日本最古の茅葺きの民家だ。

　登山口は、今は使われていないサイクリングターミナルの手前の路地を入っていく。この道は源義

経が鵯越（ひよどり）の折に使ったという伝承があり、義経道と呼ばれている。周囲が竹やぶから自然林になり、尾根に上がってしばらく行くと古い石標、続いて明要寺（みんようじ）の歴代住職の墓所に出る。その先の分岐は左にとって、道幅の広い❷**表参道と出合う**。表参道には、背の高い丁石が立っている。丁石に導かれて登りつめ、丹生城跡・明要寺跡、縦走路分岐を経て、すぐに丹生山

山頂の❸丹生神社に着く。平清盛や豊臣秀吉ゆかりのこぢんまりとした神社だ。

　下山は来た道を戻り、登ってきた分岐を直進していこう。丁石は一丁（約109m）ごとに立っており、❹十一丁石まで下っていくと林道に出る。ここは裏参道との出合でもある。道を右にとって登山口を目指していこう。登山口からは、丹生宝庫を経て志染川を渡り、登り返すと❺丹生神社前バス停がある。

低い屋根が特徴の箱木千年家

アクセス　行き＝大阪駅（JR神戸線新快速20分）三宮駅（北神急行10分）谷上駅（神戸電鉄有馬線2分）箕谷駅（神戸市バス20分）衝原　帰り＝丹生神社前（神戸市バス15分）箕谷駅

駐車場情報　衝原バス停近くに有料駐車（約20台）がある。

アドバイス　余力があれば、丹生山系最高峰の帝釈山に足を延ばしてもいい。往復で1時間10分程度。帝釈山の先で鉱山道を下ることもできるが、道は悪い。

立ち寄り情報　箱木千年家は国の重要文化財で、元禄時代にはすでに「千年家」と呼ばれていたという貴重な建物。9〜17時（冬季〜16時）、臨時休館されるので事前に要確認、300円、☎078-581-1740

問合せ先　神戸市北区まちづくり課☎078-593-1111

2万5000分の1地形図　淡河

兵庫県
神戸市
北区

帝釈山
585.9

丹生山系縦走路

鉱山道

コル

足もと悪し

帝釈鉱山跡

丹生神社❸
丹生山
515

丹生城跡・明要寺跡

裏参道

縦走路

0.10

分岐

❷表参道出合

❹十一丁石
（丹生神社分岐）

明要寺住職墓地

0.20

表参道

義経道

古い石標

1.00

竹やぶに入る

山田町衝原

衝原湖

旧サイクリングターミナル

WC

箱木千年家

P

衝原❶

0.40

山田町坂本

登山口

丹生宝庫

箕谷IC

山田町西下

❺丹生神社前

志染川

山田町東下

N

1:25,000

0　　250　　500m

1cm=250m
等高線は20mごと

大岩ヶ岳
（おおいわがたけ）

標高
384m
△384.1m

標高は低くても複雑な地形が楽しめる展望の山

北摂の水源、千苅水源池の東部に広がる丘陵地に位置する大岩ヶ岳は、里山らしい自然林や北摂の山々を一望する展望が魅力。南には貴重な自然の丸山湿原が手厚く保護されている。周辺は複雑な地形で、地図読みを練習するのにもよい。

1月	2月	3月	4月	5月	6月	7月	8月	9月	10月	11月	12月

新緑
花（サクラ）
紅葉

展望　　新緑　紅葉

ドーム型の大岩ヶ岳を目指す

コースガイド

日帰り｜一般向き｜歩行時間：3時間55分

❶道場駅（20分）→ ❷東山橋（15分）→ ❸千苅ダム（50分）→
❹大岩ヶ岳分岐（30分）→ ❺大岩ヶ岳（20分）→ ❻丸山分岐（10分）→
❼丸山湿原（1時間10分）→ ❷東山橋（20分）→ ❶道場駅

❶道場駅の東で踏み切りを渡り、武庫川に沿って歩く。左手の岩場はクライミングゲレンデの屏風岩だ。浄水場の先の❷東山橋手前で左折し、波豆川上流へ。川沿いに貯水場を回り込むと、目の前に昭和初期に竣工した巨大な石積みのダム、❸千苅ダムが現れる。

ダムの直下を橋で渡り、対岸を下流に進むと左手にフェンスに沿った登山道が現れる。ここが実質的な登山口だ。ゆるやかな谷地形をひと登りして尾根を乗り越す。あとは大岩ヶ岳への分岐まで続く道を、左手に水源池を見下ろしながらたどっていけばよい。

小さな道標がある❹大岩ヶ岳分岐で右の道をとり、急坂を登って尾根に出る。大岩ヶ岳の丸い姿を見ながら小さなピークを2つ越えて❺大岩ヶ岳山頂へ。北に目をやると有馬富士、羽束山、大船山な

丸山湿原には周遊路が設けられている

をとろう。展望のよい裸地や谷沿いの道を経て❷東山橋へと戻り、あとは❶道場駅を目指す。

ど北摂北部の山々が波のようにうねっている。

　山頂から東へ下って次のピークの北側を迂回すると、鞍部に道標が立っているので、丸山を目指して谷道を下っていく。❻丸山分岐に突き当たり、広い道に出たら右折し、すぐに左折すると❼丸山湿原に達する。時間があれば、湿原を周遊してもよい。ここで右に道

アクセス　往復＝大阪駅（JR宝塚線45分）道場駅
駐車場情報　千苅ダム手前の貯水池前に無料駐車場（約20台）がある。
アドバイス　神戸市側は公設の道標はなく、宝塚市側は道標があるものの地形が複雑で、道も煩雑。地形図は必携だ。コンパスもあわせて使用したい。
立ち寄り情報　ひとつ大阪側の武田尾駅で降りると武田尾温泉がある。日帰り温泉施設はないが、元湯（☎050-5587-8441、1000円、土・日・祝日のみ利用可）などいくつかの旅館で日帰り入浴ができる。
問合せ先　神戸市北区まちづくり課☎078-593-1111、宝塚市観光企画課☎0797-77-2012
2万5000分の1地形図　武田尾

明治竣工の千苅ダム

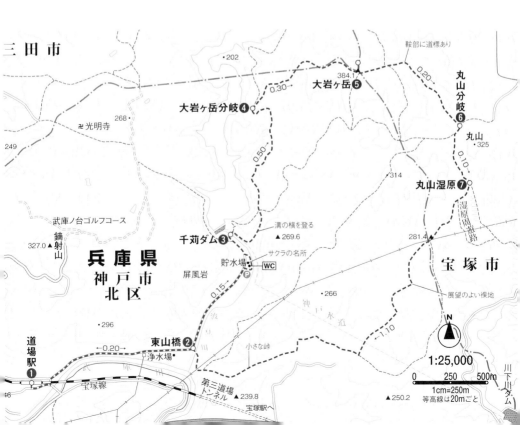

三田市

光明寺　268・
249

武庫ノ台ゴルフコース
鏑射山　327.0

兵庫県
神戸市
北区

・296

・202

大岩ヶ岳分岐❹

0.30　大岩ヶ岳❺
384.1

0.50

0.20
鞍部に道標あり

丸山分岐❻

丸山
・325

0.10

・314

千苅ダム❸
貯水場　WC
屏風岩
サクラの名所

溝の横を登る
・269.6

丸山湿原❼

281.4

湿原周遊路

宝塚市

0.15

神戸水道

・266

展望のよい裸地

道場駅❶
宝塚線
0.20
東山橋❷
浄水場・
1.10

小さな峠

N

1:25,000
0　250　500m
1cm=250m
等高線は20mごと

第三道場トンネル
▲239.8
宝塚駅へ

▲250.2

川下川ダム

46

中山連山

なかやまれんざん

古刹・中山寺の花咲く裏山をひとめぐり

西国札所の中山寺の北から東にかけて馬蹄形に連なる山々を中山連山と呼ぶ。アクセスがよく、手軽なために人気のコースとなっているが、後半には急坂の岩場も待っている。春にはコバノミツバツツジが咲き誇り、花ハイクも楽しい。

1月	2月	3月	4月	5月	6月	7月	8月	9月	10月	11月	12月
				新緑						紅葉	

花（ウメ）　花（サクラ・コバノミツバツツジ）

花　展望

社寺　新緑　紅葉

縦走路から大阪市街を遠望する

コースガイド

日帰り｜一般向き｜歩行時間：3時間35分

❶中山観音駅（5分）→ ❷中山寺本堂（30分）→ ❸夫婦岩（30分）→
❹中山寺奥之院（30分）→ ❺中山最高峰（1時間）→ ❻満願寺西山（20分）→
❼満願寺・山本駅分岐（40分）→ ❽山本駅

❶中山観音駅から門前町を抜け、大きなわらじのぶら下がる中山寺の山門をくぐる。境内に入って直進し、西国三十三カ所第24番札所の❷中山寺本堂へ。

本堂前を左折し、信徒会館の前を通り中山梅林を横目に下って谷を渡り、奥之院参道に取り付く。丁石が点々と続く道を登っていくと、甲山が望める❸夫婦岩にたどり着く。

夫婦岩の先で中山最高峰方面への道と、奥之院方面への道に二分するが、ここでは奥之院に立ち寄ってから最高峰に向かおう。❹中山寺奥之院は大寺の中山寺とは打って変わり、こぢんまりとしているが、近年改築されて朱色が目にまぶしい。

中山最高峰へは奥之院手前から北に延びる道に入る。やがてフェンス沿いの道になるが、三角点の

ある❺**中山最高峰**は、縦走路から少し左に外れる。ここで縦走路は東に方向転換する。下り始めると周囲は灌木が多くなり展望のよい縦走が楽しめるようになる。春ならコバノミツバツツジで沿道がピンクに染まる。アップダウンを繰り返し、❻**満願寺西山**を経て送電線鉄塔の立つピークを越えると岩場の下りとなる。このコース唯一の難所を足もとに気をつけて下り、下り切ったところが❼**満願寺・山本駅分岐**だ。

分岐を右にとって山本駅を目指す。大聖不動尊の土門手前を左に進んだところに落ちる最明寺滝（さいみょうじ）にぜひ立ち寄ってから❽**山本駅**へ向かいたい。

最後の岩場は慎重に下ろう

アクセス　行き＝大阪梅田駅（阪急宝塚線急行28分）中山観音駅　帰り＝山本駅（阪急宝塚線急行27分）大阪梅田駅
駐車場情報　中山観音駅周辺の有料駐車場やコインパーキングを利用する。
アドバイス　里山だけに分岐が多いが、道標や赤テープに従えば迷わず歩ける。最後の岩場はロープがあるが足もとはかなり悪い。慎重に下ろう。
立ち寄り情報　中山寺の西にある清荒神も信仰に厚い寺。奥之院から歩いて下るハイキングコースもある。富岡鉄斎の作品を収蔵する鉄斎美術館もある。
問合せ先　宝塚市観光企画課☎0797-77-2012
2万5000分の1地形図　武田尾、広根、宝塚、伊丹

剣尾山
けんびさん

標高
784m

歴史と展望の北摂を代表する名山

大阪府の北端にそびえる剣尾山は、北摂でもポピュラーな山。里山らしい雑木林や巨岩、360度の展望と変化に富んでいる。山岳宗教の栄えた地で、岩をめぐる行場や、山頂直下には遺構を残す月峯寺跡がある。下山後に温泉があるのも魅力だ。

1月	2月	3月	4月	5月	6月	7月	8月	9月	10月	11月	12月
				新緑						紅葉	

展望　温泉　　新緑　紅葉

横尾山の登りから振り返る剣尾山

コースガイド

日帰り｜一般向き｜歩行時間：3時間35分

❶森上（30分）→ ❷浮峠（30分）→ ❸登山口（20分）→ ❹行者山（1時間）→
❺剣尾山（30分）→ ❻横尾山（30分）→ ❼頂上広場（15分）→ ❽能勢の郷

❶森上バス停で下車し、すぐ北の道を西に進むと、右手に林間に入っていく林道が分岐する。❷浮峠を越え、集落に出ると、正面に行者山と剣尾山手前の送電線鉄塔のあるピークが見える。山辺川を渡り、国道沿いの行者口バス停から玉泉寺の前を通り、キャンプ場を左手にして❸登山口へ向かう。

最初は植林帯を登るが、大岩に刻まれた大日如来の磨崖仏や行者堂を過ぎると自然林となり、❹行者山に着く。ちなみに磨崖仏から左手の道に入ると行場を経由できるが、上級向けルートである。

行者山からはのどかな里山林が続く。六地蔵まで来ると、その先に山岳寺院の月峯寺跡がある。ひと登りで巨岩の横たわる❺剣尾山山頂だ。

展望のよい山頂からは、尾根を北へ。明治時代の国境碑が立つ三

叉路で「横尾山」の道標に従い左折、鞍部から見事な松林を登り返すと反射板が立つ。ここで左に折れると三角点のある❻横尾山山頂だ。北には北摂最高峰の深山（みやま）の山稜が見えている。

下山はさらに直進し、黒いフェンスに突き当たったところで左の急坂を下る。傾斜がゆるやかになると、岩混じりの快適な道に。尾根の下部は21世紀の森として整備され、❼頂上広場から「おにやんまの道」を選んで下っていくと❽能勢の郷バス停に下り着く。

アクセス 行き＝大阪梅田駅（阪急宝塚線急行22分）川西能勢口駅（能勢電鉄妙見線17分）山下駅（阪急バス20分）森上　帰り＝能勢の郷（阪急バス45分）山下駅
駐車場情報 能勢の郷に無料駐車場（約80台）がある。
アドバイス 浮峠から登山口まではおおさか環状自然歩道の道標を頼りに。能勢の郷からのバス便は土・日・祝日のみなので注意。平日は山辺口バス停まで歩かなければならない（40分）。
立ち寄り情報 下山地の能勢温泉は日帰り利用ができる。無料送迎バスあり。10時30分〜21時、無休、800円（土・日・祝900円、GW・お盆1000円）、☎072-734-0041
問合せ先 能勢町観光文化課☎072-734-0001
2万5000分の1地形図 埴生、妙見山

大岩に大日如来が刻まれる

反射板

京都府
亀岡市

横尾山❻
784.8

0.30

719 笠山

分岐注意フェンスに沿って下る

「横尾山」道標あり

剣尾山❺
784

旧野外活動センター

鉄塔　岩場

展望よし

月峯寺跡

❼頂上広場

六地蔵

山辺

送電線鉄塔
684.0

篠山へ

21世紀の森

行者山❹
469

1.00

行場（上級者向け）

能勢温泉

おにやんまの道 0.15

行者堂
磨崖仏

大阪府
能勢町

能勢の郷❽ Ⓟ

WC 0.20

❸登山口

杜のテラスキャンプ場

ユースホステル玉泉寺
玉泉寺卍

行者口

山辺

173

・298.7

おおさか環状自然歩道道標

城山
▲433

0.30

・428.0

卍月峯寺

❷浮峠

0.30

山田

・337

N

「不法投棄強化地域」看板

今西

1:35,000 大里

西能勢局

垂水

岐尼神社卍

コンビニ

山辺口

0 250 500m
1cm=350m
等高線は20mごと

❶森上
池田へ

三草山（みくさやま）

標高
564m
△564.0m

雑木林に棚田。北摂の里山の魅力を堪能する

剣尾山の南方、鍋を伏せたような山容が特徴の三草山は、山そのものは小ぶりながら、クヌギやナラガシワといった雑木林に覆われ、里山の自然を満喫できる。日本の棚田百選の長谷（ながたに）の棚田も見逃せない里山風景だ。

1月	2月	3月	4月	5月	6月	7月	8月	9月	10月	11月	12月

新緑
花（サクラ）
紅葉

✳ 花 👀 展望　　🍃 新緑 🍁 紅葉

おおさか環状自然歩道を三草山に向かう

コースガイド

日帰り｜一般向き｜歩行時間：2時間45分

❶森上（30分）→ ❷慈眼寺（15分）→ ❸登山口（20分）→
❹ゼフィルスの森ゲート（15分）→ ❺三草山（15分）→
❻才の神峠（1時間10分）→ ❶森上

❶森上（もりがみ）バス停で下車し、すぐ北の府道を西へ、岐尼神社（きね）の前で左折し、橋を渡って道なりに進む。ゆるやかな坂道はやがて水平になり、左手に❷慈眼寺（じげんじ）が現れると、その先におおさか環状自然歩道の道標がある。道標に従って左へ。正面にはドーム型の三草山が横たわる。

林道の終点まで歩くと「ゼフィルスの森」の説明板と三草山への道標がある。ここが❸登山口。登りはじめはクリ林や植林が続くが、クヌギが増え始めると登りも急になり、❹ゼフィルスの森のゲートにたどり着く。

周辺は林床がきれいに掃除されたナラガシワ林だ。「ゼフィルスの森」は、ナラガシワを食草とするミドリシジミ（チョウ）が見られることから名づけられた。山頂への尾根道には時折植林が混じる

日本の棚田百選の長谷の棚田

が、おおむね手が入れられた雑木林で、傾斜もゆるやかだ。登りつめた❺三草山山頂はサクラが囲む広場になっていて、展望は東と南が開けている。

山頂からは、才の神峠へ一気に下っていく。登りと違いこちらは急坂だ。❻才の神峠には古い石標が残り、たくさんの道が交差している。北に向かい、右の道を選ん

で下ると、やがて視界が開け、棚田の中を歩くようになる。田園風景を楽しみながら長谷川に沿う道に出て、❶森上バス停に向かう。

アクセス　往復＝大阪梅田駅（阪急宝塚線急行22分）川西能勢口駅（能勢電鉄妙見線17分）山下駅（阪急バス20分）森上
駐車場情報　利用できる駐車場はない。
アドバイス　コースが短くファミリーハイクにも向く。才の神峠から長谷の棚田周辺は、特にコースを定めずにのんびりと里山風情を楽しむとよいだろう。
立ち寄り情報　森上バス停の南に古くから北摂の温泉宿として知られる汐の湯温泉があり、日帰り利用もできる。11〜18時（水曜14時〜）、無休、1000円、☎072-734-0021
問合せ先　能勢町観光文化課☎072-734-0001
2万5000分の1地形図　妙見山、木津

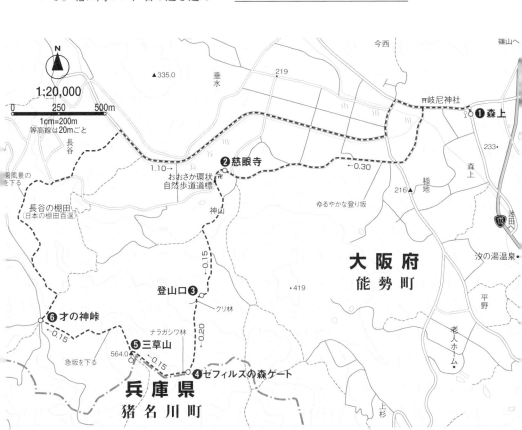

能勢妙見山
（のせみょうけんさん）

標高
660m
△660.1m

「能勢の妙見さん」の自然と歴史を満喫する

今も信仰に厚い妙見宮を山頂に有し、四方から参道が延びる妙見山。現在はハイカーしか歩かない参道はそれぞれに個性があり、好みの道を選んで登ることができる。山頂付近には大阪府下では貴重なブナ林を有することでも知られる。

1月	2月	3月	4月	5月	6月	7月	8月	9月	10月	11月	12月

新緑

花（サクラ）

紅葉

 展望　 社寺　新緑　紅葉

上杉尾根から見たケーブル山上駅付近

コースガイド 1 旧参道の快適な尾根道で里山を楽しむ

日帰り｜初心者向き｜歩行時間：3時間40分

❶妙見口駅（20分）→ ❷上杉尾根登山口（1時間30分）→ ❸妙見山上（10分）→
❹能勢妙見宮（40分）→ ❺大堂越（30分）→ ❻黒川駅（30分）→ ❶妙見口駅

　能勢電鉄❶**妙見口駅**から北へ歩き、国道を横切って池の手前から延びる道に入るとその奥に❷**上杉尾根登山口**がある。ひと登りすると尾根上に上がる。里山の風情を楽しみながら、尾根道をたどっていこう。春にはヤマザクラが咲く道で、古い灯籠の名残もある。少し尾根を外れるが、台場クヌギの森が再整備されているので、余裕があるなら立ち寄ってもよい。ア

カマツ林の散策路なども設けられている。尾根道が山腹道に変わり、駐車場に導かれると、すぐに❸**妙見山上**バス停のある広場に出る。

　参道をたどって、❹**能勢妙見宮**に参っていこう。小ぶりの開運殿が本殿だ。信徒会館の星嶺手前から尾根伝いにブナ林を通り、林道に出て妙見ケーブル山上駅に向かって下っていく。途中で右手に大堂越への分岐がある。分岐からは

多くの参拝客が集まる妙見宮

急坂を下って、下り切った鞍部が**❺大堂越**の峠だ。

　ケーブルの黒川駅へは左。谷沿いの道は台場クヌギや炭焼き窯跡など、里山の暮らしの名残がそこここに点在している。ケーブル**❻黒川駅**からケーブルの軌道を見上げると、サクラの帯が山上に向かって一直線に延びており、見ごたえがある。

あとは国道に出てしばらく南下し、往路を**❶妙見口駅**に向かう。

アクセス　往復＝大阪梅田駅（阪急宝塚線急行22分）川西能勢口駅（能勢電鉄妙見線27分）妙見口駅
駐車場情報　ケーブル黒川駅に有料駐車場（約45台）がある。
アドバイス　妙見宮周辺は分岐が多いので道標の示す方向に注意しよう。大堂越の道はほかと比べると多少荒れているが問題はない。なお、新滝道は2020年3月現在通行止め。
立ち寄り情報　ケーブル山上駅の広場に平成になってから掘り出されたミネラルウォーター「妙見の水」がある。水筒を持っていない場合はペットボトルも購入できる。
問合せ先　能勢町観光文化課☎072-734-0001、川西市文化・観光・スポーツ課☎072-740-1161
2万5000分の1地形図　妙見山、広根

サクラに囲まれた
妙見ケーブル

コースガイド❷ 渓谷歩きを楽しみ、野間の大ケヤキへ

日帰り｜初心者向き｜歩行時間：3時間55分

❶妙見口駅（10分）→ ❷初谷渓谷入口（2時間20分）→ ❸能勢妙見宮（45分）→
❹奥ノ院鳥居（20分）→ ❺本滝口（10分）→ ❻野間の大ケヤキ（10分）→ ❺本滝口

　❶妙見口駅から南へ向かう。道なりに進んで信号を渡り、山の手へ進んでいく。橋を渡り、なおも進むと初谷コースを示す道標がある。ここが**❷初谷渓谷入口**だ。

　入っていくとすぐに詳細なコース案内が描かれた「よしかわガイドマップ」の案内板がある。道すがら伝説などが書かれた解説板などが楽しい。ゆるやかな渓谷を何度か渡り返しながら登っていくと、やがて植林帯となって車道に出る。道標に従って車道を進むと、再び

道標があり、登山道に入る。一度車道を横切ると石鳥居があり、やがて**❸能勢妙見宮**の境内へと入っていく。

　下山路へは、本殿の開運殿手前におおさか環状自然歩道の案内板がある。下り始めてすぐにブナ林があり、そこからは一気に下り、大杉大善神、御供水所を経て本滝寺へ。本滝寺下の道路に出たら西へ向かう。**❹奥ノ院への鳥居**を見送り、さらに下っていく。信号のあるバス道まで下ったら、**❺本滝**

ロバス停は左にすぐだが、せっかくなので、**❻野間の大ケヤキ**に寄っていきたい。ケヤキとしては大阪府最大、幹周り約14m、枝を周囲にいっぱいに広げた姿は見ごたえたっぷりだ。

　樹齢1000年ともいう巨木を見学したら、**❺本滝口**からバスに乗る。

枝を広げる野間の大ケヤキ

アクセス　行き＝大阪梅田駅（阪急宝塚線急行22分）川西能勢口駅（能勢電鉄妙見線27分）妙見口駅　帰り＝本滝口（阪急バス10分）妙見口駅　阪急バス☎072-739-2002
アドバイス　初谷渓谷は水量は少ないが、徒渉箇所が多い。雨天時は注意を要する。本滝寺下からの道路は歩道がないので車に注意しよう。
立ち寄り情報　本滝寺には、土・日・祝日と月曜のみの営業だが「ほんたき山のカフェ」がある。ドリップコーヒーやケーキなどが味わえる。9〜17時、☎072-737-0028（本滝寺）
問合せ先　能勢町観光文化課☎072-734-0001
2万5000分の1地形図
妙見山、広根

大阪府下では貴重なブナ林もある

ポンポン山

やま

標高
679m
△678.8m

大阪・京都府県境のユニークな山名の山

本来は加茂勢山といったが、山頂で四股を踏むとポンポンと音がしたからポンポン山と名がついたという。北摂ではハイキングの山として人気がある。大阪側に神峯山寺と本山寺、京都側に善峯寺の古刹がある。

1月	2月	3月	4月	5月	6月	7月	8月	9月	10月	11月	12月
				新緑						紅葉	

花（サクラ）　花（カタクリ）

花　展望　　社寺　新緑　紅葉

自然林の美しい道になると山頂は近い

コースガイド

日帰り｜一般向き｜歩行時間：4時間30分

❶原立石（30分）→ ❷神峯山寺（1時間30分）→ ❸本山寺（1時間）→
❹ポンポン山（1時間）→ ❺善峯寺（30分）→ ❻小塩

　❶原立石バス停でバスを降り、府道から右に派生する道をたどっていくと、鳥居が立っている。傍らには牛地蔵が鎮座する。鳥居をくぐって舗装路を登っていくと、昔、商人たちが米価を占ったというト占の一種、勧請掛を経て❷神峯山寺山門前へ。ここからは長い林道歩きだ。ゆるやかな尾根上の道は本山寺駐車場からコンクリート道になる。登りつめて未舗装路

になった参道を進む。再び勧請掛をくぐっていくと、毘沙門天が有

毘沙門天を祀る神峯山寺。修験の聖地・七高山のひとつ

41

名な古刹❸本山寺にたどり着く。東海自然歩道は本堂右手から続いている。平坦な道が階段道に転じて尾根に出ると、先ほど勧請掛で分岐した道に合流。ここからは山頂までほぼ一本道。植林帯を抜けると雑木林が美しい。

❹ポンポン山山頂は、自然歩道から左に少し外れる。展望は北東に京都市街、南に淀川の流れが光る。北側は丹波の山並みだ。

下山は東海自然歩道を東へ。高圧線の鉄塔が立つ東海自然歩道・おおさか環状自然歩道分岐で東海自然歩道を選んで善峯寺に下ろう。杉谷集落まで下りて右へ。つづら折りに道路を下っていくと、❺善峯寺にたどり着く。善峯寺からすぐのところに善峯寺バス停があるが、冬季は運休しているので、十輪寺すぐそばの❻小塩バス停まで歩く。

ポンポン山をあとにモチツツジ咲く東海自然歩道を行く

本山寺山門

米相場を占う勧請掛

42

ポンポン山山頂

サクラの見事な善峯寺

アクセス 行き＝大阪駅（JR京都線新快速17分）高槻駅（高槻市営バス15分）原立石 帰り＝小塩（阪急バス25分）東向日駅（阪急京都線4分）長岡天神駅（同線特急32分）大阪梅田駅

駐車場情報 本コースはマイカー登山に不向き。本山寺の駐車場は参詣者用なので利用できない。

アドバイス 原立石からは東海自然歩道を歩くので迷うところはない。釈迦岳経由のおおさか環状自然歩道は東海自然歩道ほど整備されていないが道はよいので、下りにそちらのコースをたどることもできる。高圧線鉄塔から右の環状自然歩道へ進んだ場合は、釈迦岳先の下りでは赤テープを頼りに歩くことになる。

立ち寄り情報 西国20番札所の善峯寺は、第5代将軍綱吉の母、桂昌院が再興に尽力した寺。長さ40mを誇る遊龍の松が有名。拝観8～17時（平日8時30分～）、500円、☎075-331-0020

問合せ先 高槻市観光シティセールス課☎072-674-7111、京都総合観光案内☎075-343-0548

2万5000分の1地形図 高槻、法貴、京都西南部

1:68,000
0 500 1km
1cm=680m
等高線は20mごと

深山
みやま

標高
791m
△790.6m

草原の広がる北摂の最高峰と名渓

京都府南丹市と大阪府能勢町の府県境にゆったりと草原を広げ横たわる深山は、その
たおやかな山容に似合わず、北摂の最高峰だ。西側には、昔から景勝地として知られ
るるり渓が流れ、温泉施設もあり、組み合わせると充実した登山になる。

1月	2月	3月	4月	5月	6月	7月	8月	9月	10月	11月	12月
				新緑						紅葉	

展望　温泉　　新緑　紅葉

ススキとササの稜線が続く深山

コースガイド

日帰り｜一般向き｜歩行時間：3時間35分

❶るり渓バス停（20分）→❷るり渓入口（45分）→❸通天湖休憩所（10分）→
❹るり渓温泉（15分）→❺登山口（1時間）→❻深山（50分）→
❺登山口（15分）→❹るり渓温泉（奥るり渓バス停）

　駐車場とトイレのある❶るり渓バス停から、ゆるやかに坂を上っていく。次の分岐を直進すると、るり渓十二勝のひとつ鳴瀑がある。さらに園部川に沿って進めば樹林から田園風景に変わるが、やがて左手にるり渓へと続く道が現れる。入っていくとやがて「渓谷歩道入口」と書かれた碑がある。ここが❷るり渓入口だ。道はやがて渓谷沿いとなり、次々に奇岩や淵、ナ

メ滝など、名前のついた名勝が現れる。整備された渓谷歩道をたどり、渓谷美を楽しもう。渓谷歩道は、最後は通天湖の手前で道路に上がる。すぐにトイレのある❸通天湖休憩所がある。

　しばらくは左に通天湖を見ながらの道路歩き。奥るり渓バス停のある総合レジャー施設の❹るり渓温泉を過ぎ、ヤギ牧場を過ぎると右手に深山の❺登山口がある。

登山道はしばらくはゴルフ場に沿うが、やがてロープが張られた急坂となる。ゆるいアップダウンを繰り返すようになると樹林を抜けてススキの草原が広がる。尾根道をたどっていくと、❻深山頂上だ。頂上には雨量観測所と、深山宮がある。深山宮には特に祠はないが、鳥居があり、小さな丘の上には岩が祀られている。

下山は、往路をたどって❹るり渓温泉へ。奥るり渓バス停から帰ることもできるが、温泉を利用すれば、シャトルバスで日生中央駅方面へ行くこともできる。

アクセス　行き＝大阪駅（JR京都線新快速29分）京都駅（JR嵯峨野線45分）園部駅（京阪京都交通バス24分）八田・南八田（ぐるりんバス7分）るり渓　帰り＝奥るり渓（ぐるりんバス15分）南八田・八田（京阪京都交通バス24分）園部駅

駐車場情報　るり渓バス停近くに10台前後駐車できる無料駐車場がある。るり渓温泉にも駐車場はあるが、本コースを歩く場合には不適。

アドバイス　バスの便はかなり少ないので、事前に確認しておこう。帰りは、大阪方面に帰るのであればるり渓温泉を利用して、日生中央駅・川西池田駅、京都方面なら園部駅へのシャトルバス利用が便利だ。

立ち寄り情報　るり渓温泉の日帰り入浴は、7〜24時、平日700円、土・日・祝800円。そのほか、レストランやプラネタリウム施設などもある。☎0771-65-5001

問合せ先　南丹市商工観光課（バス路線も）☎0771-68-0050

2万5000分の1地形図　埴生

渓谷歩道が整備されたるり渓

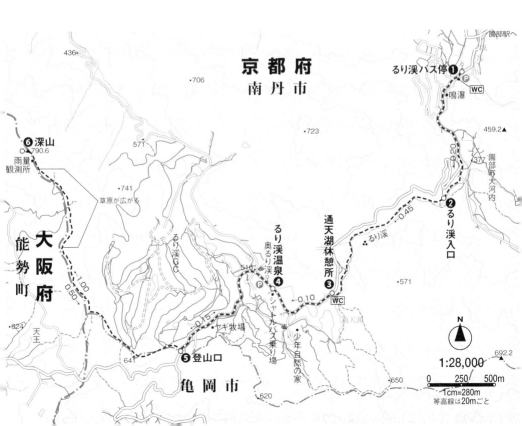

六甲全山縦走路

六甲・北摂

兵庫県

ロング
トレイル
①

阪神間の背山を歩き通す

六甲山の秋の風物詩、全山縦走大会では、2000人もの人が、神戸市須磨区の須磨浦
公園から宝塚までつながる公称56kmの縦走路を1日で歩き通す。個人の場合は、エス
ケープルートが多いので、分割して挑戦しやすいのが都市山・六甲山のよいところだ。

須磨アルプスを行く登山者（六甲全山縦走大会）

プランニング＆アドバイス

1日で歩き通すなら、須磨浦公園駅を早朝5時台、遅くとも6時には出発する。秋冬の
時期は夜明け前に出発、日没後に宝塚着になるのでヘッドランプは必携。最高峰直下ま
では随所に自動販売機があり飲料の補給は可能。中断するなら、公共交通機関のある六
甲ガーデンテラス、または六甲有馬ロープウェー六甲山頂駅までに判断しよう。順路は、
市街地の道標が西から東へ歩くことを前提に設置されているので、それに準じたほうが
無難。また、無理せず2回、3回と分けて歩くことも行いやすい。

距離 42km（公称56km）　**公式地図** 六甲全山縦走マップ（神戸市発行）
問合せ先 神戸市文化交流課☎078-322-5165
2万5000分の1地形図 須磨、前開、神戸首部、有馬、宝塚

公園のようなおらが山

1回目
須磨浦公園駅〜鵯越駅
日帰り | **初心者向き** | **歩行時間：4時間10分**

　須磨浦公園駅から西へ、敦盛橋西詰から鉢伏山に登り、旗振山、鉄拐山を過ぎる。おらが茶屋の先で団地を抜け、須磨アルプスを越えて東山から妙法寺の住宅地へ。高取山を越えて広場から市街地へ。丸山の市街地を歩き、鵯越駅に向かう。市街地は、地図だけでは歩きにくい。縦走路の道標を見つけながら歩こう（P26「須磨アルプス」、P24「高取山」参照）。

アクセス
行き　大阪梅田駅（阪神本線・神戸高速鉄道・山陽電鉄本線直通特急54分）須磨浦公園駅
帰り　鵯越駅（神戸電鉄8分）新開地駅（神戸高速鉄道・阪急神戸線特急35分）大阪梅田駅

馬ノ背を通過する

2回目
鵯越駅〜記念碑台
日帰り | **初心者向き** | **歩行時間：6時間40分**

　縦走路は鵯越駅から線路沿いに橋を渡り菊水山へ。天王谷吊橋へ下って鍋蓋山へと大きく登り返す。再度山大龍寺からは舗装路を歩き、山道に入ると市ヶ原に着く。左折して、縦走路最大の急坂とされる稲妻坂、天狗道をたどって摩耶山の掬星台へ。さらに天上寺、アゴニー坂を経由し、自然の家から山中に入りドライブウェイへひと登り。縦走路はドライブウェイを横切り三国池を経由するが、そのままドライブウェイを歩いてもよい。記念碑台で縦走路を離れ、六甲ケーブル山上駅へ約20分（P22「菊水山」、P12「摩耶山」参照）。

グルームが居住した三国池

アクセス
行き　1回目「帰り」参照
帰り　山上駅（六甲ケーブル10分）ケーブル下駅（市バス10分）六甲駅（阪急神戸線5分）岡本駅（同線特急20分）大阪梅田駅

六甲山の父・グルーム像のある記念碑台

菊水山への登り

ネットで保護されたゴルフ場の縦走路

3回目
記念碑台〜宝塚駅

| 日帰り | 初心者向き | 歩行時間：5時間50分 |

　記念碑台から日本最古のゴルフ場・六甲ガーデンテラスを経て六甲最高峰に立ち寄り、石宝殿の先で東縦走路に入る。アップダウンしながら高度を下げ、塩尾寺を経て宝塚駅へ（P10「東お多福山」参照）。

アクセス
行き　2回目「帰り」参照
帰り　宝塚駅（JR宝塚線快速25分）大阪駅

観光スポットの六甲ガーデンテラス

砂山権現は掃き清められている

高取山への登りから見た須磨アルプス

秋の市ヶ原

京都周辺

▲ 青葉山

▲ 峰床山

桟敷ヶ岳 ▲　▲ 皆子山

　　　　▲ 天ヶ岳

　　　　▲ 金毘羅山

愛宕山 ▲　　　　▲ 比叡山

　　　清水山 ▲　▲ 大文字山
　　　　　　　▲ 稲荷山

京都一周トレイル

稲荷山（いなりやま）

標高
233m

清水山（きよみずやま）

標高
242m
△242.2m

京都東山の名所を抱く山々

伏見稲荷（ふしみいなり）といえば全国のお稲荷さんの中心。その背後の稲荷山から、京都一周トレイルをたどり、清水寺（きよみずでら）の裏山・清水山と、京都市街を一望する東山山頂公園とあわせて楽しんでみたい。下山は京都きっての観光名所、円山公園（まるやまこうえん）へ。

1月	2月	3月	4月	5月	6月	7月	8月	9月	10月	11月	12月

新緑
花（サクラ）
紅葉

花　展望　社寺　新緑　紅葉

東山山頂公園から京都市街を一望する

コースガイド

日帰り｜初心者向き｜歩行時間：3時間45分

❶伏見稲荷駅（20分）→ ❷伏見稲荷大社奥社（15分）→ ❸四ツ辻（稲荷山一周30分）→
❸四ツ辻（30分）→ ❹泉涌寺（50分）→ ❺清水山登山口（20分）→ ❻清水山（20分）→
❼東山山頂公園（25分）→ ❽八坂神社（15分）→ ❾京都河原町駅

　❶**伏見稲荷駅**前から参道を直進し、稲荷大社の楼門、続いて本殿へ。本殿の左奥、有名な千本鳥居の先に❷**伏見稲荷大社奥社**がある。奥社の前を左、軽く登り下りして突き当たりを右、熊鷹社では左へ。三ツ辻から右の階段を登ると展望のよい❸**四ツ辻**に出る。

　四ツ辻を直進、大杉社、眼力社などを見ながら下り、御劔社（みつるぎしゃ）から登り返す。一ノ峰、二ノ峰、間ノ峰、三ノ峰と続き、再び❸**四ツ辻**へ戻る。そのまま直進し、田中社の左の道に入ると、展望のある荒神峰だ。

　その先でなだらかな車道を下り切って、泉涌寺（せんにゅうじ）方面へ。市街地は道が複雑なので京都一周トレイルの道標を見つけながら進もう。❹**泉涌寺**の門前を通り、さらに市街地を歩く。六条山手前でようやく登山道に入るが、道路に抜けて国

道1号に向かう。国道は左に進み、隧道を経て清水山の裾に出る。道を左にとると❺清水山登山口がある。尾根に登り着いて左へ。❻清水山山頂の三角点は、ベンチのある地点から右に外れたところにある。下って一度ヘアピン状に折れ、東山山頂公園への登りに取り付く。❼東山山頂公園に出たら京都市街を見下ろす展望台に立ち寄ろう。平安京遷都ゆかりの将軍塚は、まっすぐ進んだ大日堂境内だ。

　大日堂手前で左に折れ、すぐにトレイルを外れ左の快適な道を知恩院に向かう。道が細くなると、法垂窟を経て知恩院の鐘楼へと下り着く。あとは円山公園を通り、❽八坂神社から❾京都河原町駅へ。

アクセス　行き＝淀屋橋駅（京阪本線特急40分）丹波橋駅（同線7分）伏見稲荷駅　帰り＝京都河原町駅（阪急京都線特急43分）大阪梅田駅
駐車場情報　一般登山者の場合は、伏見稲荷大社周辺のコインパーキングか、円山公園の京都市円山駐車場（有料）を利用する。
アドバイス　清水寺の南のゲートは開門が6時〜17時30分、知恩院のゲートは6〜16時なので、立ち寄るなら通過時間には注意しよう。
立ち寄り情報　山麓には有名寺院が目白押しでどこも立ち寄りたいところばかり。清水寺は、清水の舞台で知られる本堂は拝観料400円が必要。6時開門、閉門時間は季節により異なる。
問合せ先　京都総合観光案内所☎075-343-0548
2万5000分の1地形図
京都東南部、京都東北部

大文字山
だいもんじやま

**標高
465m
△465.3m**

手軽なハイクで人気の五山の送り火の山

大文字山といえば五山の送り火。火床から一望する京都市街はもちろんだが、山麓には哲学の道が通り、南禅寺や銀閣寺などの有名社寺も多く見どころもたっぷり。アクセスもよく手軽なので、京都では人気のある山のひとつ。

1月	2月	3月	4月	5月	6月	7月	8月	9月	10月	11月	12月
				新緑						紅葉	

花（サクラ）

花　展望　　社寺　新緑　紅葉

火床は京都市街を見下ろす絶好の展望台

コースガイド

日帰り｜初心者向き｜歩行時間：3時間5分

❶蹴上駅（20分）→❷日向大神宮（20分）→❸七福思案処（1時間）→
❹大文字山（15分）→❺火床（30分）→❻銀閣寺橋（40分）→❶蹴上駅

　地下鉄❶蹴上駅を出て北へ向かうとすぐにレンガ造りのトンネル「ねじりマンポ」がある。くぐり抜けて右に進むと琵琶湖疎水のインクラインがある。軌道の坂を登り切り、琵琶湖疎水にかかる大神宮橋を渡って日向大神宮の参道へ。❷日向大神宮は、石段を登ったところに外宮、橋を渡った奥に内宮がある。内宮の左手に続く道を登り、天の岩戸の先へ続く道をたど

ると、道が左右に分かれる。左の道を選んで道の交差する❸七福思案処へ。

　七福思案処からは、山頂まで登山道はほぼ尾根伝い。頂稜手前、四ツ辻の京都一周トレイル道標「東山45」は直進し、尾根に上がって左へ行くと、ベンチのある❹大文字山山頂に着く。山頂からは南側の展望が開けている。

　山頂からは尾根道を火床に向か

って一気に下る。突然前方が開けるとそこは送り火の大の字のてっぺんだ。❺火床の中央まで下ると、京都市街はもとより、市街の向こうには愛宕山（あたご）が見え、北に目を移すと京都北山の山並みの展望が楽しめる。

　大文字中央からは、「大」の字の「一」の頭のところから階段道を銀閣寺に向かう。千人塚を経て谷を渡り下っていくと銀閣寺だ。あとは参道を西に向かい、❻銀閣寺橋から哲学の道を歩き、南禅寺を経て❶蹴上駅に戻ればよい。

桜咲く哲学の道

アクセス　往復＝大阪駅（JR京都線・琵琶湖線新快速35分）山科駅（京都市営地下鉄東西線5分）蹴上駅
駐車場情報　南禅寺周辺などにあるコインパーキングを利用する。
アドバイス　日向大神宮から七福思案処へは、大回りになるが京都一周トレイルをたどってもいい。七福思案処から道標「東山45」までは同トレイルをたどる。
立ち寄り情報　銀閣寺拝観は8時30分〜17時（冬季9〜16時30分）、500円。南禅寺は境内自由。ほかに永観堂や法然院など立ち寄りたいところは多い。
問合せ先　京都総合観光案内所☎075-343-0548
2万5000分の1地形図
京都東北部

1:30,000
0　250　500m
1cm=300m
等高線は20mごと

北白川　大山祇神社
日本バプテスト病院
御陰通
北白川仕伏町
「東山54」
出町柳駅へ
浄土寺橋
銀閣寺橋
❻
▲121
吉田山
銀閣寺
左　京　区
神楽岡通
白沙村荘庭園
銀閣寺前
トレイル案内板
哲学の道
千人塚
階段を下る
金戒光明寺
卍法然院
❺火床
真如堂
卍
白川通
黒谷町
卍霊鑑寺
京都一周トレイル
幻の滝
❹大文字山
465.3
俊寛僧都碑
「東山45」道標
丸太町通
卍若王子神社
京都一周トレイル
南禅寺
卍永観堂
七福思案処
卍南禅寺
京都一周トレイル
金地院
ねじりマンボ
レンガ造りのトンネルをくぐる
❸
京　都　府
大神宮橋
天の岩戸
WC
京　都　市
❶蹴上駅
❷日向大神宮
山　科　区
インクライン
地下鉄東西線
京都一周トレイル
将軍塚
東山山頂公園
展望台
WC
小さな池
山科駅へ
天智天皇陵・
みささぎ

比叡山
ひ・え・い・ざん

標高
848m
△848.1m
（大比叡）

京都の鬼門を守る古都を代表する霊山

京都と滋賀の府県境にそびえる比叡山は、世界遺産にも登録される霊山だ。京都から見ると端正な形をしており、都富士とも呼ばれる。都の鬼門を守っている。山上の延暦寺への数ある登山道はいずれも古くからの登拝路か、千日回峰の道である。

1月	2月	3月	4月	5月	6月	7月	8月	9月	10月	11月	12月

新緑

花（サクラ）

紅葉

✿ 花　👀 展望　🏛 社寺　🍃 新緑　🍁 紅葉

比叡山の中心地、東塔の根本中堂

コースガイド 1 京都側の雲母坂から千日回峰の道へ

日帰り｜一般向き｜歩行時間：6時間10分

❶修学院駅（20分）→ ❷雲母橋（1時間30分）→ ❸ケーブル比叡駅（40分）→
❹大比叡（2時間）→ ❺横川（40分）→ ❻仰木峠（1時間）→ ❼野村別れ

　京都側でいちばん知られる登山道は、なんといっても雲母坂。❶修学院駅から音羽川に出て川沿いにさかのぼっていくと、❷雲母橋がある。橋を渡ると雲母坂がスタート。えぐれ方に歴史を感じる道は、京都一周トレイルとの合流点、水飲対陣跡碑まで自然林の中を続く。植林帯に入ると千種忠顕碑を経て❸ケーブル比叡駅に着く。登山道はさらにバスセンターへと続

くが、いったん最高峰の大比叡へ向かおう。大比叡へはスキー場跡を通りロープウェイ山頂駅、駐車場を経て林道をたどる。少しわかりにくいが、ガーデンミュージアム受付で聞けば道順を教えてくれる。❹大比叡には三角点があるだけなので、山頂にこだわらないなら無理に足を運ぶ必要はない。
　大比叡から比叡山の中心・根本中堂のある東塔方面へ向かう。大

東海自然歩道と一周トレイルが通る仰木峠

比叡に向かわないなら、ケーブル比叡駅からバスセンターを経て東塔へ行く。東海自然歩道と合流したら、最澄廟のある浄土院へ。西塔(さいとう)エリアに入り、にない堂を経て、山中でいちばん古い釈迦堂に至る。釈迦堂からは峯道(みねみち)を歩いて**❺横川**へ。横川受付正面から東海自然歩道はさらに続く。**❻仰木峠(おおぎ)**までアップダウンがあるが、その先は一気に大原の里に下る。

国道に出れば**❼野村別れ**バス停

が近いが、時間が許すなら三千院に足を延ばしてもよい。その場合は大原バス停が最寄りとなる。

アクセス　行き＝淀屋橋駅（京阪本線特急55分）出町柳駅（叡山電鉄7分）修学院駅
帰り＝野村別れ（京都バス30分）出町柳駅　京都バス☎075-871-7521
駐車場情報　縦走コースなのでマイカーは不適。
アドバイス　ロングコースなので、体力次第で東塔から叡山ケーブルで八瀬比叡山口駅へ、または比叡山坂本ケーブルで滋賀県大津市の坂本へ下ることも検討しよう。延暦寺拝観は基本的には有料だが、自然歩道の通過を告げれば無料で通してもらえる。
立ち寄り情報　バスセンター近くの国宝殿は、延暦寺にまつわる国宝や重文を保管・展示する。時間があれば立ち寄りたい。8時30分〜16時30分（冬季時間あり）、500円、比叡山延暦寺☎077-578-0001
問合せ先　京都総合観光案内所☎075-343-0548、大津市観光振興課☎077-528-2756
2万5000分の1地形図　京都東北部、大原

京都側の登拝道、雲母坂

コースガイド❷ 琵琶湖側の本坂と無動寺道をつなぐ

日帰り｜初心者向き｜歩行時間：4時間10分

❶比叡山坂本駅（30分）→❷本坂入口（1時間30分）→❸根本中堂（15分）→
❹ケーブル延暦寺駅（15分）→❺明王堂（1時間10分）→
❷本坂入口（30分）→❶比叡山坂本駅

琵琶湖側からの本坂と呼ばれる道は、比叡山の表参道にあたる古道で、開山の最澄が登った道とされる。スタートの坂本は、延暦寺僧侶の里坊があり、穴太衆積み(あのうしゅう)といわれる石垣が美しい町だ。

JR**❶比叡山坂本駅**から日吉参(ひよし)道と呼ばれる道を直進、突き当たりの広い石段が**❷本坂入口**。コースは階段の上でいったん道路に出

て、その先で再び階段となる。この垢坂(あか)と呼ばれる階段は、南善坊五大堂の横を通り山道へと入っていく。ここから東塔までは一本道だが、余裕があれば、途中で道を外れて花摘堂(はなつみどう)に立ち寄ってもよい。登り切ったところに亀塔が立ち、舗装路を登ると、延暦寺会館の前に出てくる。あとは**❸根本中堂**など東塔をひとめぐりして、**❹ケー**

ブル延暦寺駅へ。

　駅の前から無動寺への参道が始まる。無動寺の❺明王堂は千日回峰行の拠点で、毎朝護摩行が行われている。大津市街の展望もよい。明王堂の階段を下り、玉照院の前を通って無動寺坂に入る。歩きやすい美しい道で、巡礼の道らしく路傍には石仏が点在している。

　下っていくと谷道となり、多少荒れてくる。無動寺坂入口は、本坂入口前の道路の南のほうにある。日吉東照宮を経て❷本坂入口まで来たら、往路を❶比叡山坂本駅へ。

無動寺明王堂

アクセス　往復＝大阪駅（JR京都線新快速29分）京都駅（JR湖西線18分）比叡山坂本駅
駐車場情報　本坂入口近く、滋賀院門跡の無料観光駐車場（約20台）が利用できる。
アドバイス　本坂は少し荒れた感じがあるが、問題はない。時間的には余裕があるので、東塔や坂本の町などをゆっくりとめぐることができる。延暦寺拝観は有料で、三塔拝観共通券は1000円。東塔の拝観は8時30分〜16時30分（冬季時間あり）。比叡山延暦寺☎077-578-0001
立ち寄り情報　坂本の町は、比叡山の僧侶の里坊が並ぶ。比叡山を鎮護する日吉大社は必見で、紅葉の時期がすばらしい。9〜16時30分、300円。また、享保元年（1716）から営業するそばの老舗・本家鶴喜そばにも立ち寄りたい。10〜17時30分、第3金曜休（変動あり）。☎077-578-0002
問合せ先　大津市観光振興課☎077-528-2756
2万5000分の1地形図　京都東北部、草津

愛宕山

あたごやま

標高
924m

京都市民に親しまれる火伏の神様の山

火伏の神として、全国の愛宕神社の総社が山頂に鎮座して、現在でも京都市民の山として親しまれている。特にその護符は台所に貼られて火難を防ぐ。真夏の夜に行われる千日参りでは多くの市民が山頂を目指して登る。冬のスノーハイクも人気だ。

1月	2月	3月	4月	5月	6月	7月	8月	9月	10月	11月	12月
冬山				新緑						紅葉	

展望

社寺 新緑 紅葉

嵐山渡月橋と愛宕山

コースガイド 1 信仰の厚さが感じられる表参道をたどる

日帰り ｜ 一般向き ｜ 歩行時間：5時間30分

❶清滝（10分）→ ❷鳥居（1時間20分）→ ❸五合目（40分）→
❹水尾分かれ（40分）→ ❺愛宕神社（40分）→ ❻月輪寺（1時間）→
❼空也滝分岐（空也滝往復20分、40分）→ ❶清滝

❶清滝バス停から少し下り、赤い渡猿橋で清滝川を渡ってしばらく歩くと❷鳥居がある。ここから愛宕山のメインコースである表参道が始まる。昔のケーブル跡を右にして登っていくとお助け水があり、ここで左に折れて急坂を登る。路傍には丁石地蔵があり、古くからの信仰の香りを漂わせる。

火燧権現で少し登りがゆるやかになり、二十五丁目茶屋跡まで来るとひと息つける。❸五合目に休憩所があり、大杉権現を過ぎてなおも行くと七合目にはベンチがある。ここからは京都市街が見下ろせる。そこからひと登りで❹水尾分かれとなる。分かれからはゆるやかな登りとなる。ハナ売り場、黒門を過ぎて山頂部の❺愛宕神社境内へ。社務所の前からスギ林越しに少し展望が開けている。愛宕神社本殿は長い石段を登った先に

ある。ちょうどこのあたりが愛宕山の山頂だ。

下りは石段の取り付きから北へ行くと、すぐに展望が開けた場所がある。下山の月輪寺道は、スギが多い表参道とは違い、雑木林に囲まれている。下りがゆるやかになると❻月輪寺がある。境内を抜け、しばらくして急坂を下り切ると道路に出る。ここは❼空也滝分岐で、案内があるので寄っていこう。往復20分ほどだ。滝を見たあとは、❶清滝バス停へと続く長い林道歩きが待っている。

水を落とす空也滝

アクセス 往復＝大阪梅田駅（阪急京都線快速急行37分）桂駅（同嵐山線8分）嵐山駅（京都バス21分）清滝 京都バス☎075-871-7521

駐車場情報 清滝の渡猿橋の先にさくらや駐車場（有料、6時30分〜16時30分、終了時間は季節により変動）がある。

アドバイス 愛宕山は全山が愛宕神社の社地。聖域を歩いている心づもりを忘れずに。毎年7月31日から8月1日にかけては千日参りの参拝者でにぎわう。冬季は登山道が凍結するので、軽アイゼンは必携。

立ち寄り情報 愛宕街道を南へとり2kmほど進んだところの鳥居本には町並み保存館（10〜16時、月曜〈祝日の場合翌日〉休）や、古くからの茶屋のたたずまいを残す料理屋の平野屋がある。

問合せ先 京都総合観光案内所☎075-343-0548

2万5000分の1地形図 京都西北部

コースガイド❷ 柚子の里を訪ねて快適な尾根を下る

日帰り｜初心者向き｜歩行時間：4時間50分

❶保津峡駅（1時間10分）→ ❷水尾（1時間）→ ❸水尾分かれ（40分）→
❹愛宕神社（30分）→ ❸水尾分かれ（1時間30分）→ ❶保津峡駅

❶**保津峡駅**は保津川の流れの上に駅があり、降り立つとすでにそこは深山の趣だ。赤い保津峡橋を渡り、左へ、水尾に向かって車道を歩いていく。長い車道歩きの末に、柚子の里で知られる❷**水尾**の里に着く。

そのまま進むと右手に清和天皇社を経由して愛宕神社に向かう道標があるので、それに従って坂を登り、清和天皇社の前を左にとり、水尾小学校の横を通って、突き当たりを右へ。橋を渡って水尾参道と呼ばれる登山道に取り付く。登山道は、最初こそゆるやかだが次第に急坂となり、ひと汗かいて❸**水尾分かれ**に着く。

水尾分かれからは **コースガイド❶** を参照して❹**愛宕神社**のある愛宕山山頂を往復しよう。山頂から❸

ツツジ尾根から振り返り見る愛宕山

水尾分かれに戻ったら左に折れ少し下る。「←清滝」の看板がある場所で、右の尾根に入っていく。これがツツジ尾根と呼ばれる尾根で、少し長いが広くて快適な尾根道が続いている。一部植林もあるが、おおむね自然林に覆われている。途中で水尾から延びてきた米買い道と交差する荒神峠を通過し、なおも下り続けると、最後は急坂となって保津峡橋近くに下り立つ。

　あとは保津峡橋を渡ってスタートの❶保津峡駅に戻る。

急坂を登る水尾参道

アクセス　往復＝大阪駅（JR京都線新快速29分）京都駅（JR嵯峨野線20分）保津峡駅
駐車場情報　保津峡駅前に駐車スペースあり。
アドバイス　水尾の里のはずれに水尾自治会バスのバス停があり、タイミングが合えば保津峡駅からバスを利用できる（15分、片道250円）。1日5往復、木曜・お盆・年末年始休、☎080-9748-2090（運転手直通）
立ち寄り情報　柚子の里・水尾は、柚子風呂と鳥すきが名物。数軒の民家で楽しむことができる。☎075-861-2376（まる源・柚子風呂振興連絡会）
問合せ先　京都総合観光案内所☎075-343-0548
2万5000分の1地形図
京都西北部

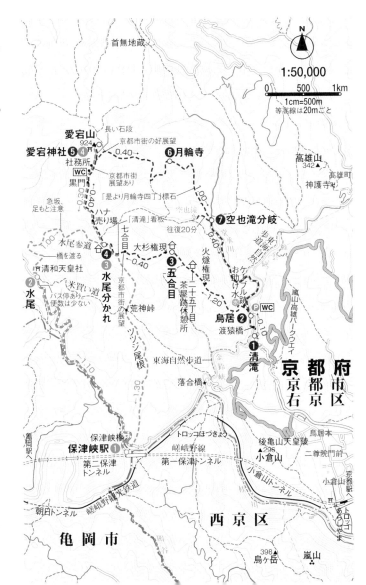

金毘羅山
こんぴらさん

標高
572m
△572.5m

大原の里を見下ろす山に登る

「京都、大原三千院」の歌で知られる大原の里の西側にそびえる金毘羅山。登山道は古道の雰囲気にあふれ、しっとりとした山歩きが楽しめる。下山後の大原観光も魅力いっぱいだ。

1月	2月	3月	4月	5月	6月	7月	8月	9月	10月	11月	12月
			新緑							紅葉	

花（サクラ）

花　　社寺　新緑　紅葉

クライミングゲレンデでもある金毘羅山

コースガイド

日帰り｜一般向き｜歩行時間：3時間40分

❶戸寺（30分）→ ❷江文神社（1時間）→ ❸三壺大神（5分）→ ❹金毘羅山（5分）→
❸三壺大神（30分）→ ❺翠黛山（40分）→ ❻寂光院（30分）→ ❼大原（10分）→
❽三千院（10分）→ ❼大原

❶戸寺バス停で下車、少し京都側に戻り、京都一周トレイル案内板のある路地を下る。江文神社入口までは京都一周トレイルと東海自然歩道の道標が案内してくれる。❷江文神社本殿に向かって左側に登山口があるので登っていこう。古い石畳の残る道をたどり、尾根に出たところで江文峠からの道と合流し、尾根を乗り越えて琴平新宮社にたどり着く。

新宮社からは少し急登となるが、再び尾根に出てゆるやかに登っていく。案内図の書かれた道標から左の斜面を登ると❸三壺大神の祀られたピークに達する。そのまま尾根伝いに下るとハングルのような文字が刻まれた碑が立つ岩場があり、大原の里を見下ろす展望が広がる。❹金毘羅山の山頂三角点はその先だ。
翠黛山へは❸三壺大神の分岐に

紅葉に染まる三千院庭園

戻り、山腹道を左へたどる。尾根道もあるがかなり荒れている。寂光院と翠黛山の表示がある道標のところで大原へは右、翠黛山へは左。❺翠黛山往復は15分ほど。

寂光院目指して尾根道を下る。この道も倒木などが多く、道はよくない。たどっていくと、やがて寂光院奥の道路へと下り着く。

あとは❻寂光院を経て❼大原バス停目指して下っていく。ここではバス停を一度見送って❽三千院まで足を延ばしたい。

アクセス 行き＝淀屋橋駅（京阪本線特急55分）出町柳駅（京都バス28分）戸寺
帰り＝大原（京都バス32分）出町柳駅
駐車場情報 大原バス停周辺に有料駐車場が多数ある。
アドバイス 下山路には近年の台風で倒木などが多い。注意して歩こう。翠黛山山頂は特に何もないので、ピークハントに興味がないのであればパスしてもよい。
立ち寄り情報 三千院門跡は、初夏はアジサイ、秋は紅葉と、季節感あふれる広い境内で、大原を代表する風景。三千院の拝観は9〜17時（冬季時間あり）、700円、☎075-744-2531
問合せ先 京都総合観光案内所 ☎075-343-0548
2万5000分の1地形図　大原

岩場に立つ碑

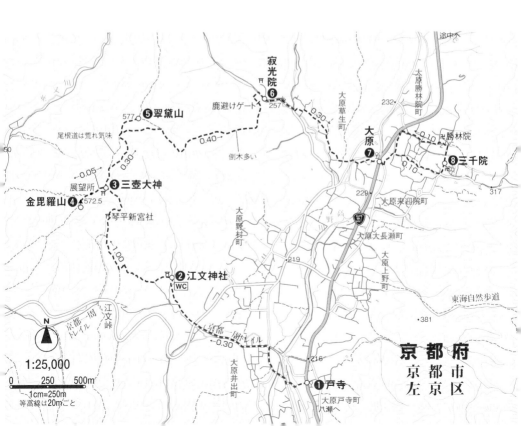

1:25,000

0 250 500m
1cm=250m
等高線は20mごと

N

京都府
京都市
左京区

天ヶ岳

あまがたけ

標高
788m

シャクナゲ咲く尾根をたどって古刹へとつなぐ

大原の里10名山のひとつ、天ヶ岳は、山頂こそ凡庸だが、その東に延びるシャクナゲ尾根は、その名の通り、尾根筋にシャクナゲが繁茂し、ゴールデンウイーク頃には見事な花の尾根となる。古刹の鞍馬寺と組み合わせればさらに充実。

1月	2月	3月	4月	5月	6月	7月	8月	9月	10月	11月	12月
				新緑						紅葉	

花（シャクナゲ）

 花

 社寺 新緑 紅葉

名の通りシャクナゲが見事なシャクナゲ尾根

コースガイド

日帰り ｜ **一般向き** ｜ 歩行時間：4時間50分

❶小出石（15分）→ ❷天ヶ岳登山口（1時間35分）→ ❸道標（30分）→
❹天ヶ岳（1時間25分）→ ❺道標（50分）→ ❻薬王坂（15分）→ ❼鞍馬駅

　❶小出石バス停でバスを降り、バス道を外れて北へ。道路が西に方向転換し、左手の川を横断していく林道に入る。少し支流に沿って進むと、❷天ヶ岳登山口がある。
　最初は植林帯の急登で、尾根がはっきりしてくると、道はゆるやかな登りになる。シャクナゲが出始めるのは最初の490mピークあたりから。あとは尾根をゆるやかにアップダウンしながら進んでい

く。シャクナゲは尾根全体に生息しているが、その時期にどこが満開かは年によって変わる。1週間も日が変われば、その場所も変わる。604mピークの南東斜面を回り込み、天ヶ岳方面への❸道標が立つ地点で北西へと方向転換。ひと登りしたあたりでシャクナゲは終わり、代わりにミツバツツジが見られるようになる。道が北斜面を行くようになると、やがて左手

に天ヶ岳への分岐が現れ、尾根を乗り越す。林道に下り立ち、南へ尾根に沿って進む。適当なところで林道から尾根に乗ってしばらく行くと**❹天ヶ岳**山頂だ。

　山頂からはそのまま南へ。長い尾根歩きはまだまだ続くが、西へ折れる地点では**❺道標**に従って鞍馬駅方面へ進めば迷うことはないだろう。最後は**❻薬王坂**の峠に下り立ち、右へ。そのまま下り続けると、鞍馬寺の門前町に出る。**❼鞍馬駅**は南へすぐだが、時間が許せば鞍馬寺に立ち寄るのもよいだろう。

アクセス　行き＝大阪駅（JR京都線新快速29分）京都駅（市営地下鉄烏丸線20分）国際会館駅（京都バス30分）小出石　帰り＝鞍馬駅（叡山電鉄鞍馬線30分）出町柳駅（京阪本線特急55分）淀屋橋駅　京都バス☎075-871-7521

駐車場情報　縦走コースで登山口と下山口が離れており、マイカーは不適。

アドバイス　登山道に入れば特に問題となるような箇所はない。分岐ごとに道標があるので、見落とさないようにしたい。なお、天ヶ岳手前の林道は地形図には反映されていない。

立ち寄り情報　牛若丸伝説で有名な鞍馬寺は、火祭りで有名な由岐神社や『枕草子』に登場する「近うて遠きもの」鞍馬のつづら折りなど、見どころが多い。愛山料300円、☎075-741-2003

問合せ先　京都総合観光案内所☎075-343-0548

2万5000分の1地形図　大原

天ヶ岳登山口

桟敷ヶ岳
（さじきがたけ）

標高
896m
△895.7m

伝説と京都北山の暮らしが息づく山

その昔、惟喬親王が、この山に桟敷を造り、都を遠望したことが名の由来で、『都名所図会』にも登場する。周辺は京都北山を代表するような峠も多い。京都北山らしいしっとりとした山旅が味わえる山だ。

1月	2月	3月	4月	5月	6月	7月	8月	9月	10月	11月	12月
雪山				新緑						紅葉	雪山

展望　社寺　新緑　紅葉

鉄塔のあるピークから桟敷ヶ岳を間近に見る

コースガイド

日帰り｜経験者向き｜歩行時間：4時間55分

❶雲ヶ畑岩屋橋（30分）→ ❷志明院（30分）→ ❸薬師峠（1時間30分）→
❹桟敷ヶ岳（30分）→ ❺ナベクロ峠（15分）→ ❻祖父谷峠（1時間40分）→ ❶雲ヶ畑岩屋橋

　❶雲ヶ畑岩屋橋バス停に降り立つと桟敷ヶ岳登山道を案内する大きな看板がある。岩屋橋を渡るとすぐに右手にあるのが惟喬神社だ。隠棲した親王の徳を伝えるため臣下や村人が建てたという。京都北山には惟喬親王にまつわる伝説が多い。

　しばらく舗装路をたどり、❷志明院の手前から登山道に入る。渓谷を絡んだりしながら六地蔵のあ

る❸薬師峠へ。ここで方向転換し、右の稜線をたどる。以後、踏み跡と赤テープを頼りに気持ちのよい自然林を歩く。岩茸山手前で道なりに進み、岩茸山の東斜面を巻いていく。尾根に出たところで道が2本並行するが、奥にある西側の広い道を進もう。尾根が広くなると、京都市街と比叡山を遠望する広場がある。このあたりに惟喬親王ゆかりの都眺めの石がある。続

いて鉄塔のあるピークを越えると
ひと登りで❹桟敷ヶ岳山頂だ。

ナベクロ峠へは、直進する踏み
跡を見つけてたどる。❺ナベクロ
峠に出たら左の尾根をとり、送電
線鉄塔の立つピークを経由して大
杉が立ち並ぶ❻祖父谷峠へと下る。
峠から右に下るとやが
て祖父谷林道と合流す
る。林道を延々と下っ
ていくと❶雲ヶ畑岩屋
橋にたどり着く。

巨杉が立つ祖父谷峠

アクセス 往復＝大阪駅（JR
京都線新快速29分）京都駅
（京都市営地下鉄烏丸線12
分）北大路駅（雲ヶ畑バスも
くもく号30分）雲ヶ畑岩屋
橋 ヤサカ自動車（雲ヶ畑バ
ス）☎075-491-0251
駐車場情報 登山時に利用で
きる駐車場はない。
アドバイス コース全体でテー
プが頼りで、桟敷ヶ岳から
ナベクロ峠周辺は特に道がわ
かりにくい。ルートファイン
ディング力が試される山とい
える。
立ち寄り情報 志明院は役
行者が創建したと伝わる古寺。
弘法大師が再興。弘法大師作
といわれる本尊・不動明王や
菅原道真作の不動明王を安置
する。シャクナゲを手厚く保
護していることでも知られる。
拝観可（要拝観料）。
問合せ先 京都総合観光案内
所☎075-343-0548、京都市
北区雲ヶ畑出張所☎075-406-
2001
2万5000分の1地形図
周山、大原

右京区

•826

•852

840

祖父谷峠❻

送電鉄塔

ナベクロ峠❺
0.15
0.30

桟敷ヶ岳❹ 895.7

鉄塔

•602

765・
京都市街と
比叡山の
展望良好

西側の
広い道を
選ぶ

岩茸山
811・

1.30

踏み跡程度の急登

▲大森リゾートキャンプ場

岩茸山
迂回ルート

京都府
京都市
北区

魚谷山
816.0▲
魚谷峠

祖父谷林道

薬師峠❸

648.9・

岩屋不動

•662

661・
❷志明院

0.30

1.40

0.30

632.9・

惟喬神社

洛雲荘

直谷分岐

❶雲ヶ畑岩屋橋
WC

八幡町

真弓

N

1:45,000

0   500   1km
1cm=450m
等高線は20mごと

•470

•486

出谷町

雲ヶ畑

峰床山 （みねとこやま）

自然豊かな湿原と日本一高い木を訪ねて

峰床山は、皆子山（みなごやま）に次ぐ京都府第2の標高を誇るが、その山容はいたって穏やか。山懐には貴重な自然の高層湿原・八丁平を抱く。下山後には、近年日本一高い木だということが判明した「花背（はなせ）の三本杉」を訪れてみよう。

1月	2月	3月	4月	5月	6月	7月	8月	9月	10月	11月	12月

雪山　　　　新緑
　　　　　　　　　　　　　紅葉　雪山

展望　　社寺　新緑　紅葉

開放感たっぷりの八丁平

コースガイド

日帰り｜経験者向き｜歩行時間：6時間20分

❶葛川中村（40分）→ ❷林道終点（1時間20分）→ ❸中村乗越（10分）→
❹六尺道出合（40分）→ ❺オグロ坂峠（40分）→ ❻峰床山（40分）→ ❼俵坂峠（1時間）→
❽三本杉入口（15分）→ ❾三本杉（15分）→ ❽三本杉入口（40分）→ ❿大悲山口

　❶葛川中村（かつらがわなかむら）バス停から葛川（安曇川（あど））を渡って江賀谷に沿った林道をしばらく歩く。❷林道終点で徒渉をして、右股へ。自然林の渓谷沿いだが、踏み跡が細い高巻き道もある。やがて谷を離れて植林帯を登り、自然林に変わると峠の❸中村乗越に着く。

　そのまま下るとすぐに八丁平東の六尺道と呼ばれる古道に合流する❹六尺道出合。北に向かうとす

ぐにオグロ坂峠だが、ここでは南に向かい八丁平の周遊路を一周したい。整備された木道などをたどり、湿原の自然を満喫したら、再び六尺道に合流し峠へ向かう。

　❺オグロ坂峠からはほぼ稜線伝いに❻峰床山へ。展望は西と南がすばらしい。

　山頂からは南へ、登り切ったところで右折し下っていくと林道に出合う。林道を横断し、俵坂峠方

面へ。❼俵坂峠直下で再び林道を横切って下り続けるとナメラ谷に下り立ち、橋を渡って広い林道へ。あとは林道をひたすら歩き、大悲山口バス停を目指すが、途中、花背の三本杉に向かう林道が左に分岐する。❽三本杉入口からゆるやかに登ると、2017年に日本でいちばん高い木だということが判明した花背の❾三本杉に着く。高さは62.3mあるという。

三本杉を観賞したら❽入口に戻り、山岳寺院で知られる峰定寺の前を通って❿大悲山口バス停へ。

アクセス　行き＝大阪駅（JR京都線・湖西線新快速50分）堅田駅（江若交通バス42分）葛川中村　帰り＝大悲山口（京都バス1時間40分）出町柳駅（京阪本線特急55分）淀屋橋駅　京都バス☎075-871-7521
駐車場情報　縦走コースで登山口と下山口が離れており、マイカーは不適。
アドバイス　近年は梅雨時から初秋にかけてはヤマビルが出る。また、徒渉箇所もあるので、雨天時の山行は控えたい。
立ち寄り情報　大悲山峰定寺は古い山岳寺院で、寺務所で拝観料を払えば仁王門から舞台造りの本堂へ登拝できる。こちらも往復30分程度。ただし、拝観は16時までなので時間的には余裕があまりない。
問合せ先　京都総合観光案内所☎075-343-0548、京都市左京区花背出張所☎075-746-0215
2万5000分の1地形図　花脊

花背の三本杉

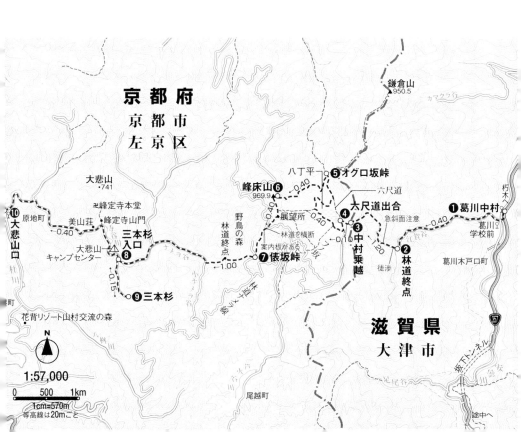

皆子山

みなこやま

標高
971m
△971.3m

美しい渓谷をたどって京都府最高峰へ

京都府の最高峰・皆子山に通じる登山道は、かつては谷道が中心だったが、近年の豪雨で道は荒れ、安心して登れるのは東尾根のみ。現在は皆子谷源頭の草原が注目され憩いの場に。下山には比較的歩ける寺谷に挑戦してみよう。

1月	2月	3月	4月	5月	6月	7月	8月	9月	10月	11月	12月
雪山				新緑						紅葉	

雪山

新緑 紅葉

ササが枯れ、ワラビの草原が広がる皆子谷源頭

コースガイド

日帰り | **経験者向き** | **歩行時間：3時間45分**

❶平（1時間15分）→ ❷「平」道標ピーク（30分）→ ❸皆子山（5分）→ ❹皆子谷源頭（5分）→
❸皆子山（1時間20分）→ ❺寺谷登山口（30分）→ ❶平

❶平バス停から南に戻り、国道を外れて集落に下りる道に入って橋を渡る。すぐに右に折れ、民家を抜け正教院（寺院）への坂を登る。東尾根への登山口はその裏手の墓地近くにある。登りはじめはなかなかの急坂で、主尾根に登り着くとようやくひと息つける。植林を抜けしばらくは自然林のゆるやかな尾根を軽くアップダウンしながら登っていく。「平」と書か

れた❷道標があるピークを過ぎると、一度大きく下って登り返す。南の展望がよいところまで来たら山頂はすぐ。突き当たりの尾根を右に行けば❸皆子山山頂で、比良方面の展望が開ける。ここまでだとあっけないので西の尾根伝いに少し下ってみよう。❹皆子谷源頭に草原があり雰囲気がとてもよい。

下山は東尾根に少し戻ったところから寺谷を下る。木にかかった

道標が小さく、わかりにくい。また上級者向けなので、初心者はここから往路を引き返そう。下りはじめは急坂で、道が荒れている。植林帯に入ると倒木帯があり少し苦労する。大岩を過ぎ、流れに沿ったり中を歩いたりして進む。倒壊した山小屋を経て安曇川本流に近づくと、左に迂回路を示す矢印の道標がある。登山口までは山腹を行くが、ロープの張られた箇所もある。❺寺谷登山口に着いたら、のどかな林道を歩いて❶平バス停を目指す。

アクセス 往復＝大阪駅（JR京都線・湖西線新快速50分）堅田駅（江若交通バス34分）平 ＊平日は帰りに利用できる便がない。平日午後の便のバス始発となる途中までは平から徒歩1時間。江若交通☎077-572-0374
駐車場情報 平バス停横に有料駐車場（3台程度）がある。
アドバイス 全体に道標類が少なく、あっても古い。多少のルートファインディング力と読図力は必要。寺谷は荒れているうえに谷の中を歩く箇所もあり、足もとも悪い。増水に注意しよう。
立ち寄り情報 花折トンネル北口近くに鯖寿司を売る「花折」がある。京都市内にある本店の工房で、店内で食事も可（10〜14時、木・金曜と冬季は販売のみ）。9〜17時、水曜休、☎077-599-2808
問合せ先 びわ湖大津観光協会☎077-528-2772、葛川観光協会☎077-599-2001
2万5000分の1地形図
花脊

比良山地を望む皆子山山頂

滋賀県
大津市

京都市
左京区

1:43,000

0　　　500　　　1km

1cm=430m
等高線は20mごと

青葉山
（あおばやま）

標高
693m

秀麗な姿が印象的な若狭富士に登る

京都府と福井県の県境にそびえる青葉山。西麓に西国札所の松尾寺を抱く霊峰であるが、東から望むと海をはさんで美しい姿がそびえ、若狭富士とも。登山道も変化に富み、春から秋にかけて咲く花も楽しみだ。

1月	2月	3月	4月	5月	6月	7月	8月	9月	10月	11月	12月
			新緑	花					紅葉		

花（スミレ、イカリソウ）（イブキジャコウソウ、オオバギボウシ）

花　展望　　社寺　新緑　紅葉

高浜町城山公園から望む青葉山

コースガイド

日帰り｜一般向き｜歩行時間：3時間

❶青葉山ハーバルビレッジ（50分）→ ❷展望台（40分）→
❸東峰（30分）→ ❹西峰（1時間）→ ❺松尾寺

　健脚なら青郷駅（あおのごう）から歩いて高野集落から登ることもできるが、京阪神からは鉄道を使うと不便。ここではマイカーを利用で、❶青葉山ハーバルビレッジ（旧青少年旅行村）から出発しよう。駐車場から道路を5分ほど歩くと案内板と登山口がある。植林帯を登り、高野からの道を合わせると急坂となって、やがて休憩舎のある❷展望台に着く。展望台からも急坂で、

金比羅社の祠まで来ると傾斜もゆるむ。尾根道にはブナも見られ、南の展望が開けた馬ノ背の岩場からひと登りすると、❸東峰頂上だ。馬ノ背や広場南端の岩場には6月頃にはイブキジャコウソウが咲く。
　東峰から西峰の間は難所が連続し、ロープやハシゴが設置されている。大岩の間を抜ける大師洞を過ぎると西峰は近い。❹西峰の山頂には西権現が祀られ、岩場から

は内浦湾を見下ろす大展望が広がる。この岩場にもイブキジャコウソウやオオバギボウシが多い。

　西峰からは松尾寺方面に下るがこちらも急坂。随所にあるハシゴやロープでは足もとに気をつけよう。急坂を下り切るとT字路に突き当たる。ここで右に折れれば、傾斜もゆるやかになる。倒れた石の鳥居跡を過ぎ、林道を横断して❺松尾寺境内へ。

　山号が「青葉山」の松尾寺は、こぢんまりとした風情ある境内。駐車場に下り立ったらタクシーを呼んで、ハーバルビレッジへ。

アクセス ＊マイカー推奨　行き＝大阪駅（JR京都線新快速29分）京都駅（JR嵯峨野線・山陰線・舞鶴線1時間30分）東舞鶴駅（JR小浜線12分）青郷駅（タクシー10分）青葉山ハーバルビレッジ　帰り＝松尾寺（タクシー10分）松尾寺駅（JR小浜線6分）東舞鶴駅　高浜交通☎0770-72-0247
駐車場情報　青葉山ハーバルビレッジに無料駐車場（約40台）がある。
アドバイス　マイカーの場合は山麓の巡礼古道を上成の大岩経由で歩いて戻ってもよい（約1時間）。コースは岩場が多いので、雨天時や雨後は細心の注意を。
立ち寄り情報　青葉山ハーバルビレッジには、ハーブティーなどが楽しめる「あおばやまてらす」がある。10～17時（季節変動あり、冬季は臨時休業あり）、水曜（祝日の場合翌日）休、☎0770-50-9012
問合せ先　舞鶴観光協会☎0773-75-8600、若狭高浜観光協会☎0770-72-0338
2万5000分の1地形図　青葉山、東舞鶴、難波江、高浜

東峰から西峰へ難所が続く

京都一周トレイル

ロングトレイル②

京都一周トレ

古都を取り巻くトレイルで名所めぐり

伏見稲荷を起点に東山から比叡山、京都北山南部、西山と京都市街を取り囲むようにめぐる。オプションとして京北コースも整備された。山麓を歩く部分も多く、手軽な都市近郊トレイルとして人気が高い。公共交通機関も多く、分割しやすいのもいい。

伏見稲荷名物の千本鳥居

大文字山四ツ辻

プランニング＆アドバイス

便宜上7回に分けて紹介するが、北山西部以外は交通の便もよく、その日の様子次第で延長したり、途中で切り上げてもよい。市街地ではコースが入り組み複雑なところもあるが、トレイルの道標が地図付きで、見つけることさえできれば迷わない。

距離 72.9km（京北コース40.3kmを含まない）
公式地図 京都一周トレイル公式ガイドマップ、『東山コース』『北山東部コース』『北山西部コース』『西山コース』『京北コース』」（京都一周トレイル会発行）
問合せ先 京都一周トレイル事務局〔京都市観光MICE推進室〕☎075-746-2255
2万5000分の1地形図 京都東南部、京都東北部、大原、周山、京都西北部、京都西南部

1回目
伏見稲荷大社〜蹴上

日帰り｜初心者向き｜歩行時間：3時間45分

伏見稲荷駅を出発。伏見稲荷神社奥宮から四ツ辻を経由で北上、御幸辺の道を歩く。住宅街は少し複雑だ。泉涌寺参道を抜けて、今熊野観音寺分岐から国道1号に出て地下道で横断、清水山へ。将軍塚から三条通りに下って蹴上駅へ（P50「稲荷山・清水山」参照）。

アクセス
行き 淀屋橋駅（京阪本線特急40分）丹波橋駅（同線7分）伏見稲荷駅
帰り 蹴上駅（京都市営地下鉄東西線5分）山科駅（JR琵琶湖線・京都線新快速35分）大阪駅

2回目
蹴上〜北白川仕伏町

日帰り｜初心者向き｜歩行時間：3時間5分

蹴上駅からねじりマンポ、インクライン経由で日向大神宮へ。6本の道が交差する七幅思案処を越え、大文字山四ツ辻から大文字山を経由せず霊鑑寺に下る。山麓は法然院の前を通り、哲学の道を経て北白川仕伏町バス停へ（P52「大文字山」参照）。

アクセス
行き 1回目「帰り」参照
帰り 北白川仕伏町（京都市営バス10分）出町柳駅（京阪本線特急55分）淀屋橋駅

石鳥居まで来ると比叡山は近い

3回目
北白川仕伏町〜ケーブル比叡駅

日帰り | 初心者向き | 歩行時間：3時間45分

　北白川仕伏町バス停からバプテスト病院の横を通り、瓜生山を越える。一瞬石鳥居のある林道に出て、すぐに山腹道をたどる。水飲対陣跡碑から雲母坂をケーブル比叡駅まで登り、ケーブルカー利用で八瀬へ（P54「比叡山」参照）。

アクセス
行き 2回目「帰り」参照
帰り ケーブル比叡駅（比叡山ケーブル9分）ケーブル八瀬駅・八瀬比叡山口駅（叡山電鉄13分）出町柳駅

4回目
ケーブル比叡駅〜戸寺（大原）

日帰り | 初心者向き | 歩行時間：4時間

アクセス
行き 3回目「帰り」参照
帰り 戸寺（京都バス28分）出町柳駅

比叡山浄土院（最澄廟）へ

　ケーブル比叡駅から西塔を経由し、東海自然歩道に入り峯道を歩く。せりあい地蔵からはいったん自然歩道を外れ、尾根通しに横高山、水井山を経由して仰木峠で再び東海自然歩道と合流する。その先ですぐに東海自然歩道と分かれて左へ下り、戸寺バス停へ（P54「比叡山」参照）。

5回目
戸寺（大原）〜二ノ瀬駅

日帰り | 初心者向き | 歩行時間：3時間55分

　戸寺バス停から元井出橋を渡り、金毘羅山麓の江文神社へ。神社手前で東海自然歩道と合流、江文峠を越えて静原の集落を経由し、古道の薬王坂を歩き鞍馬寺山門へ。鞍馬街道で二ノ瀬駅を目指す。

最澄ゆかりの薬王坂を登る

アクセス
行き 4回目「帰り」参照
帰り 二ノ瀬（叡山電鉄鞍馬線25分）出町柳駅

沢ノ池は憩いの場

7回目
清滝〜上桂駅
日帰り｜初心者向き｜歩行時間：3時間50分

　清滝バス停から清滝川沿いに金鈴峡を歩く。落合橋手前から車道を歩き、六丁峠を越え鳥居本の町並みを歩く。嵐山に下り、渡月橋経由で阪急の嵐山駅から南西へ、松尾山に登って苔寺（西芳寺）に下る。竹の寺（地蔵院）を経由して上桂駅へ。

アクセス
行き　6回目「帰り」参照
帰り　上桂駅（阪急嵐山線3分）桂駅（同京都線快速急行37分）大阪梅田駅

6回目
二ノ瀬駅〜清滝
日帰り｜初心者向き｜歩行時間：6時間15分

　二ノ瀬駅の北で鞍馬川を渡り、夜泣峠から向山を越える。山幸橋から北山杉の植林帯を平安時代に氷を貯蔵していたという氷室へ。京見峠までは車道を歩く。峠手前でトレイルは二分、京見山荘で合流し、上ノ水峠経由で沢ノ池へ。仏栗峠から高雄へ下って清滝川沿いに錦雲渓を歩き清滝へ。

アクセス
行き　5回目「帰り」参照
帰り　清滝（京都バス21分）嵐山駅（阪急嵐山線8分）桂駅（同京都線快速急行37分）大阪梅田駅

高尾から錦雲峡を歩く

比良・湖西

権現山

ごんげんやま

標高
996m

蓬莱山

ほうらいさん

標高
1174m
△1173.9m

比良山地の南部を縦走する

蓬莱山は、比良山地第2の高峰。山上周辺はびわ湖バレイとして関西有数の山岳リゾートとなっている。山頂から南は琵琶湖を見下ろす絶景を眺めながらの縦走路が権現山へと続く。南から北へと縦走路をたどってみよう。

1月	2月	3月	4月	5月	6月	7月	8月	9月	10月	11月	12月

雪山　　　新緑　　　　　　　　　紅葉

花（ラッパスイセン）　　　　　　雪山

花 展望

新緑 紅葉

ホッケ山から見上げる蓬莱山

コースガイド

日帰り｜初心者向き｜歩行時間：3時間45分

❶平（1時間）→ ❷アラキ峠（40分）→ ❸権現山（1時間）→
❹小女郎峠（小女郎ヶ池往復10分、30分）→ ❺蓬莱山（25分）→ ❻山頂駅

登山口のある花折峠への峠道は、❶平バス停から国道をたどってもよいが、集落内の旧道をたどると山村の風情が味わえる。国道を横切り、花折峠道に入ってしばらく行くと、左手に権現山への登山口が現れる。植林帯を登り、自然林に変わると❷アラキ峠は近い。

峠からの尾根道は植林帯の中の急坂だ。倒木を縫うようにして進むとやがて傾斜がゆるくなり❸権現山山頂にたどり着く。ここで一気に琵琶湖の展望が開ける。

権現山からは縦走路を北へ。終始琵琶湖を見下ろす爽快なスカイラインを歩く。草原の広がるホッケ山山頂を越え、断崖の縁をたどるようにアップダウンを繰り返し、地蔵の並ぶ丘を越えると❹小女郎峠にたどり着く。峠から左へ折れて、小女郎ヶ池を訪ねよう。たぶんにもれず、大蛇にまつわる悲し

蓬莱山の斜面を彩るラッパスイセン（5月）

ウェイの**❻山頂駅**に着く。

下山はロープウェイを利用する。

い伝説がある。

　池を往復したら蓬莱山へ。鐘つき楼のある蓬莱山山頂へはひとがんばりしなければならない。時折振り返ると、地図で見たことのある琵琶湖南部の形が眺められ、心がなごむ。**❺蓬莱山**山頂も展望はすこぶるよい。山頂からはスキー場の草地を鞍部まで下ってリフト沿いに登り返すと打見山にあるロープ

アクセス　行き＝大阪駅（JR京都線・湖西線新快速50分）堅田駅（江若交通バス30分）平　帰り＝山頂駅（びわ湖バレイロープウェイ5分）山麓駅（江若交通バス10分）志賀駅（JR湖西線35分）京都駅　江若交通☎077-572-0374
駐車場情報　縦走コースでマイカーは不適。
アドバイス　行きの江若交通バスは、花折峠入口は自由乗降区間。運転手に告げれば、降ろしてもらえる。帰りのロープウェイは、土・日・祝日は乗るまで1時間程度並ぶことが多い。
立ち寄り情報　びわ湖バレイのびわ湖テラスは近年大人気。カフェのほか、グリーンシーズンはテラスにはカフェスタンド、蓬莱山山頂にはドリンクスタンドが立つ。
問合せ先　びわ湖大津観光協会☎077-528-2772、びわ湖バレイ☎077-592-1155
2万5000分の1地形図　花脊、比良山

人気のびわ湖テラス

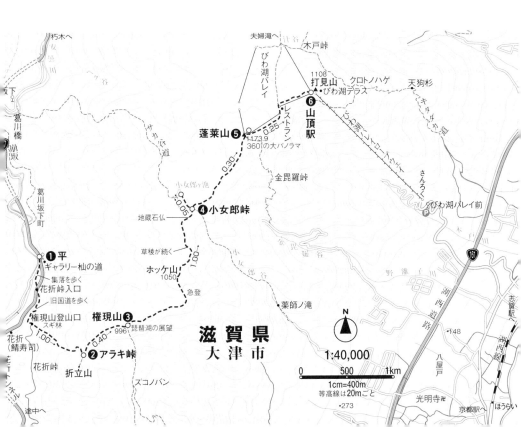

滋賀県
大津市

1:40,000

0　　　500　　　1km
1cm＝400m
等高線は20mごと

白滝山
しらたきやま

明るい渓谷と山上の池を訪ねて

蓬莱山の北にある白滝山は、比良山地では前衛峰にあたる。ピークは凡庸で特徴はないが、その東に流れる白滝谷は比良の中では明るく美しい渓谷。南には、長池などの山上池がたたずみ、静かな山歩きが楽しめる。

1月	2月	3月	4月	5月	6月	7月	8月	9月	10月	11月	12月
雪山				新緑					紅葉		

花（シャクナゲ）　　　　　　　　　　　　雪山

* 花　　　　🍃 * 新緑 紅葉

山中にこつ然と現れる音羽池

コースガイド

日帰り｜経験者向き｜歩行時間：5時間5分

❶坊村（1時間）→❷牛コバ（50分）→❸布ヶ滝（40分）→❹夫婦滝（15分）→
❺音羽池（5分）→❻白滝山（5分）→❺音羽池（長池一周30分、10分）→
❹夫婦滝（1時間30分）→❼山頂駅

　比良山地最高峰・武奈ヶ岳の登山口である❶坊村からスタート。山の手に向かい地主神社の横から林道に入る。牛コバまでの林道歩きは長い。途中に比叡山回峰行ゆかりの三の滝があるが、谷までの下りと登りがきついので、観瀑は余力次第で検討する。白滝谷へは林道終点の❷牛コバが登山口だ。

　白滝谷は、比良山地にしては開けた気持ちのよい谷だ。一部、右岸から左岸へ、また右岸へと徒渉する箇所がある。河原が広くなったところが白石谷出合で、左を見ると❸布ヶ滝が美しい姿で落ちている。登山道はやがて谷から離れて山腹を歩くように。このあたり、季節ならシャケナゲが咲く。斜面を登り切り、平水になった谷を渡るとお堂がある。❹夫婦滝の観瀑所へは右に下ってすぐ。

　お堂から今度は西へ、小さな谷

をさかのぼる。道は一転して荒れぎみだ。登り切ると、❺音羽池（おとわ）が満々と水をたたえている。ここから右へ、まずは❻白滝山を往復し、長池に向かおう。このあたりは地形が複雑なので、マーキングや踏み跡を慎重に選んで歩く。長池は水が少ないが比較的大きな湿地で、秋には草紅葉となる。

お堂に戻り、ゆるやかな汁谷を歩くと、びわ湖バレイスキー場の下端に出る。左のゲレンデを選んで登っていくと打見山のロープウェイ❼山頂駅に着く。

アクセス 行き＝大阪駅（JR京都線・湖西線新快速50分）堅田駅（江若交通バス45分）坊村 帰り＝山頂駅（びわ湖バレイロープウェイ5分）山麓駅（江若交通バス10分）志賀駅（JR湖西線35分）京都駅 江若交通☎077-572-0374

駐車場情報 坊村から曙橋を渡ったところの葛川市民センターに無料駐車場がある。

アドバイス 白滝谷には徒渉箇所があるので、雨天の増水には注意。徒渉点や道筋は赤テープなどを見つけて判断していこう。下山に伊藤新道を利用して坊村に下れるが、登山道は急で荒れている。

立ち寄り情報 近年、びわ湖バレイのびわ湖テラスが大人気（P77参照）。

問合せ先 びわ湖大津観光協会☎077-528-2772、びわ湖バレイ☎077-592-1155

2万5000分の1地形図 花脊、比良山

緑あふれる白滝谷の登山道

リトル比良

岳山
だけやま

標高
565m

岩阿砂利山
いわじゃりやま

標高
686m
△686.2m

比良山地北部でミニ縦走を楽しむ

比良山地は北に向かうとＹ字型になっている。その東、琵琶湖側の支脈がリトル比良。
信仰の山・岳山からオウム岩を擁する岩阿砂利山を越え、寒風峠・涼峠を経て楊梅ノ
滝へと下る変化に富んだ縦走が楽しめる。

1月	2月	3月	4月	5月	6月	7月	8月	9月	10月	11月	12月
雪山				新緑						紅葉	
										雪山	

新緑 紅葉

琵琶湖を借景にした日本庭園のような岳山登山道

コースガイド

日帰り｜一般向き｜歩行時間：6時間10分

❶近江高島駅（20分）→ ❷登山口（1時間20分）→ ❸岳山（1時間30分）→
❹岩阿砂利山（20分）→ ❺鵜川越（50分）→ ❻寒風峠（30分）→
❼涼峠（40分）→ ❽楊梅ノ滝（40分）→ ❾北小松駅

❶近江高島駅を出て北へ、突き当たりを左に折れてJRの高架をくぐり山の手の広い道路に出る。道なりに歩き小・中学校を過ぎ、信号のある三叉路で左折するとすぐに音羽バス停がある。登山口の案内に従っていくと、大炊神社、長谷寺を経て❷登山口に着く。

しばらくは切り開きの林道を歩くが、やがて細い山道になる。道沿いには古い石仏や道標が点在し、

登拝道であることがわかる。琵琶湖を借景に灯籠が立つ台地を過ぎると、やがて岳観音跡に着く。急坂を登り切ると観音石仏の祠がある。その先が❸岳山山頂だ。

岳山からは尾根道をたどる。鳥越峰の手前に展望抜群の巨岩・オウム岩がある。鳥越峰からはゆるやかにアップダウンしながら❹岩阿砂利山へ。山頂は縦走路から少し外れ、その北側に仏岩がある。

展望がよいオウム岩

　岩阿砂利山から**⑤鵜川越**に下り、林道を横切って階段から再び縦走路へ。嘉嶺ヶ岳、滝山と、右へ右へと方角を変えながら進んでいくと**⑥寒風峠**にたどり着く。峠からは左へ向かい、オトシと呼ばれる湿地を通り、**⑦涼峠**へ。登山道は急になるにしたがって荒れ始め、滝見台に着く。**⑧楊梅ノ滝**雄滝に立ち寄り、ハシゴを経て雌滝へと下る。滝見台から雌滝へも直接下れる。滝からは舗装路を歩き、比良げんき村を経て**⑨北小松駅**へ。

楊梅ノ滝雄滝

アクセス　行き＝大阪駅（JR京都線・湖西線新快速1時間8分）近江高島駅　帰り＝北小松駅（JR湖西線・京都線新快速1時間2分）大阪駅
駐車場情報　近江高島駅の西側に市営の有料駐車場（約30台）がある。
アドバイス　標高は高くないが、行程は長い。水場がないので、暑い季節は飲料水をたっぷりと持っていこう。
立ち寄り情報　近江高島の旧市街は、古い町屋を改装した「びれっじ」と呼ばれる店舗が1～8号館まである。ベーカリーやカレー屋などの飲食店や染色の工房などがある。営業時間は店舗により異なる。
問合せ先　びわ湖高島観光協会☎0740-33-7101

2万5000分の1地形図　北小松、勝野

1:60,000
0　　500　　1000m
1cm=600m
等高線は20mごと

蛇谷ヶ峰
（じゃたにがみね）

標高
902m
△901.5m

琵琶湖を一望する朽木の名山

滋賀県高島市朽木（くつき）の名峰・蛇谷ヶ峰。北麓に想い出の森があり、くつき温泉もあるので、四季を通じて多くの登山者を迎えている。東にリトル比良、西に京都北山、北に琵琶湖、南に武奈ヶ岳を望む展望が人気の秘密。

1月	2月	3月	4月	5月	6月	7月	8月	9月	10月	11月	12月
雪山			新緑							紅葉	

雪山

展望　温泉　　　　新緑　紅葉

琵琶湖を背に蛇谷ヶ峰山頂へ向かう

コースガイド

日帰り｜一般向き｜歩行時間：3時間25分

❶グリーンパーク想い出の森（50分）→ ❷想い出の森分岐（40分）→ ❸カツラの谷コース合流（10分）→ ❹蛇谷ヶ峰（10分）→ ❸カツラの谷コース合流（30分）→ ❷想い出の森分岐（30分）→ ❺旧いきものふれあいの里コース登山口（35分）→ ❶グリーンパーク想い出の森

　起点となる❶グリーンパーク想い出の森へはマイカー利用が便利。公共交通機関の場合は、帰りにくつき温泉で入浴するのであれば、朽木学校前バス停そばにある道の駅くつき新本陣から想い出の森へ行くシャトルバスが利用できる。

　想い出の森駐車場に車を停め、山の手のバンガローの間を抜けて登山道に入る。ゆるやかに谷へ下って流れを渡り、きつい登りを登り返すと尾根に出て、旧いきものふれあいの里からの登山道と合流する（❷想い出の森分岐）。ここからはやや傾斜のある尾根歩きで、木段が延々と続く。いったん登り切って右へ向きを変える。植林と自然林が交互に現れるが、登りつめて今は立ち入り禁止の❸カツラの谷コースと合流すると道はゆるやかになる。気持ちのよい自然林をたどって蛇谷ヶ峰の主稜線へ。

朽木スキー場からの道と合流し、右折して琵琶湖と安曇川の平野を背にひと登りすれば、展望が広がる❹蛇谷ヶ峰山頂だ。

下山は往路をたどり、想い出の森からの道を見送って直進していくと林道に下り立つ。ここが❺旧いきものふれあいの里コース登山口だ。30分弱歩くといきものふれあいの里センター跡地に出る。その先の分岐で右の道をとり、吊橋を渡って❶グリーンパーク想い出の森に戻る。温泉で汗を流して帰途につこう。

アクセス 往復＝大阪駅（JR京都線・湖西線新快速1時間12分）安曇川駅（江若交通バス35分）朽木学校前（シャトルバス10分）グリーンパーク想い出の森　江若交通☎0740-32-1371、グリーンパーク想い出の森0740-38-2770
駐車場情報 グリーンパーク想い出の森に広い無料駐車場がある。くつき温泉を利用しないのであれば、いきものふれあいの里跡地にも停められる。
アドバイス 登山は通年可能で、冬も軽アイゼンで登ることができる。ただし降雪直後でトレースがないときは、積雪量によってはラッセルすることもある。積雪が多そうなときは想い出の森に問い合わせよう。
立ち寄り情報 グリーンパーク想い出の森にくつき温泉てんくうがある。10〜21時、無休、700円。問い合わせは想い出の森へ。
問合せ先 びわ湖高島観光協会☎0740-33-7101
2万5000分の1地形図　北小松、饗庭野

積雪期も人気

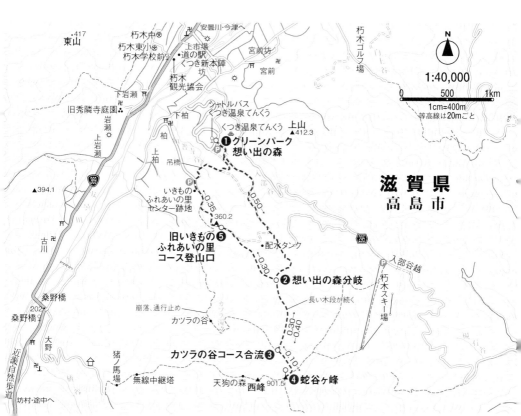

箱館山

はこだてやま

標高
547m
△546.8m

山上池に咲くカキツバタを訪ねて

冬はスキー場で知られる箱館山の北には満々と水をたたえる淡海湖（処女湖）や平池があり、初夏、平池にはカキツバタの群生が紫の帯を作る。箱館山スキー場は、夏にはゆり園となる。箱館山から琵琶湖の展望を楽しみつつ神秘的な池を訪れてみよう。

1月	2月	3月	4月	5月	6月	7月	8月	9月	10月	11月	12月
雪山				新緑					紅葉		

花（カキツバタ・コアジサイ）　　　　雪山

花　展望　　　新緑　紅葉

カキツバタの群生が美しい平池

コースガイド

日帰り｜一般向き｜歩行時間：5時間5分

❶箱館山バス停（40分）→ **❷伊井城址分岐**（20分）→ **❸箱館山**（15分）→ **❹ゆり園入口**（35分）→ **❺Bコース入口**（30分）→ **❻A・Bコース分岐〈下〉**（15分）→ **❼平池**（15分）→ **❻A・Bコース分岐〈下〉**（40分）→ **❽Aコース入口**（40分）→ **❹ゆり園入口**（55分）→ **❶箱館山バス停**

　❶箱館山バス停から、広い駐車場の東北の角に向かい登山道に入る。広いが急な登山道をつづら折りに登り、**❷伊井城址分岐**で尾根に出る。ゆるやかになった道を西へ。ゆるやかに下ったところに**❸箱館山**三角点への分岐がある。三角点があるだけだが、立ち寄ってみよう。

　分岐に戻って左にとり急坂を登ると、**❹ゆり園入口**に着く。ここ

では敷地に入らずに、入口のフェンスに沿って歩く。「Aコース・Bコース」の案内の立て札があるので迷わないだろう。スキー場の最高点からの眺望がすばらしい。下って広い林道に出て、A・Bコース分岐〈上〉でBコースを選び、**❺Bコース入口**から登山道に入る。下りは急だが、季節なら沿道をコアジサイの可憐な花が飾り、よい香りが漂う。下り切ったところが

淡海湖で、右に道をとる。**❻A・Bコースの分岐（下）**を経て淡海湖の流れ込みを渡って道路に出る。右に向かうと**❼平池**に導かれる。

平池で幻想的なカキツバタの群生を楽しんだら、**❻A・Bコース分岐（下）**まで戻り、Aコースで渓谷沿いをさかのぼる。渓谷から離れると、やがて広い未舗装の林道に出る。ここが**❽Aコース入口**だ。右に折れるとA・Bコース分岐（上）に戻る。あとは、もと来た道を引き返す。

スキー場（ゆり園）から琵琶湖を一望

アクセス　往復＝大阪駅（JR京都線・湖西線新快速1時間20分）近江今津駅（高島市コミュニティバス20分）箱館山　湖国バス（コミュニティバス）☎0749-62-3201
駐車場情報　箱館山バス停（ゴンドラ乗り場）に無料駐車場（約1000台）がある。
アドバイス　箱館山には季節運行のゴンドラがあるが、カキツバタの時期には運行していない。Bコースの下りは比較的急なので足もとに注意。
立ち寄り情報　箱館山のゆり園は6月下旬から8月下旬、9月中旬から10月中旬の開園で、コキアやユリが楽しめる。ゴールデンウイークもゴンドラが営業する。入園料1850円（ゴンドラ往復含む）
問合せ先　びわ湖高島観光協会☎0740-33-7101
2万5000分の1地形図
海津、熊川

武奈ヶ岳

標高
1214m
△1214.2m

ダイナミックな頂稜が魅力の比良最高峰

比良山地の最高峰・武奈ヶ岳は、関西では抜群の人気を誇る山。スケール感のある西南稜をはじめ、コヤマノ岳のブナ林や八雲ヶ原湿原など、コース要素も変化に富む。北東の名瀑群・八淵ノ滝が近年は荒れていて危険なため紹介できないのが残念。

1月	2月	3月	4月	5月	6月	7月	8月	9月	10月	11月	12月
雪山				新緑					紅葉		

花（シャクナゲ）花（ベニドウダン、サラサドウダン）雪山

花　温泉　新緑　紅葉

武奈ヶ岳といえば爽快なこの西南稜

コースガイド 1 山頂まで最短の御殿山コースで登る

日帰り｜一般向き｜歩行時間：5時間25分

❶坊村（2時間）→ ❷御殿山（40分）→ ❸武奈ヶ岳（40分）→
❹中峠（35分）→ ❷御殿山（1時間30分）→ ❶坊村

　登山口の❶坊村は、比叡山回峰行とともにある集落で、白洲正子の『かくれ里』にも取り上げられている。御殿山コース入口は回峰行の拠点・葛川息障明王院の奥にある。しばらくは植林帯の急登が続く。近年の台風で倒木が多いが整備はされている。ひとふん張りして小さな台地に出ると自然林に変わる。ここからしばらくは山腹道をたどる。尾根に出て冬ルートと

の分岐で、今度は南東側の斜面に乗り換える。少し谷筋を絡んで登り続けると尾根に出て冬ルートと

ブナ林が豊かなコヤマノ岳

合流すると広場がある。❷御殿山へはひと登りだ。正面に西南稜を従えた武奈ヶ岳を望むことができる。

ワサビ峠まで下り、登り返して爽快な草稜が続く西南稜をたどって高度を上げていくと、360度の展望が広がる❸武奈ヶ岳山頂に到着する。

下山は、山頂手前の分岐からイブルキのコバに向かう道に入り、コヤマノ岳の肩でコヤマノ岳に向かう。このあたりはブナ林がすばらしい。コヤマノ岳の先で金糞峠方面への分岐を左に見送って、忠実に尾根筋をたどっていくと❹中

峠に着く。峠で右にとり、口ノ深谷の源流に下る。

ワサビ峠に登り返したらあとは往路をたどるだけだ。

アクセス 往復＝大阪駅（JR京都線・湖西線新快速50分）堅田駅（江若交通バス45分）坊村 江若交通 ☎077-572-0374
駐車場情報 坊村バス停近くの曙橋を渡ったところの葛川市民センター駐車場（無料）を利用する。
アドバイス 登山者が多いので安心して歩ける。雪山に挑戦する場合は御殿山までは尾根通しの冬ルートへ。
立ち寄り情報 坊村にある比良山荘は、鮎料理が有名な料理旅館だが、登山後でも手軽に楽しめるテーブル席もある。☎077-599-2058
問合せ先 びわ湖大津観光協会 ☎077-528-2772、びわ湖高島観光協会 ☎0740-33-7101
2万5000分の1地形図 北小松、比良山、久多、花脊

武奈ヶ岳山頂へ

コースガイド 2 琵琶湖側からしっかり登って懐の深さを知る

日帰り｜経験者向き｜歩行時間：8時間45分

❶比良駅（1時間）→ ❷イン谷口（20分）→ ❸大山口（1時間30分）→ ❹金糞峠（40分）→
❺中峠（1時間10分）→ ❻武奈ヶ岳（1時間10分）→ ❼八雲ヶ原（20分）→
❽北比良峠（1時間20分）→ ❸大山口（15分）→ ❷イン谷口（1時間）→ ❶比良駅

琵琶湖側のメインの登山口、イン谷口へは無雪期の土・休日にはバス便があるが、そのほかの日は比良駅から歩くかタクシーを利用する。❶比良駅から山の手に向かい、天満宮に突き当たって右、比良登山口交差点で左折して❷イン谷口へ。イン谷口からは正面谷に沿って舗装路を行く。下山口になる❸大山口を過ぎると登山道に入り、いくつか堰堤を越えていく。

登山道はやがて谷を右に渡り、大石が積み重なる青ガレを登り、正面谷をさかのぼっていく。登り切ったところが❹金糞峠だ。

峠からは奥ノ深谷源流に下り、ヨキトウゲ谷をさかのぼって❺中峠へ。ところどころでアシウスギも見られる。口ノ深谷源流に下り、ワサビ峠に登り返して西南稜を❻武奈ヶ岳山頂へ。下山は山頂手前の分岐からイブルキのコバを経由

植生豊かな高層湿原の八雲ヶ原

して旧比良スキー場跡へ下る。右に折れて❼**八雲ヶ原**の湿原の縁を回り込むようにして湿原南端から10分ほど登ると、旧ロープウェイ駅跡地の❽**北比良峠**に出る。峠からは、左に釈迦岳を見ながらダケ道へと入る。快適な尾根道が急降下し始めるとやがて❸**大山口**に着く。あとは林道を下って❷**イン谷口**に出て、❶**比良駅**を目指す。

アクセス 往復＝大阪駅（JR京都線新快速30分）京都駅（JR湖西線40分）比良駅＊イン谷口（比良イン谷口バス停）へのバスは春分の日～12月第1日曜までの土・休日運行。江若交通☎077-572-0374、近江タクシー☎077-572-0106

駐車場情報 イン谷口周辺に駐車場があるが、正面谷を少しさかのぼったところにある駐車場が便利。いずれも無料。

アドバイス バスかタクシーを利用すれば、歩行時間を2時間短縮できる。八雲ヶ原湿原では湿原内を木道が通るが、老朽化していて危険。立ち入らないほうがよい。

立ち寄り情報 「比良とぴあ」は比良登山にうってつけの温泉。イン谷口から徒歩20分ほど。比良駅までのシャトルバスも運行。10～21時、無休、610円、☎077-596-8388

問合せ先 びわ湖大津観光協会☎077-528-2772、びわ湖高島観光協会☎0740-33-7101

2万5000分の1地形図 北小松、比良山

三国山 <ruby>三<rt>み</rt></ruby><ruby>国<rt>くに</rt></ruby><ruby>山<rt>やま</rt></ruby>

標高
876m
△876.1m

赤坂山 <ruby>赤<rt>あか</rt></ruby><ruby>坂<rt>さか</rt></ruby><ruby>山<rt>やま</rt></ruby>

標高
824m
△823.6m

大谷山 <ruby>大<rt>おお</rt></ruby><ruby>谷<rt>たに</rt></ruby><ruby>山<rt>やま</rt></ruby>

標高
814m
△813.7m

琵琶湖を見下ろす花と展望の山歩き

マキノ高原を取り囲むように横たわる三国山から赤坂山、大谷山にかけての山並みには高島トレイルが通り、広大な草原はトレイルのクライマックスのひとつ。麓のマキノ高原には温泉があり、汗を流して帰れるのがうれしい。

1月	2月	3月	4月	5月	6月	7月	8月	9月	10月	11月	12月
雪山				新緑						紅葉	

花（カタクリ、オオバキスミレ）　花（キンコウカ）
雪山

花　展望　温泉　　新緑　紅葉

大谷山への草稜はダイナミックな風景が広がる

コースガイド 1 花咲く湿原と荒々しい岩場を訪ねて

日帰り｜一般向き｜歩行時間：6時間25分

❶白谷（2時間）→❷黒河峠（1時間）→❸三国山（40分）→❹明王ノ禿（30分）→
❺赤坂山（15分）→❻粟柄越（50分）→❼ブナの木平（1時間10分）→❽マキノ高原温泉さらさ

スタートはバス利用なら❶白谷バス停が比較的便利で、マイカー利用ならマキノ高原になる。黒河峠までの林道歩きはつらいが、上部の自然林は、新緑や紅葉の季節にはなかなかのもの。トイレの設置された❷黒河峠に着いたら左の赤坂山自然歩道に入る。

しばらくはブナ林をゆるやかに登り、一度林道を絡んで、山腹道を登っていく。アザラシ岩を過ぎ

ると、つづら折りの尾根道の急登となる。道がゆるやかになれば、三国山湿原の木道が現れる。ここには7月頃ならキンコウカが咲いている。湿原の先に三国山への分岐がある。❸三国山山頂まで往復してこよう。トレイルに戻り、樹林の中をたどると、やがて正面に明王ノ禿と赤坂山を望むようになる。荒々しい岩場の❹明王ノ禿を横目に通過し、ツゲの目立つ斜

粟柄越から赤坂山へ登る

オオバキスミレ

面を登り切ると❺赤坂山の山頂にたどり着く。広々とした山頂からの360度の展望は申し分ない。

山頂からは草原を下り、地蔵の彫られた岩を経て❻粟柄越(あわがらごえ)へ。ここを左に折れてマキノ高原に向けて下っていく。見事なブナ林を抜け、一度、谷を絡んで登り返すと東屋のある❼ブナの木平だ。下山路はやがて坦々とした道になり、最後に急下降すればマキノ高原の上端に出る。バス停のある❽マキ

ノ高原温泉さらさで汗を流してから帰ろう。

アクセス 行き＝大阪駅（JR京都線・湖西線新快速1時間40分）マキノ駅（高島市コミュニティバス15分）白谷 帰り＝マキノ高原温泉さらさ（高島市コミュニティバス18分）マキノ駅 湖国バス（コミュニティバス）☎0749-62-3201
駐車場情報 マキノ高原の入口に登山者用駐車場がある。
アドバイス 高島市コミュニティバスは、時間帯によってはマキノ白谷温泉バス停で下車できる。明王ノ禿は風化が激しい。道を外さないようにしよう。
立ち寄り情報 マキノ高原には温泉施設マキノ高原温泉さらさがある。10～21時、第2・4水曜休、700円、☎0740-27-8126。逆コースをとった場合はマキノ白谷温泉八王子荘も利用可。10～21時、木曜休、650円、☎0740-27-0085
問合せ先 びわ湖高島観光協会☎0740-33-7101
2万5000分の1地形図 駄口、海津

コースガイド❷ 爽快な草原のプロムナードからブナ林へ

日帰り｜一般向き｜歩行時間：7時間35分

❶マキノ高原温泉さらさ（1時間40分）→❷ブナの木平（1時間）→
❸粟柄越（20分）→❹赤坂山（15分）→❸粟柄越（1時間20分）→❺寒風（40分）→
❻大谷山（40分）→❺寒風（1時間40分）→❶マキノ高原温泉さらさ

❶マキノ高原温泉さらさバス停からマキノ高原北縁の民宿の家並みに沿って歩く。トイレのあるところが登山口だが、その手前のスロープを登ってもよい。急坂をひとがんばりすれば傾斜のゆるい尾根道となる。傾斜がきつくなったところで東屋のある❷ブナの木平に着く。いったん谷に下ってつづら折りに急斜面を登るが、ゆるやかな登りに変わると❸粟柄越にた

どり着く。

粟柄越から北へ向かい、展望のすばらしい❹赤坂山まで往復してこよう。❸粟柄越に戻ったら南へ縦走路をたどる。道は最終目的地の大谷山まで一本道だ。ゆるやかな尾根に一本の登山道の筋が延々と延びているさまは爽快だ。時折、背丈の短いブナやカエデの林の通過もあり、飽きることがない。時間の許す限り、お気に入りの場所

でゆっくりとすればよい。

マキノ高原への下山路がある❺寒風（かんぷう）を過ぎ、広大な草原が広がる❻大谷山へ。

下山は❺寒風に戻り、西へ道をとる。下りはじめは尾根道だが、やがて山腹を絡むようになり、美しいブナ林の中を進んでいく。ベンチのある展望所を経て、さらに下るとマキノ高原への分岐があるので左へ。やがて目の前にマキノ高原スキー場の斜面が広がり、❶マキノ高原温泉さらさバス停目指して下っていく。

アクセス　往復＝大阪駅（JR京都線・湖西線新快速1時間40分）マキノ駅（高島市コミュニティバス18分）マキノ高原温泉さらさ　湖国バス（コミュニティバス）☎0749-62-3201

駐車場情報　マキノ高原の入口に登山者用駐車場がある。

アドバイス　赤坂山では冬季にスノーシューイングが楽しめる。マキノ高原でレンタルもできる。

立ち寄り情報　マキノ高原にはマキノ高原温泉さらさがある（P90参照）。また、時間があれば高原の南にあるメタセコイア並木を見ていこう。

問合せ先　びわ湖高島観光協会☎0740-33-7101、マキノ高原☎0740-27-0936

2万5000分の1地形図
駄口、海津

ブナ林を下りマキノ高原へ

乗鞍岳

（のりくらだけ）

標高 865m
△865.1m

芦原岳

（あしはらだけ）

標高 840m

高島トレイルの東の起点からブナの尾根をたどる

全長80kmの高島トレイルは乗鞍岳から始まる。周辺はブナの新緑や黄葉が美しく、春には花も多い。乗鞍岳からの琵琶湖、芦原岳からの日本海の展望や、猿ヶ馬場のブナ林など充実したハイキングが楽しめる縦走コース。

1月	2月	3月	4月	5月	6月	7月	8月	9月	10月	11月	12月
雪山			新緑							紅葉	
			花（カタクリ、オオバキスミレ）							雪山	

花　展望　温泉　　　新緑　紅葉

乗鞍岳から下ると電波塔施設がある

コースガイド

日帰り｜一般向き｜歩行時間：6時間10分

❶国境（1時間40分）→ ❷乗鞍岳北尾根（40分）→ ❸乗鞍岳（1時間）→
❹芦原岳（1時間20分）→ ❺黒河峠（1時間30分）→ ❻白谷

　マキノ駅からバスに乗り❶国境で下車。北にある国境高原スノーパークが高島トレイルの出発点。ここは敦賀と近江を結ぶ街道の要所で愛発越ともいわれる。

　スキー場内には特に道標はない。ゲレンデを登り、尾根に取り付いて西へとたどっていく。春にはオオバキスミレの咲く明るい尾根を登っていくと、やがて背の高いブナが林立する山腹道となる。❷乗鞍岳の北尾根に出たら南へと方向を変える。春ならこのあたりからカタクリが現れる。コンクリートの建物がある❸乗鞍岳を越え、竹生島の浮かぶ琵琶湖の展望がすばらしい道をたどり、乗鞍岳山頂から見えていた電波塔へ。ここで一瞬舗装路に出るが、道標に従ってトレイルに復帰する。

　ブナ林を1時間ほど歩き、芦原岳の分岐に出る。トレイルを少し

猿ヶ馬場のブナ林

❻白谷バス停までの林道歩きは
長いが、上部は樹林が美しく、下
りなのであまり苦にはならない。

北に外れて、立ち寄ってみよう。
❹芦原岳からは敦賀湾と琵琶湖が
同時に眺められ、日本海側と太平
洋側の水系を分ける中央分水嶺を
歩いていることを実感する。分岐
からの下りは長くて急だが、下り
終えてゆるやかにアップダウンを
繰り返せば、見事なブナ林が広が
る猿ヶ馬場にたどり着く。猿ヶ馬
場から❺黒河峠へはすぐだ。

アクセス　行き＝大阪駅（JR京都線・湖西
線新快速1時間40分）マキノ駅（高島市
コミュニティバス20分）国境　帰り＝白谷
（高島市コミュニティバス20分）マキノ駅
湖国バス（コミュニティバス）☎0749-62-
3201
駐車場情報　行きと帰りのバス路線が異な
るので、マキノ駅周辺の駐車場を利用する。
アドバイス　いったん尾根に上がれば道標
は完備されているから、迷うこともなく安心
して歩ける。
立ち寄り情報　下山地の白谷にはマキノ白
谷温泉八王子荘がある。10～21時、木曜休、
650円、☎0740-27-0085
問合せ先　びわ湖高島観光協会☎0740-33-
7101
2万5000分の1地形図　駄口

乗鞍岳山頂

駒ヶ岳
（こまがたけ）

標高
780m
△780.1m

ブナの樹林が見事な尾根を歩く

滋賀県と福井県の県境、江若国境と呼ばれる中央分水嶺にある駒ヶ岳。その立地から若狭駒ヶ岳と呼ぶことも。尾根は大木も多いブナの美林が続く。林間にたたずむ駒ヶ池を訪れるのも、駒ヶ岳登山の楽しみのひとつだ。

1月	2月	3月	4月	5月	6月	7月	8月	9月	10月	11月	12月
				新緑						紅葉	

 展望

 新緑 紅葉

駒ヶ岳はブナを主体とする樹林が美しい

コースガイド

日帰り｜経験者向き｜歩行時間：5時間40分

❶足谷口（1時間10分）→ ❷池原山（50分）→ ❸高島トレイル出合（30分）→
❹駒ヶ池（1時間15分）→ ❺駒ヶ岳（15分）→ ❻木地山分岐（1時間40分）→ ❼木地山

❶足谷口へのバス便は朽木学校前を早朝発で、前夜泊となる。現実的にはマイカー利用になるだろう。バス停の少し先に「池原山・駒ヶ岳登山口」と書かれた道標がある。尾根に取り付いてしばらくは植林帯の急登だ。赤テープを頼りに踏み跡をたどっていくと❷池原山に着く。その先で未舗装の林道に出合い、しばらく歩く。赤テープに従って再び登山道に入ると、

やがて主稜線上の❸高島トレイルに出合う。

トレイルは尾根沿いにつけられ、ブナの森が美しい。右手の地形がゆるやかになると、池が見下ろせる。昔は名がなかったが、近年は❹駒ヶ池の名で通っている。憩うのにもってこいの場所だ。トレイルはこのあたりから北に向かい、駒ヶ越を過ぎて福井側の森林公園から登ってきた道を合わせると❺駒

ヶ岳山頂に着く。露岩が目立つ開けた場所で、北側の展望がよい。

山頂からはトレイルを西の与助谷山方面へと進んで、「木地山」の道標のある❻木地山分岐から下山する。この尾根にもすばらしいブナ林が広がっている。植林帯に入り、焼尾谷へと下る。焼尾谷と麻生川の出合あたりは畑のネットなどで道路に出にくい。麻生川に突き当たったら、左に進んでろくろ橋で道路に出て、❼木地山バス停に向かう。マイカーを利用した場合は足谷口バス停付近まで40分ほど道路を歩く。

アクセス　行き＝大阪駅（JR京都線・湖西線新快速1時間12分）安曇川駅（江若交通バス35分）朽木学校前（高島市コミュニティバス23分）足谷口　帰り＝木地山（高島市コミュニティバス30分）朽木学校前　江若交通☎0740-32-1371、高島市朽木支所（コミュニティバス）☎0740-38-2331

駐車場情報　足谷口バス停の先に広い駐車スペースがある。木地山にはトイレのある無料駐車場がある。

アドバイス　バス利用の場合は、午前中7時台朽木学校前発の便に乗る。登山口からトレイルまでの道がわかりにくく、林道が地形図に表示されていない。地形を読みながら進む方向を判断する必要がある。

立ち寄り情報　朽木学校前バス停そばにある道の駅くつき新本陣では、日曜日の午前中、日曜朝市が行われる。鯖寿司や鯖のへしこ、栃もちなど、地元産品が手に入る。

問合せ先　びわ湖高島観光協会☎0740-33-7101

2万5000分の1地形図　古屋

駒ヶ岳山頂

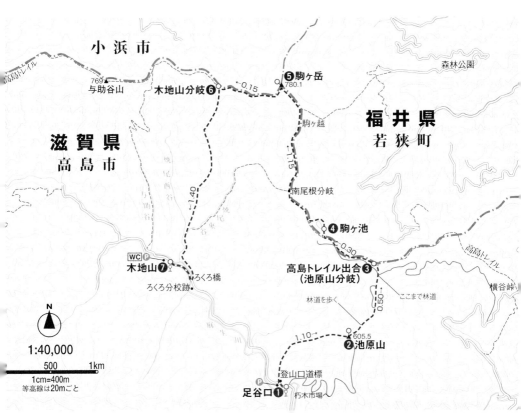

三十三間山

さんじゅうさんげんやま

標高
842m
△842.1m

さわやかなススキ草原から日本海と琵琶湖を望む

三十三間山の名の由来は、京都にある三十三間堂の棟木を伐り出したことから名づけられたと伝わるほか、諸説あるが、いずれにしても歴史ロマンにあふれた名だ。山頂から南の尾根はススキ草原が広がり、雄大な眺めが楽しめる。

1月	2月	3月	4月	5月	6月	7月	8月	9月	10月	11月	12月
雪山			新緑						紅葉		

花（ススキ）　　雪山

 展望

 新緑　紅葉

草原を三十三間山へ。正面の樹林の山が三十三間山

コースガイド

日帰り｜初心者向き｜歩行時間：5時間

❶十村駅（45分）→ ❷登山者用駐車場（登山道入口）に着く。
❹風神（30分）→ ❺三十三間山（25分）→ ❹風神（20分）→ ❸夫婦松（45分）→
❷登山者用駐車場（45分）→ ❶十村駅

　起・終点となる❶十村駅があるJR小浜線は本数が少なく、京阪神からは特急利用となるので、マイカー利用が便利だ。駅からは真西に延びる県道を進み、国道に出て南へ、能登野交差点で左の道に入り、送電線鉄塔の前を右折する。川沿いを歩くようになってから橋を渡って左に行くと❷登山者用駐車場（登山道入口）に着く。

　案内に従って進む。しばらくは林道歩きが続く。林道が二股に分かれ、右の坂を登るが、すぐに小ぶりな風神の滝がある。さらに登り続けると、最後の水場がある。ここから本格的な登山道が始まる。やがて植林に雑木が混じり始め、傾斜もゆるんでくると北側の展望がある❸夫婦松に着く。この先、少し急なところもあるが、穏やかな尾根歩きが楽しめる。❹風神まで来ると主稜線はすぐそこだ。

主稜線に出て左へ行くとすぐに草原が広がり、スケールの大きな風景が展開する。ひと登りした台地あたりが休憩ポイントで、弁当を広げたりしてくつろぎたいところだ。❺三十三間山山頂はさらに北に登ったところで、樹林に囲まれていて展望はない。

山頂からさらに北へ向かうと能登越経由で周回できるが、経験者向きとなるので、ここでは往路を引き返し、❷登山者用駐車場を経て❶十村駅へ戻ろう。

ススキの銀穂が光る頂稜

アクセス 往復＝大阪駅（JR京都線・湖西線特急1時間27分）敦賀駅（JR小浜線40分）十村駅

駐車場情報 登山道入口に登山者用駐車場がある。

アドバイス 紹介コースは道標も完備されていて迷うところはない。能登越経由の周回（縦走）コースをとると充実するので経験者にはおすすめ。ただし、道がわかりにくいところもあり、読図力が必要。

立ち寄り情報 京阪神からマイカーでアプローチする際に利用する国道303号はいわゆる鯖街道（若狭街道）。宿場町の熊川宿は、伝統的建築物群保存地区。整備された町並みが美しい。

問合せ先 若狭三方五湖観光協会☎0770-45-0113

2万5000分の1地形図 三方、熊川

1:39,000

0　250　500m

1cm＝390m

等高線は20mごと

福井県
若狭町

滋賀県
高島市

岩籠山
いわごもりやま

標高
765m
△765.1m

ブナの新緑と爽快なインディアン平原を楽しむ

岩籠山は、野坂山地に属する敦賀三山のひとつ。山頂の大展望と、インディアン平原と呼ばれる奇岩が点在する草原が魅力の山だ。東麓には敦賀と近江を結んだ北陸道が通じていて、その宿場町・疋田宿は街道風情にあふれる。

1月	2月	3月	4月	5月	6月	7月	8月	9月	10月	11月	12月
				新緑						紅葉	

展望

新緑 紅葉

インディアン平原と奥美濃の山並み。白山ものぞく

コースガイド

日帰り｜経験者向き｜歩行時間：5時間10分

❶新疋田駅（45分）→❷市橋コース登山口（1時間40分）→❸夕暮山分岐（10分）→
❹夕暮山（10分）→❸夕暮山分岐（25分）→❺岩籠山（10分）→
❻インディアン平原（1時間20分）→❼駄口コース登山口（30分）→❶新疋田駅

　❶**新疋田駅**を出て北へ向かい、JR線をくぐったところで国道を離れ、疋田宿に入る。宿場町に流れる水路は舟川と呼ばれ、昔は水運を担う運河だったという。宿場の中心あたりに資料を展示するコーナーがある。宿場町を抜けると、岩籠山登山道の大きな案内板がある。JR線を2度くぐり、舗装路を山の手に向かうと、登山者用駐車場があり、その先に❷**市橋コース**

登山口がある。登山道はやがて渓谷へと導かれ、何度か徒渉を繰り返しながら高度を上げていく。流れもなくなり、尾根に上がったところが、❸**夕暮山の分岐**だ。ここではいったん三角点のある❹**夕暮山**を往復し、岩籠山へ向かおう。
　❺**岩籠山**の展望は抜群で、敦賀富士の野坂岳や敦賀湾、高島トレイルの山並みを一望する。
　下山は駄口コースへ。開放感あ

ふれる**❻インディアン平原**に立ち
寄り、ひとしきり楽しんだら、ゆ
るやかなブナ林の尾根をたどる。
左手に崩壊地を見ると登りに転じ、
677mピークを巻いて東に延びる
尾根に出る。下っていくと、**❼駄
口コースの登山口**にたどり着く。
登山口からは国道を北
へ向かい、橋を渡った
先で右の道に入ると、
旧北陸道をたどって**❶
新疋田駅**に戻ることが
できる。

登山者でにぎわう岩籠山山頂

アクセス　往復＝大阪駅（JR
京都線・湖西線・北陸本線新
快速1時間58分）新疋田駅
駐車場情報　市橋コース、駄
口コースともに登山口近くに
登山用の無料駐車場がある。
アドバイス　市橋コースは徒
渉が多いので雨後は要注意で、
駄口コースの往復も検討しよ
う。国道は交通量が多く、歩
道もないので車の往来に注意。
立ち寄り情報　新疋田駅は、
構内に昔の車両の写真などを
展示するユニークな待合所が
ある、親近感あふれる駅。
問合せ先　敦賀観光案内所
☎0770-21-8686
2万5000分の1地形図
敦賀

市橋コースは清流をさかのぼる

1:36,000

N

0　　　500　　　1km

1cm=360m
等高線は20mごと

高島トレイル

ロング
トレイル
③

中央分水嶺が通る湖西の山と峠を歩く

2005年に滋賀県高島市を通る中央分水嶺上に拓かれ、いまや全国から登山者がやって来るトレイルとなった。福井・滋賀県境の愛発を起点に、ほぼ福井県・京都府の府県境に沿って12の山、12の峠をつないで三国岳で終わる、全長80kmのトレイル。

大谷山周辺は爽快なトレイル歩きが続く

ナベクボ峠の
石碑

プランニング&アドバイス

愛発から三国岳まで、一気に縦走しようと思えば5泊6日のプランがベスト。公共交通機関が不便なので、すべての区間を日帰りでつないでいくのは困難。2、3の区間はテント泊になる。公式なテント場はないので、登山者個人の責任で判断して幕営する。縦走する場合はどこで水の補給ができるか事前に下調べしておこう。開通してから15年以上経ち、ルートがわかりにくいところもある。

距離 80km
公式地図 中央分水嶺・高島トレイル詳細マップ（高島トレイルクラブ発行）
問合せ先 高島トレイルクラブ☎0740-20-7450、びわ湖高島観光協会☎0740-33-7101
2万5000分の1地形図 駄口、海津、熊川、三方、饗庭野、古屋、久多

愛発越〜黒河峠

日帰り｜一般向き｜歩行時間：6時間10分

　スタートは愛発越。国境バス停から乗鞍岳、芦原岳、猿ヶ馬場を越え黒河峠に着く。幕営の場合は林道にあるスペースを利用する。下山の場合は林道を1時間で白谷へ（P92「乗鞍岳・芦原岳」参照）。

アクセス
行き　大阪駅（JR京都線・湖西線新快速1時間40分）マキノ駅（高島市コミュニティバス20分）国境
帰り　白谷（高島市コミュニティバス20分）マキノ駅

黒河峠〜寒風

日帰り｜一般向き｜歩行時間：7時間25分

　黒河峠からトレイルを西進、高度を上げて三国山の湿原へ。三国山、明王ノ禿を経て赤坂山山頂へ。ここから粟柄越を経由し、寒風からマキノ高原へ下山して2回目を終える（P89「三国山・赤坂山・大谷山」参照）。

アクセス
行き　1回目「帰り」参照
帰り　マキノ高原温泉さらさ（高島市コミュニティバス18分）マキノ駅

最初のピーク・乗鞍岳

寒風〜水坂峠

1泊2日｜経験者向き｜歩行時間：12時間50分

　マキノ高原から寒風に登り、大谷山を目指す。大谷山からは1時間足らずで抜土へ。水場もあり、幕営適地。1日目はここか、近江坂合流点下の林道に下りて幕営。2日目、大御影山を越えブナの美林を歩き大日尾根へ。三重嶽、武奈ヶ嶽はトレイル中で最も奥深く、大きな山。心して臨もう。水坂峠からは車道を歩き保坂バス停へ。

アクセス
行き　2回目「帰り」参照
帰り　保坂（JRバス20分）近江今津駅（JR湖西線・京都線新快速1時間20分）大阪駅

水坂峠〜木地山分岐

1泊2日｜一般向き｜歩行時間：11時間45分

　水坂峠からトレイル中間地点の二ノ谷山を越える。桜峠まで下って国道を少し南下し、右の車道をたどる。別荘地手前から中央分水嶺に戻り、行者山を目指す。横谷峠の林道周辺で1日目は幕営（西へ5分ほど下った右の谷に水場がある）。2日目は急登を登り、池原山分岐から駒ヶ岳へ。木地山分岐から木地山へ下山する（P94「駒ヶ岳」参照）。

アクセス
行き　3回目「帰り」参照
帰り　木地山（高島市コミュニティバス30分）朽木学校前（江若交通バス35分）安曇川駅（JR湖西線・京都線新快速1時間12分）大阪駅

三国峠山頂へ

5回目
木地山分岐～地蔵峠
1泊2日 | **一般向き** | **歩行時間：14時間**

　木地山分岐から与助谷山、桜谷山と通過して木地山峠に下る。尾根道を登り返し、ブナ林になると百里ヶ岳に着く。百里新道分岐で西へ、根来坂経由で林道が越えるおにゅう峠に着く。林道脇で幕営し、2日目はオクスゲの池を過ぎて803mピークを越え、さらに高度を下げ、ナベクボ峠から美林の尾根を登って三国峠に着く。その先の地蔵峠から生杉に下山する。

アクセス
行き　4回目「帰り」参照
帰り　生杉（高島市コミュニテバス1時間）朽木学校前（江若交通バス35分）安曇川駅

6回目
地蔵峠～三国岳
日帰り | **一般向き** | **歩行時間：7時間30分**

　地蔵峠から岩谷峠へは、京大芦生研究林との境界尾根を歩く。登り返すとミズナラの大木が見られ、カベヨシを越えるとアシウスギの巨木が現れる。岩谷峠から三国岳へはトレイル最後の登り。丹波越への分岐を見送り、西へ登るとすぐに頂上に着く。丹波越の分岐から尾根伝いに歩き、古道の茶屋跡を経て一気に下ると桑原橋バス停にたどり着く。

アクセス
行き　5回目「帰り」参照
帰り　桑原橋（高島市コミュニティバス45分）朽木学校前（江若交通バス35分）安曇川駅

駒ヶ岳登山ではぜひ駒ヶ池に立ち寄りたい

駒ヶ岳から日本海を望む

湖北・湖東・鈴鹿

横山岳 ▲

▲ 賤ヶ岳

伊吹山 ▲

▲ 霊仙山

繖山 ▲▲　御池岳 ▲

箕作山・太郎坊山　日本コバ

三上山　　銚子ヶ口

イブネ・クラシ ▲

金勝アルプス（竜王山）　▲ 御在所岳

綿向山 ▲　鎌ヶ岳

湖南アルプス
（堂山）▲
（笹間ヶ岳）▲　▲
（太神山）

滋賀県

岐阜県

京都府

三重県

横山岳

（よこやまだけ）

標高
1132m
△1131.7m

登りごたえのある急坂の先で絶景に出会う山

横山岳は長浜市の北東、杉野川の上流にそびえる山で、近年は余呉トレイルの一端をなす山として登られている。登りごたえのある山として知られ、登山道はいずれも急峻だが、季節にはさまざまな花が楽しめるほか、紅葉も美しく、人気が高い。

1月	2月	3月	4月	5月	6月	7月	8月	9月	10月	11月	12月
雪山
新緑
花（カタクリ・トクワカソウ）　　　　　　　紅葉　雪山

花　展望　　　新緑　紅葉

紅葉の東尾根を行く。琵琶湖が光る

コースガイド

日帰り｜経験者向き｜歩行時間：7時間15分

❶杉野学校前（45分）→ ❷白谷登山口（40分）→ ❸太鼓橋（2時間10分）→
❹横山岳（30分）→ ❺東峰（45分）→ ❻「東尾根登山口」道標（50分）→
❼東尾根登山口（50分）→ ❷白谷登山口（45分）→ ❶杉野学校前

❶**杉野学校前**バス停からは集落を抜け、網谷川に沿った林道に入る。舗装路を登り、左にコエチ谷登山口を見送ると、すぐに❷**白谷登山口**の広い駐車場があり、白谷小屋が立ちトイレもある。

登山口から植林帯を登り、いったん林道に出て左へ。❸**太鼓橋**から再び登山道に入る。経ノ滝を経て、少し流れの中を歩いて五銚子ノ滝を見るとようやく沢を離れ、

驚くほどの急斜面を登っていく。岩場をこなしながら登りつめると傾斜がゆるくなる。周囲がブナ林となると❹**横山岳**の山頂にたどり着く。山頂直下は季節ならカタクリがピンクの花を開いている。琵琶湖を一望するのはもちろん、小屋に備え付けられたハシゴで屋根に登れば白山が見える。

本峰の山頂は西峰と呼ばれており、ブナ林の尾根伝いに東峰へと

向かう。東尾根は展望のすばらしい尾根で、琵琶湖や奥美濃の山々を一望する。特に山名板のない❺東峰を越え、見事なブナ林の中を下っていく。下り切って少し登り返すと、❻「東尾根登山口」方面の道標がある。

道標に従いしばらくゆるやかな尾根を下るが、やがて急坂となる。再び登山口方面の道標があるので急降下すると、❼東尾根登山口に下り着く。林道をいったん右へ、分岐で左にとり、網谷林道を下って❷白谷登山口へ。

アクセス 往復＝大阪駅（JR京都線・琵琶湖線・北陸本線快速1時間54分）長浜駅（JR北陸本線16分）木ノ本駅（湖国バス30分）杉野学校前
駐車場情報 白谷登山口に無料駐車場がある（約30台）。
アドバイス 京阪神から公共交通機関利用での日帰りの場合、大阪駅午前5時台発で木ノ本駅に同8時過ぎ着。冬は積雪が多く、5月まで雪の残る年もあり、雪解け後は道も荒れているので要注意。
立ち寄り情報 湖北一帯は観音の里として知られ、木ノ本駅のひとつ南の高月駅から徒歩8分の渡岸寺の十一面観音像は国宝の傑作として知られる。9〜16時、仏像拝観500円。木ノ本駅近くの木之元地蔵院も有名。
問合せ先 長浜観光協会北部事務所☎0749-82-5909、杉野山の会☎0749-82-0386
2万5000分の1地形図 近江川合、美濃川上

見ごたえのある五銚子ノ滝

賤ヶ岳
しずがたけ

標高
421m
△421.1m

余呉湖を見下ろす展望台は戦国の合戦の地

羽柴秀吉と柴田勝家が織田信長の後継者として雌雄を決した賤ヶ岳の合戦。400年以上経った今、その山頂は、余呉湖と琵琶湖を見下ろす風光明媚な場所としてハイカーに親しまれている。下山地の大音は琴の糸の里として知られる。

1月	2月	3月	4月	5月	6月	7月	8月	9月	10月	11月	12月
				新緑						紅葉	

花（サクラ）

花　展望

新緑　紅葉

賤ヶ岳山頂から余呉湖を見下ろす

コースガイド

日帰り｜一般向き｜歩行時間：2時間45分

❶余呉駅（10分）→ ❷江土登山口（30分）→ ❸大岩山（50分）→
❹賤ヶ岳（30分）→ ❺リフト乗り場（45分）→ ❻木ノ本駅

❶**余呉駅**を出て余呉湖方面に向かって県道に出たら左折し、❷**江土登山口**から登り始める。時間があれば、余呉湖観光館などに立ち寄って余呉湖の風情を楽しんでもよいだろう。

登りはじめは舗装路だが、やがて登山道へと変わる。すぐに高山右近が築いた岩崎山砦跡があり縄張り図が設置されている。中川清秀が築いた大岩山砦跡前後では林道が絡むが、道標に従えば問題はない。❸**大岩山**（大岩山砦跡）には中川清秀の墓がある。尾根伝いにたどり、首洗いの池を経て、猿ヶ馬場で方角を西に変えると、やがて観光客の姿も見える❹**賤ヶ岳**山頂に着く。山頂部はよく整備されていて、北は余呉湖を真下に、南西に視線を転じれば琵琶湖を望むことができる。傷ついた武士の像だけが、戦国時代を彷彿させる。

下山はそのまま尾根通しに南に下り、リフト駅の手前で左に折れ、大音への道を下っていく。リフトの下をくぐったりしながら歩いていくと、最後には❺リフト乗り場に下り着く。

下山地の大音は琴糸の里として知られるこぢんまりとした集落。大音バス停は国道に出たところにあるが、便数が少ないので、❻木ノ本駅まで歩いたほうがよい。

傷ついた武士の像が哀れを誘う

アクセス 行き＝大阪駅（JR京都線・琵琶湖線・北陸本線新快速2時間5分）余呉駅
帰り＝木ノ本駅（JR北陸本線・琵琶湖線・京都線新快速2時間）大阪駅

駐車場情報 余呉駅前の無料駐車場（約50台）のほか、江土登山口近くにも観光用無料駐車場がある。

アドバイス 大音発の木ノ本駅行きバス便は、午後は13時、15時、18時台の3便のみ。また、サブコースとして山頂から飯浦切通しの峠まで歩いて、余呉湖畔に下り立ち、余呉駅から帰途についてもよい。

立ち寄り情報 予約が必要ながら糸とり資料保存館を見学できる（100円）。絹糸の糸とりの実演見学ができる（有料）。無休。糸とり資料保存館の予約は☎0749-82-4127（想古亭源内）。

問合せ先 北びわこふるさと観光公社☎0749-78-0300（土・日・祝は木之本観光案内所☎0749-82-5135へ）

2万5000分の1地形図
木之本

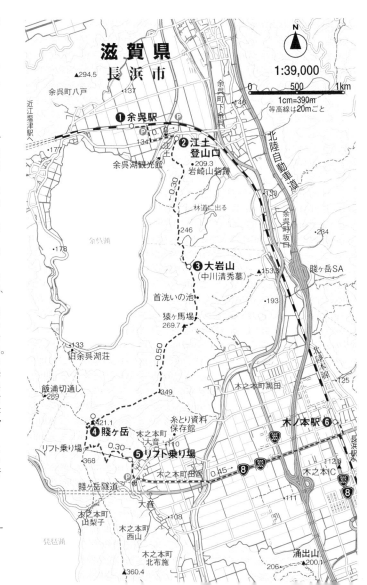

伊吹山（いぶきやま）

湖北・湖東・鈴鹿

滋賀県

標高
1377m
△1377.3m

滋賀県最高峰にして日本百名山、花の名山

滋賀・岐阜県境付近に横たわり、どこからでもよく目立ち、日本百名山の一峰にふさわしい伊吹山。春から晩秋まで、さまざまな種類の花が咲き継ぐ花の名山であり、記紀ではヤマトタケルを苦しめた神が棲む山である。

1月	2月	3月	4月	5月	6月	7月	8月	9月	10月	11月	12月
冬山					花					紅葉	冬山
			新緑								

花　展望　新緑　紅葉

三合目から見た伊吹山。初夏にはカキツバタが咲く

コースガイド

日帰り｜一般向き｜歩行時間：4時間10分

❶伊吹登山口（40分）→ ❷一合目（50分）→ ❸三合目（40分）→
❹五合目（1時間30分）→ ❺伊吹山（30分）→ ❻伊吹山バス停

　❶伊吹登山口バス停から旧ゴンドラ乗り場のほうに少し登ると右手に登山口がある。ここで入山協力金を支払う。民宿が並んでいる❷一合目までは樹林の間を登る。一合目にはトイレもある。

　旧スキー場の斜面を登り切り、再び林間に入ったところが二合目で、台地に出て右手に伊吹山山頂が見え出すと、ほどなく❸三合目である。花はこのあたりから楽しめるようになる。

　❹五合目までゆるやかに登ると、あとは草地の斜面を高度を上げていく。六合目には立派な避難小屋がある。八合目を過ぎると石灰岩が露出する急登となる。山上台地に飛び出して西登山道と合流すると九合目だ。

　ここからは山上台地のお花畑を歩いて日本武尊（やまとたける）の石像などがある❺伊吹山山頂へ。売店を兼ねた山

小屋が数軒営業し、シーズンには観光客を交えて多くの人でにぎわう。晴れていれば、琵琶湖はもちろん、北には白山や御嶽山、乗鞍岳などが遠望でき、一等三角点は山頂エリアの東寄りにある。

下りは東登山道へ。7月下旬から8月中旬の花の最盛期は、沿道にシモツケソウが一面ピンクのじゅうたんのように広がる。伊吹山には固有種を含め実に1300種の植物が自生するので、季節を変えて登ってみたい。駐車場まで下ったら、❻伊吹山バス停から帰途につく。

アクセス 行き＝大阪駅（JR京都線・琵琶湖線新快速1時間25分）米原駅（同東海道本線9分）近江長岡（湖国バス16分）伊吹登山口 帰り＝伊吹山バス停（名阪近鉄バス40分／例年7月中旬の土・日・祝と7月下旬〜8月下旬の運行）関ヶ原駅（JR東海道本線11分）米原駅 湖国バス☎0749-64-1224、名阪近鉄バス☎0585-22-1207

駐車場情報 伊吹登山口周辺に有料駐車場が複数ある。旧ゴンドラ乗り場駐車場が広い。

アドバイス 入山協力金は300円。山頂から往路を下山する場合は登山口まで約2時間30分。樹林が少ないため真夏は帽子など日除け対策を。冬季は雪が深く雪山経験者限定。

立ち寄り情報 麓のジョイ伊吹では薬草風呂に入れる。12時30分〜19時30分、月曜休、620円、☎0749-58-0105

問合せ先 米原観光協会☎0749-58-2227

2万5000分の1地形図 関ヶ原、美束

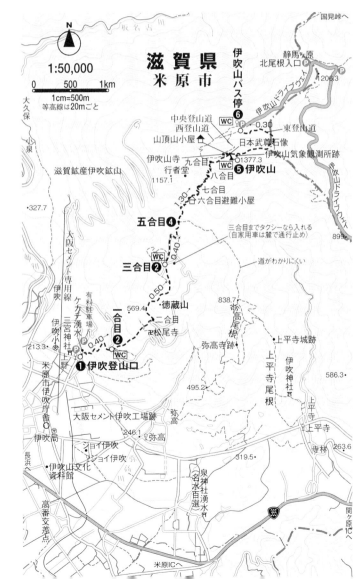

1:50,000
1cm=500m
等高線は20mごと

滋賀県
米原市

伊吹山バス停 ❻
東登山道
中央登山道
西登山道
山頂山小屋
日本武尊石像
伊吹山気象観測所跡
伊吹山寺行者堂
九合目
八合目
七合目
六合目避難小屋
❺伊吹山
五合目 ❹
三合目 ❸
一合目
二合目
二松尾寺
徳蔵山
❶伊吹登山口

滋賀鉱産伊吹鉱山
大阪セメント不専用線
ケカチ湧水
三宮神社
米原市伊吹庁舎
伊吹局
大阪セメント伊吹工場跡
ジョイ伊吹
伊吹山文化資料館
泉神社湧水（名水百選）

上平寺城跡
伊吹神社
上平寺尾根
弥高尾根
弥高寺跡
上平寺

国見峠へ
静馬ヶ原
北尾根入口
伊吹山ドライブウェイ

関ヶ原ICへ
米原ICへ
長浜へ

伊吹山といえばシモツケソウ

霊仙山

りょうぜんざん

標高
1094m

波打つカルスト台地から琵琶湖を一望

カルスト地形の広々とした山頂が魅力の霊仙山。一般には北麓から登られることが多いが、南麓の今畑から南西尾根を登れば、フクジュソウをはじめとする花の尾根が楽しめる。スケール感たっぷりの雄大な風景もすばらしい。

1月	2月	3月	4月	5月	6月	7月	8月	9月	10月	11月	12月

雪山　　　　　　　　　　　　　　　　　　　　　　雪山
　　　　　新緑
花（フクジュソウ）　花（ヤマシャクヤク）　　紅葉

  花　展望　　 新緑　紅葉

カレンフェルト（石塔）が林立する霊仙山

コースガイド

日帰り｜一般向き｜歩行時間：7時間5分

❶醒井養鱒場（40分）→ ❷樽ヶ畑登山口（20分）→ ❸汗ふき峠（45分）→
❹今畑登山口（1時間）→ ❺笹峠（2時間）→ ❻霊仙山最高点（15分）→ ❼霊仙山三角点（10分）→
❽経塚山（1時間10分）→ ❸汗ふき峠（15分）→ ❷樽ヶ畑登山口（30分）→ ❶醒井養鱒場

❶醒井養鱒場を起点に林道を歩いて❷樽ヶ畑登山口へ。登り始めると廃村樽ヶ畑を経て、その先で山小屋「かなや」の前を通過して❸汗ふき峠に出る。ここでは山頂に向かわずに直進し、谷沿いに下り落合を経由して登山口へ向かう（2020年度中は落合手前で河川工事が行われることがあるので注意）。落合から川沿いに舗装路を下ると左手に❹今畑登山口がある。

ひと登りして、石垣や土蔵が残る廃村今畑へ。しばらく急登が続くがゆるやかな山腹道になると❺笹峠に着く。ここからは足もとの悪いつらい登りだが、背後に開ける展望を振り返りながら高度を上げる。傾斜はいったんゆるむが石灰岩の露出した近江展望台まではもうひとがんばり。この先は石灰岩のガレで歩きにくいがアップダウンも少ない尾根歩きだ。季節な

らフクジュソウの咲く尾根道で、季節が進むとヤマシャクヤクが咲く。花の道が草原に変わると、❻**霊仙山最高点**への登りとなる。最高点からはいったん下り❼**霊仙山三角点**に登り返す。北に伊吹山、南西には琵琶湖が大きく横たわる。

　ここからは北東の❽**経塚山**へ。山頂で90度方向転換し、雨乞い伝説のあるお虎ヶ池へ。しばらく水平な道をたどるが、急坂になると一気に❸**汗ふき峠**へと下っていく。汗ふき峠からは来た道を戻る。

神秘的な趣があるお虎ヶ池

アクセス　往復＝大阪駅（JR京都線・琵琶湖線新快速1時間25分）米原駅（同東海道本線5分）醒ヶ井駅（乗合タクシーまいちゃん号15分）醒井養鱒場［上丹生-9停留所］＊まいちゃん号は行き帰りとも要予約。近江タクシー☎0749-52-8200
駐車場情報　榑ヶ畑登山口と落合にそれぞれ10台程度の無料駐車場がある。
アドバイス　2020年度中、汗ふき峠〜落合間は工事で通行できないことがある。事前に多賀町に確認のこと。
立ち寄り情報　中山道醒井宿は居醒の清水はじめ名水の町。初夏には地蔵川の流れにバイカモが可憐な姿で揺れる。
問合せ先　米原観光協会☎0749-58-2227、多賀町商工観光係☎0749-48-8118
2万5000分の1地形図
彦根東部、霊仙山

1:70,000

0　500　1km
1cm=700m
等高線は20mごと

御池岳

おいけだけ

標高
1247m
（丸山）

鈴鹿最高峰に広がる日本庭園のような風景

鈴鹿の最高峰・御池岳は、カルスト地形が織り成す石灰岩の石塔（カレンフェルト）や池・窪地（ドリーネ）が点在し、独特の地形が広がる。最高点・丸山の東にはテーブルランドと呼ばれる台地が広がっている。

1月	2月	3月	4月	5月	6月	7月	8月	9月	10月	11月	12月
雪山				新緑							雪山

花（カタクリ）

紅葉

花　展望

新緑　紅葉

ドリーネの元池から見た最高峰・丸山

コースガイド

日帰り｜一般向き｜歩行時間：4時間50分

❶鞍掛トンネル東駐車場（15分）→ ❷コグルミ谷登山口（1時間）→ ❸カタクリ峠（20分）→
❹真ノ谷出合（30分）→ ❺丸山・奥ノ平分岐（20分）→ ❻ボタンブチ（20分）→
❼丸山（40分）→ ❽鈴北岳（1時間10分）→ ❾鞍掛峠（15分）→ ❶鞍掛トンネル東駐車場

　三重県側の❶**鞍掛トンネル東駐車場**に車を停めて、国道を❷**コグルミ谷登山口**に向けて下っていく。登山口には「心の山」の碑が立っている。コグルミ谷は険しい谷ではないが、ところどころ崩れた箇所もあるので注意。長命水から谷を離れ、❸**カタクリ峠**（六合目）に登り着く。春にはカタクリが咲く場所だ。

　ここから尾根を歩くがやがて山腹を歩くようになり、小さな尾根を乗り越して涸れ谷の❹**真ノ谷出合**へ下る。上流に向かって少し歩き、左にひと登りすると山頂へと続く主稜線の山稜へ出る。ここは❺**丸山と奥ノ平の分岐**になっていて、東に向かうと草原となった奥ノ平ピークに着く。目の前に広がる草原を下り、断崖絶壁の❻**ボタンブチ**へ。テーブルランドと呼ばれるこの台地は決まったルートはなく、交錯したルートを選んで歩く。思い思いに爽快な高原歩き

を楽しもう。

ボタンブチからは主稜線に戻り、御池岳の山頂（最高点）の❼丸山を越えて、谷地形の道に下る。西へ向かい、石灰岩地特有のドリーネ（窪地）の真ノ池を過ぎ、カレンフェルト（石灰岩の石塔）が点在する日本庭園を経て、草原に出る。鈴北岳に登る前に、丸山を一望できる元池へ立ち寄るとよい。

元池から❽鈴北岳に登り、北に延びる尾根を下る。地蔵の祠がある❾鞍掛峠から右にとればトンネル東口、左にとれば西口の駐車場だ。

アクセス 往復＝大阪駅（JR京都線・琵琶湖線新快速1時間15分）能登川（同線10分）南彦根駅（愛のりタクシーたが40分大君ヶ畑奥、そのまま賃走20分）鞍掛トンネル西口または東口 ＊愛のりタクシーたがは行き帰りとも要予約で、鞍掛トンネルまでの賃走も依頼。近江タクシー☎0749-22-1111

駐車場情報 鞍掛トンネル東口、西口に無料駐車場あり。15台ずつ程度。

アドバイス 御池岳は全体に地形が複雑で、道も交錯している。視界が悪いときは道迷いに気をつけたい。

立ち寄り情報 多賀町の多賀大社は、長寿の神として知られる古社。おたまじゃくしのもととなったというお多賀杓子で有名。参道で売られている糸切餅は山みやげにもおすすめ。

問合せ先 いなべ市商工観光課☎0594-86-7833、東近江市森と水政策課☎0748-24-5524

2万5000分の1地形図　篠立

テーブルランドのボタンブチ

イブネ

標高
1160m

クラシ

標高
1145m

銚子ヶ口

標高
1077m
△1076.8m

緑のじゅうたんが広がる鈴鹿の展望台

鈴鹿山脈の第2の高峰・雨乞岳から北に延びる尾根上に位置するイブネとクラシ。クラシの山頂部は一面苔に覆われて独特の景観を見せる。アプローチは織田信長が越えたという千草街道。テント泊プランで銚子ヶ口まで縦走してみよう。

花　展望　　新緑　紅葉

イブネから見た鎌ヶ岳（右）と御在所岳（左）

コースガイド

1泊2日｜経験者向き｜歩行時間：1日目＝3時間40分　2日目＝4時間25分

1日目＝❶甲津畑（1時間30分）→ ❷タイジョウ登山口（1時間30分）→
❸杉峠（40分）→ ❹イブネ
2日目＝❹イブネ（10分）→ ❺クラシ（1時間30分）→ ❻水舟の頭（45分）→
❼銚子ヶ口（40分）→ ❽風越谷登山口（1時間20分）→ ❾杠葉尾

❶甲津畑バス停からは、織田信長が近江から美濃へ退却する際に使ったという山越えの道、千草（千種）街道をたどる。いったん和南川に沿い、北に回り込んで渋川沿いに歩く。しばらくは林道歩きだが、途中の河原には信長を狙撃した善住坊が隠れたという大岩がある。桜地蔵を経て橋を渡り、❷タイジョウ登山口、蓮如上人旧跡と過ぎていくと登山道風になり❸杉峠へと登っていく。

杉峠で北へ。2つピークを越え、右の尾根をたどり、大石のある佐目峠から登り返すとアセビが群生する❹イブネの頂上に着く。その先が苔の原だがテントは裸地を見つけて張ろう。

2日目はイブネから北東の❺クラシに寄って銚子ヶ口への尾根に入る。道標はなくマーキングと地形図が頼りだが、尾根通しにたどっ

ていけばよい。大峠から水舟の池へ下る道があるが、池はそう魅力はない。❻水舟の頭を越えていくと、銚子ヶ口手前で尾根がいくつも派生するので注意しよう。❼銚子ヶ口山頂は樹林の中で展望はない。下山は、展望のある東峰直下で左に登山口への分岐を見送り、近年開かれた新道を尾根通しに進む。モノレール軌道に沿う急坂となって、❽風越谷登山口に下り着く。林道を延々と下り、国道に出て左にしばらく進んで、❾杠葉尾(ゆずりお)の集落に入りバス停へ。

アクセス　行き＝大阪駅（JR京都線・琵琶湖線新快速1時間5分）近江八幡駅（近江鉄道八日市線19分）八日市駅（ちょこっとバス47分）永源寺支所（同18分）甲津畑　帰り＝杠葉尾（ちょこっとバス21分）永源寺車庫（近江鉄道バス36分）八日市駅　近江鉄道バス☎0748-22-5511
駐車場情報　甲津畑に駐車場はない。下山地の新道の林道にも特にない。
アドバイス　公共交通機関利用の場合でも、健脚者であれば日帰りでイブネ往復が可能。イブネ～銚子ヶ口間は踏み跡程度で整備されていないため上級者向き。
立ち寄り情報　帰路のバス接続地近くの永源寺は、湖東三山と並ぶ紅葉の名所として有名。志納金500円。
問合せ先　東近江市森と水政策課☎0748-24-5524
2万5000分の1地形図
日野東部、御在所山、竜ヶ岳

シデの並木が残る千草街道

綿向山
（わたむきやま）

標高
1110m

鈴鹿山脈を望むスノーハイクが人気の山

滋賀県日野町にある綿向山は、古くからの信仰の山。地元の整備も熱心で、安心して歩くことができる。標高にちなみ11月10日は「綿向山の日」として多くの登山者でにぎわうほか、滋賀県下では手軽に樹氷が楽しめる山として人気が高い。

1月	2月	3月	4月	5月	6月	7月	8月	9月	10月	11月	12月
樹氷				新緑							樹氷

紅葉

 展望

 新緑 紅葉

「青年の塔」が立つ綿向山山頂。鎌ヶ岳が見える

コースガイド

日帰り｜初心者向き｜歩行時間：5時間25分

❶北畑口（45分）→ ❷御幸橋駐車場（20分）→ ❸ヒミズ谷出合小屋（1時間）→
❹五合目小屋（15分）→ ❺行者コバ（40分）→ ❻綿向山（30分）→ ❺行者コバ（10分）→
❹五合目小屋（40分）→ ❸ヒミズ谷出合小屋（20分）→ ❷御幸橋駐車場（45分）→ ❶北畑口

　❶北畑口（きたばたぐち）バス停から県道を北東に歩き、綿向山の案内板とトイレがあるところで右折して❷御幸橋（みゆき）駐車場へ。道標に従い直進、階段で砂防堰堤を越える。「天然記念物接触変質地帯」の石碑と解説板を見ながら林道を進むと、登山道になり❸ヒミズ谷出合小屋がある。ここが登山口で、表参道と呼ばれる登山道を登る。

　植林帯を一合目、二合目とつづら折りに登り、三合目で林道に出て右へ。再び登山道に入り、東屋を経てゆるやかにジグザグを切っていくと、❹五合目小屋にたどり着く。展望も開け、休憩によい場所だ。ここからは山腹道を一直線に歩き、尾根上の❺行者コバへ。ここは七合目で、祠の両脇に役行者（えんのぎょうじゃ）と不動尊（じゃ）が祀られている。古くは嶽山と呼ばれ、山岳信仰の山であったことがよくわかる。

五合目小屋は休憩にうってつけ

その先、直進の尾根道は冬道で、積雪がなければ右の斜面に延びる山腹道を登る。山腹道は豊かなブナ林をたどり、八合目の水無山分岐、金明水分岐と過ぎて、一気に高度を上げていく。九合目を過ぎ、最後に石段を登ると❻綿向山山頂に着く。展望は東にどっしりと構える雨乞岳と鋭鋒の鎌ヶ岳が印象的だ。

サブコースはいくつかあるが、ここでは無理せず来た道を戻る。

アクセス 往復＝大阪駅（JR京都線・琵琶湖線新快速1時間5分）近江八幡駅（近江鉄道バス1時間）北畑口 近江鉄道バス☎0749-22-3306
駐車場情報 御幸橋駐車場（無料）に30台ほど停められる。さらに林道奥に2つ駐車場があるが、整地されていない。
アドバイス 北畑口バス停から御幸橋駐車場までの県道歩きが長いので、どちらかというとマイカー向き。道標は完備されており、迷うところはない。積雪期は軽アイゼン必携。夏道は一部幅の狭いところがありロープが張られている。
立ち寄り情報 国道477号をはさんだ南の鎌掛谷には、4月下旬から5月上旬に約2万本ともいわれるホンシャクナゲが谷いっぱいに咲き乱れる。国指定天然記念物。日野は近江商人の町で、古い町並みが残る。
問合せ先 日野観光協会☎0748-52-6577
2万5000分の1地形図 日野東部

樹氷に彩られた冬の登山道

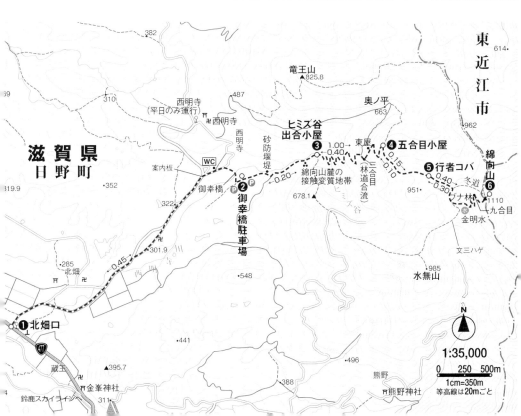

日本コバ

標高
934m
△934.1m

奇妙な名前にひかれる自然林豊かな山

東近江市が選定した「鈴鹿10座」のひとつで、奇妙な名前が興味を引く。名の由来は不明だが、コバとは広場や休憩場所を指す「木場」や「古場」のことだろう。ゆるやかな起伏のある山頂部は趣のある別天地だ。

1月	2月	3月	4月	5月	6月	7月	8月	9月	10月	11月	12月
雪山				新緑					紅葉		
										雪山	

新緑　紅葉

山上にはせせらぎが聞こえる湿地が広がる

コースガイド

日帰り｜一般向き｜歩行時間：4時間5分

❶如来堂（1時間45分）→ **❷**藤川谷・政所分岐（20分）→ **❸**日本コバ（20分）→
❷藤川谷・政所分岐（1時間20分）→ **❹**尾根分岐（20分）→ **❺**政所

　❶如来堂バス停で下車し、愛知川右岸の道に入ると、左手に登山口の石段がある。登山道は藤川谷沿いについており、飛び石の徒渉箇所もある。落ち葉の季節、周囲に甘い香りが漂うと、大カツラが流れの脇に立っている。さらに沢をつめて支谷を右に分け、方角を西に変えてカーブしていくと、やがて斜面の登りになる。石灰岩の岩場が現れたら、ロープを伝って登る。岩場の上は本コース中唯一の展望のよい場所だ。登り切った近くには「奇人の窟」と呼ばれる洞窟があるが、わかりにくい。

　平坦になった道を快適に歩いていくと、**❷藤川谷・政所の分岐**に着く。ここで左に道をとり、少し下って、湿地帯へと入っていく。このあたりは、登ってきた登山道とはうって変わって山上に開けた不思議な地形をしている。湿地帯

広場になった日本コバ山頂

を通り抜けてひと登りすると、広場になった❸日本コバの山頂だ。

　下山は❷藤川谷・政所分岐まで戻り、政所方面へ。ほぼ尾根伝いなので、迷うところはないが、828mピークの巻き道は急斜面に切られた狭い道なので注意しよう。鞍部まで下ったら❹尾根分岐から政所の集落へと下っていく。❺政所バス停は光徳寺の少し先にある。

アクセス　行き＝大阪駅（JR京都線・琵琶湖線新快速1時間5分）近江八幡駅（近江鉄道八日市線19分）八日市駅（ちょこっとバス47分）永源寺支所（同23分）如来堂　帰り＝政所（ちょこっとバス27分）永源寺車庫（近江鉄道バス36分）八日市駅　近江鉄道バス ☎0748-22-5511

駐車場情報　道の駅奥永源寺渓流の里の駐車場（無料）を利用する。

アドバイス　八日市駅発のバス便は、午前7時台（土・日・祝運休）と同9時台発の2便。9時台発のバス利用の場合、登山時間が限られるため、体力に自信のない人にはマイカー利用をすすめる。

立ち寄り情報　道の駅奥永源寺渓流の里には四季折々の写真を展示した鈴鹿10座ビジターセンターを併設。最新の登山情報も得られる（9〜16時、4〜11月の土・日・祝のみ開館、無料）。☎0748-29-0428

問合せ先　東近江市森と水政策課 ☎0748-24-5524

2万5000分の1地形図　百済寺

岩場にはロープを設置

滋賀県
東近江市

・779
・870 衣掛山
・828　1.20
藤川谷・❷政所分岐
展望あり
奇人の窟
湿地帯
0.20
・862
岩場
樹林の中の広場
934.1
❸日本コバ
モミの林
徒渉
1.45
豹の穴
カツラ
木橋
藤川谷
木橋
・691
・487
・521
・838
・586

❹尾根分岐
急坂　0.20
政所登山口
光徳寺
政所町
・485
・437
❺政所
・312
道の駅奥永源寺渓流の里
P
中畑
蓼畑町
藤川春日神社
階段を登る藤川谷登山口
291
❶如来堂
421
・309
・307

N
1:25,000
0　250　500m
1cm=250m
等高線は20mごと

八日市ICへ
八風街道
愛知川
杠葉尾へ

鎌ヶ岳
（かまがたけ）

標高
1161m

荒々しい鈴鹿山脈一の尖峰を目指して

御在所岳の南に頂上を尖らせた鎌ヶ岳は、四方の山々どこからでも目立つ存在で、一度は頂上に立ってみたい登高欲にかられる山。いずれの登山道も長く急峻だが、それだけに登りごたえがある。

1月	2月	3月	4月	5月	6月	7月	8月	9月	10月	11月	12月
雪山				新緑					紅葉	雪山	

花（アケボノツツジ）

 花 展望 温泉

 新緑 紅葉

鈴鹿山脈では珍しい尖峰の鎌ヶ岳

コースガイド

日帰り｜一般向き｜歩行時間：6時間20分

❶湯の山温泉（40分）→ ❷長石谷入口（1時間30分）→
❸犬星ノ滝（1時間15分）→ ❹岳峠（20分）→ ❺鎌ヶ岳（1時間15分）→
❻弥一ヶ岳（45分）→ ❷長石谷入口（35分）→ ❶湯の山温泉

　❶湯の山温泉バス停から温泉街に下り、三滝川沿いに道路を歩いていく。鈴鹿スカイラインに上がる手前に、左に現れる駐車場の脇に❷長石谷入口の道標がある。谷に下ると、2つの沢の出合になっており、飛び石伝いで本流の沢を渡り、左の長石谷へと入る。

　白い花崗岩が目にまぶしい渓谷をさかのぼると、峠との中間点あたりの右手に荒れた感じのする❸

犬星ノ滝を見る。やがて高度を上げ、沢をつめて❹岳峠へと登り着く。峠からは鎌ヶ岳の荒々しい岩壁を見上げることができる。西には起伏の激しい鎌尾根が続く。

　登山道を一気に登って山頂へ向かう。このあたりは春にはアケボノツツジのピンクの花が彩る。❺鎌ヶ岳山頂は南北に細長く、南端からは鎌尾根が、北の端からは御在所岳がよく見える。

長石谷へは飛び石の徒渉がある

下山は山頂から稜線をそのまま北へ。下り始めてすぐに右へ分岐するのが長石尾根への道だ。風化の激しい尾根はロープ場があったりヤセていたりするので慎重に下ろう。三ツ口谷への分岐を2度見送り下り続け、少し登り返すと、特徴のない❻弥一ヶ岳山頂に着く。下り続けると急坂となり、長石谷・三滝川本流分岐にたどり着く。

あとは❷長石谷入口に上がり、❶湯の山温泉バス停を目指す。

アクセス　往復＝鶴橋駅（近鉄大阪線・名古屋線特急1時間46分）近鉄四日市駅（同湯の山線25分）湯の山温泉駅（三重交通バス9分）湯の山温泉・御在所ロープウェイ前

駐車場情報　登山者用駐車場は、鈴鹿スカイラインの裏道登山口と中道登山口の中間にある。70台ほど駐車できる。

アドバイス　長石谷入渓の際の飛び石は水量も多いので。増水時は控えたほうがよいだろう。長石谷上部は踏み跡程度しかない。

立ち寄り情報　湯の山温泉では各旅館で入浴可能。日帰り専門の施設は、湯の山温泉駅近くにアクアイグニスがある。泉質は湯の山温泉と同じアルカリ性単純温泉。6〜24時、無休、600円、☎059-394-7733

問合せ先　菰野町観光協会☎059-394-0050

2万5000分の1地形図　御在所山

犬星ノ滝

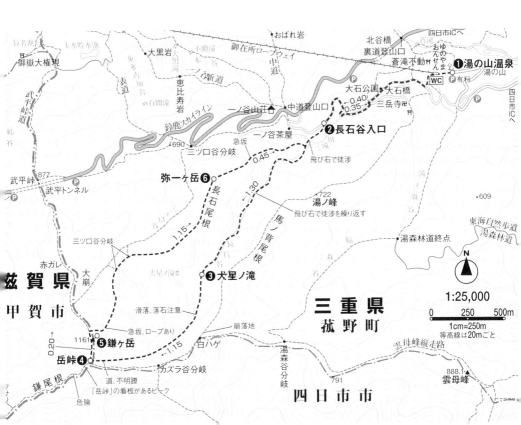

御在所岳

標高
1212m

岩のオブジェがユニークな鈴鹿山脈の盟主

鈴鹿山脈の南の盟主・御在所岳。岩の鎧をまとう姿だけでなく四方に延びる登山道には、自然の芸術品ともいうべき奇岩が並ぶ。山上にはロープウェイが通じているので、四季を問わず多くの登山者・観光客でにぎわっている。

1月	2月	3月	4月	5月	6月	7月	8月	9月	10月	11月	12月
雪山				新緑					紅葉	雪山	

花（アカヤシオ）

花　展望　温泉　社寺　新緑　紅葉

御在所岳を代表する奇岩の地蔵岩

コースガイド 1 いちばん人気の中道をたどり藤内壁を見上げる裏道へ

日帰り | **一般向き** | **歩行時間：5時間50分**

❶湯の山温泉（50分）→ ❷中道登山口（2時間）→ ❸富士見岩（25分）→
❹御在所岳（35分）→ ❺国見峠（1時間）→ ❻藤内小屋（1時間）→ ❶湯の山温泉

❶湯の山温泉バス停から温泉街に下り、川沿いに温泉街を抜けていく。鈴鹿スカイラインをくぐったところに❷中道登山口がある。ここからようやく本格的な登山道となる。尾根に上がるまでは掘り込まれた部分もあり多少荒れぎみだが、おばれ岩からは快適な尾根となる。地蔵岩を横目に尾根をたどりクサリ場のあるキレットを通過、登りが急になるとやがて御在

所岳北側の岩場を横切る。その先の急坂を登り切ると❸富士見岩展望台だ。

富士見岩から下り、スキー場の鞍部へ向かう。そのまま山上の道路をたどると右手に山頂への階段が現れる。少し登れば標高1209mの❹御在所岳山頂に着く。その南の望湖台と呼ばれる展望地が最高点の1212mだ。

下りは富士見岩からスキー場に

裏道、北谷の土石流跡を歩く

下る道の途中で表示に従い**❺国見峠**へ。国見峠で右に折れて下っていく。おおむね樹林帯を歩くが、藤内壁（とうない）を見るとやがて土石流跡の広い河原となり**❻藤内小屋**に着く。日向小屋を経ると、ほどなく裏道登山口にたどり着くが、ここでは鈴鹿スカイラインに上がらずにくぐり、蒼滝（あお）を見てから温泉街に入り、**❼湯の山温泉**バス停へ。

アクセス 往復＝鶴橋駅（近鉄大阪線・名古屋線特急1時間46分）近鉄四日市駅（同湯の山線25分）湯の山温泉駅（三重交通バス9分）湯の山温泉・御在所ロープウェイ前

駐車場情報 登山者用駐車場は、鈴鹿スカイラインの裏道登山口と中道登山口の中間にある。70台ほど駐車できる。満車になることも多い。

アドバイス 体力に応じてロープウェイを利用して湯の山温泉へ下山することもできる。その場合は初心者向きとなるのでファミリーでも安心。

立ち寄り情報 藤内小屋は、基本的に土・祝祭日前日のみの営業。素泊まり3000円、☎090-3151-7236

問合せ先 菰野町観光協会☎059-394-0050
2万5000分の1地形図　御在所山

豪快な蒼滝

コースガイド 2 ユニークな奇岩のそびえる2つの尾根を歩く

日帰り｜経験者向き｜歩行時間：6時間5分

❶湯の山温泉（55分）→❷一ノ谷山荘（2時間）→❸御在所岳（35分）→❹国見峠（15分）→
❺国見岳（1時間20分）→❻藤内小屋（1時間）→❶湯の山温泉

❶**湯の山温泉**バス停から温泉街に下り、谷沿いに鈴鹿スカイラインに出る。中道登山口から西に歩くと❷**一ノ谷山荘**があり、この左手が一ノ谷新道の登山口となる。一ノ谷新道は侵食が激しく、えぐれていたり、木の根をつかむ急登が続く。岩場の通過も多い。大黒岩を横目に通過し、最後のクサリ場をこなすと山上のスキー場に飛び出す。

❸**御在所岳**山頂まで往復し（**コースガイド 1** 参照）、国見峠の分岐から❹**国見峠**に下る。峠から登り返すと、御在所岳と藤内壁を一望する丘の上に出る。❺**国見岳**は

国見峠上の丘から望む御在所岳藤内壁

その先だ。ちなみに山頂手前の分岐を左に行くと奇岩の石門がある。国見岳北方にもキノコ岩というユニークな奇岩があるが、往復に約1時間かかる。

下山は国見尾根を下る。国見岳手前で右に見送った分岐を東進していく。国見尾根も天狗岩や揺岩など、ユニークな岩のオブジェがあって変化に富んでいる。途中、左に岳不動への分岐があるが通行止めなので、尾根通しに進む。テープを頼りに急降下していくと、❻藤内小屋の近くに下り着く。

あとは谷沿いに下り、鈴鹿スカイラインを横切って、蒼滝を経て、❶湯の山温泉へ下る。

国見尾根の天狗岩

アクセス　往復＝鶴橋駅（近鉄大阪線・名古屋線特急1時間46分）近鉄四日市駅（同湯の山線25分）湯の山温泉駅（三重交通バス9分）湯の山温泉・御在所ロープウェイ前
駐車場情報　登山用駐車場は、鈴鹿スカイラインの裏道登山口と中道登山口の中間にある。70台ほど駐車できる。
アドバイス　京阪神からだと公共交通機関利用では、時間的に帰りの最終バス便乗車までがタイト。タクシー利用も検討しよう。
尾高タクシー ☎059-396-1060
立ち寄り情報　下山後の温泉はアクアイグニス（P121参照）のほかに、湯の山温泉の旅館を利用できる。湯の山温泉協会 ☎059-392-2115
問合せ先　菰野町観光協会 ☎059-394-0050
2万5000分の1地形図　御在所山

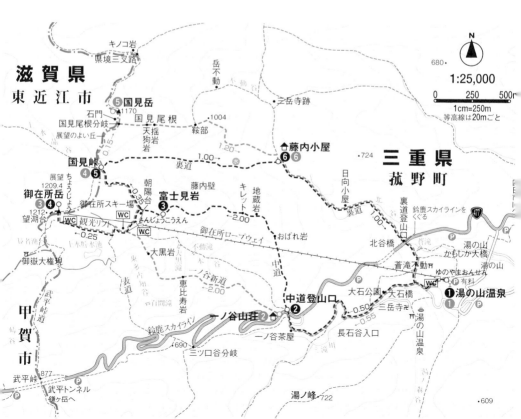

滋賀県
東近江市

キノコ岩
県境三叉路
岳不動
❺国見岳
1170
石門
国見尾根
国見尾根分岐
天揺岩
天狗岩岩
展望のよい丘
鞍部
1004
之岳寺跡
国見峠
展望
❹❺
御在所岳
1209.4
ちょうじょう台
朝陽台
藤内壁
❻❻藤内小屋
724
三重県
菰野町

1212
望湖台
❸❹
御在所スキー場
富士見岩
❸
地蔵岩
キレット
日向小屋
裏道登山口
鈴鹿スカイラインをくぐる

御嶽大権現
観光リフト
ぜんじょうこうえん
御在所ロープウェイ
おばれ岩
中道
北谷橋
湯の山かもしか大橋
湯の山
ゆのやまおんせん

大黒岩
不動滝
蒼滝不動
大石公園
大石橋
三岳寺
❶湯の山温泉❶

甲賀市
武平峠道
武平トンネル
鎌ヶ岳へ
877

恵比寿岩
百間滝
中道新道
恵比寿岩
鈴鹿スカイライン
一ノ谷山荘❷
一ノ谷茶屋
三ツ口谷分岐
690
中道登山口❷
長石谷入口
湯の山温泉

1:25,000
1cm=250m
等高線は20mごと
680

湯ノ峰 722

湖南アルプス

太神山 (たなかみやま)

標高
600m
△599.6m

堂山 (どうやま)

標高
384m

笹間ヶ岳 (ささまがたけ)

標高
433m
△432.9m

ご当地アルプスの個性的な三山に登る

瀬田川の東の荒涼とした山塊を湖南アルプスと呼ぶ。最高峰の太神山山頂には古刹の不動寺があり、その北西には、アルプスの名にふさわしい岩山の堂山がある。また、西には、湿地と巨岩の山頂が魅力の笹間ヶ岳が横たわる。

1月	2月	3月	4月	5月	6月	7月	8月	9月	10月	11月	12月
冬山			新緑							紅葉	

花（サギソウ） コースガイド**2**

花　展望　社寺　新緑　紅葉

堂山周辺はまさにアルプスの風情を感じる岩稜

コースガイド 1 信仰の山と荒々しいアルプス風の山と

日帰り｜経験者向き｜歩行時間：5時間15分

❶アルプス登山口（40分）→ **❷**迎不動（20分）→ **❸**登山口（1時間10分）→
❹太神山（55分）→ **❸**登山口（15分）→ **❷**迎不動（30分）→ **❺**鎧ダム（40分）→
❻堂山（45分）→ **❶**アルプス登山口

❶アルプス登山口バス停から天神川に沿って東へと舗装路をたどる。右に富川道の分岐を見送り、**❷迎不動**の先で道が大きくカーブする。未舗装路に変わり、さらにたどっていくと、右に「たなかみやまふどうみち」石標がある**❸登山口**に着く。

少し下って沢を渡り荒れた道を登れば、尾根道になる。地蔵堂や泣不動など信仰の色濃い雑木林の

道をたどり、ゆるやかに高度を上げていくと、不動明王の脇侍である矜羯羅・制吒迦の二童子の石像が立つ二尊門に着く。不動寺の境内に入り、懸造りの本堂へ。**❹太神山**の山頂三角点はその先にある。

次に湖南アルプスの名に恥じない堂山を目指す。**❷迎不動**正面の河原に下ると鎧ダムへの道標があり、流れを渡って岩と流れが織り成す庭園のような風景の中を登

125

堂山の主稜線は思いのほか険しい

ると❺鎧ダムがある。明治時代竣工の砂防用ダムで、上部は砂が堆積し、広い河原になっている。上流に向かい堂山への道標を見つけ左へ。沢沿いに歩き、尾根に出て道なりに進むと右手に堂山が見えてくる。道標に従い、いったん下って展望抜群の大岩のあるピークに登り返す。尾根伝いに小さなピークを越えていくと❻堂山だ。

下山は西へ尾根を下る。踏み跡が多いが、足下に見える砂防ダムを目指して下っていこう。ダムから先はしっかりとした道で、渓谷沿いを下り、天神川の右岸に着く。川を徒渉して、行きの舗装路に戻り、❶アルプス登山口バス停へ。

二尊門の石像

アクセス　往復＝大阪駅（JR京都線・琵琶湖線新快速45分）石山駅（帝産湖南交通バス25分）アルプス登山口　帝産湖南交通☎077-562-3020
駐車場情報　迎不動の先に5台ほど、富川道分岐に2～3台駐車するスペースがあるが、あまりおすすめしない。アルプス登山口バス停手前の田上公園駐車場（無料、約15台）を利用する。
アドバイス　秋のマツタケの時期は登山禁止となるので注意しよう。堂山の下山路は山頂から天神川にかけて全般に足もとが滑りやすい箇所が多い。
立ち寄り情報　瀬田川沿いに南郷温泉がある。老舗の二葉屋が日帰り利用できる。10～15時、不定休、800円、☎077-537-1255
問合せ先　大津市田上支所☎077-546-0001
2万5000分の1地形図　瀬田、朝宮

コースガイド 2 湿地帯のサギソウを愛で、大岩の山頂へ

日帰り｜**一般向き**｜**歩行時間：2時間55分**

❶アルプス登山口（20分）→ ❷富川道分岐（30分）→ ❸矢筈ヶ岳分岐（45分）→
❹笹間ヶ岳（1時間20分）→ ❺上関

❶アルプス登山口バス停から天神川に沿って東へと舗装路をたどる。右に❷富川道分岐が現れるので入っていこう。登山道はやがて川沿いになり、両岸に岩場が迫る。足もとも岩場になり、小さな流れが滑る岩盤を歩くようになる。御仏堰堤の先でうっそうとしたシダ分けの道になり、❸矢筈ヶ岳への分岐に出る。ここは右に道をとり、小さな尾根を越えると湿地に出て、さらに進むと池がある。真夏にサギソウが見られる場所だ。

しばらく進むと沢筋から右の斜

展望のよい岩場に立つ

面に入り尾根道をたどる。途中右手に展望のよい岩場があるので立ち寄るとよいだろう。そこからゆるやかなアップダウンを繰り返して林道に出る。すぐに再び登山道に入り、大岩の横たわる❹笹間ヶ岳山頂へ。ここは北側の展望がよい。

下山は山頂を回り込むようにつけられた道をたどり、西に延びる尾根へ。ところどころ展望が開ける気持ちのよい尾根道がやがて林間に入ると、尾根を右に外れ川沿いを歩くようになる。たどっていくと道路に出て、新茂智（しんもち）神社を経由して❺上関（かみせき）バス停に着く。

アクセス　行き＝大阪駅（JR京都線・琵琶湖線新快速45分）石山駅（帝産湖南交通バス25分）アルプス登山口　帰り＝上関（帝産湖南交通バス23分）石山駅　帝産湖南交通☎077-562-3020
駐車場情報　迎不動の先に5台ほど、富川道分岐に2〜3台駐車するスペースがあるが、あまりおすすめしない。アルプス登山口バス停手前の田上公園駐車場（無料、約15台）を利用する。
アドバイス　矢筈ヶ岳分岐から池を越え尾根に登るまでは地形が複雑。赤テープを探しながら進もう。
立ち寄り情報　西国札所の石山寺は、紫式部ゆかりの寺として知られる。境内には岩が露出した独特の風景が広がる。国宝の本堂はじめ、文化財が多い。8〜16時30分、入山料600円（本堂内陣は別途要拝観料）。京阪石山寺駅から徒歩10分。
問合せ先　大津市田上支所☎077-546-0001
2万5000分の1地形図　瀬田、朝宮

水が流れる岩盤

湖北・湖東・鈴鹿

滋賀県

金勝アルプス

こんぜ

竜王山
りゅうおうさん

標高
605m
△604.6m

奇岩の山に山岳信仰の名残を訪ねて

金勝アルプスは滋賀県大津市と栗東市の境にある山塊で、南の湖南アルプスと同様に岩が露出した独特の風景を見せる。ここは古くから金勝寺を中心とした山岳仏教が栄
りっとう
え、その名残が数多く見られる。天狗岩からの展望や狛坂磨崖仏は見ごたえたっぷり。

1月	2月	3月	4月	5月	6月	7月	8月	9月	10月	11月	12月
				新緑						紅葉	

展望　　　新緑　紅葉

白石峰から岩が折り重なる天狗岩を見る

コースガイド

日帰り｜一般向き｜歩行時間：4時間25分

❶上桐生（40分）→ ❷落ヶ滝（30分）→ ❸北峰縦走線出合（40分）→
❹天狗岩（25分）→ ❺白石峰（15分）→ ❻竜王山（15分）→ ❺白石峰（25分）→
❼狛坂磨崖仏（15分）→ ❽桐生辻分岐（1時間）→ ❶上桐生

起点の❶上桐生バス停から、左
かみきりゅう
手の駐車場脇を抜けて林道を歩く。すぐに右に落ヶ滝に向かう道が分岐する。しばらく渓流沿いを歩き、舗装路の「たまみずきの道」を横断、そのまま落ヶ滝方面へ。いったんコースを外れ❷落ヶ滝を見てこよう。落ヶ滝上部から先は、岩盤の上を小さな流れが走り、庭園のような趣だ。

❸北峰縦走線出合からは右へ。

左に行けば鶏冠山だが、ピークハ
けいかん
ントにこだわらないのなら行かなくてよい。樹林の中をしばらく登ると徐々に岩稜となり、前方に丸みを帯びた岩が積み重なる天狗岩がそびえる。

岩の間を縫うように歩き、東から回り込んで❹天狗岩へ。飽きるほど展望を楽しんだら、そのまま南下し、耳岩を経て三叉路の❺白石峰へ。祠の祀られた❻竜王山ま

128

水量は少ないが美しい落ヶ滝

では往復30分ほどだ。下りは、**❺白石峰**から道標に従い**❼狛坂磨崖仏**へ。途中には、仏が刻まれた重石や、展望のよい国見岩がある。磨崖仏は高さ6m、幅3.6mの花崗岩に浮き彫りされ、中尊は阿弥陀如来で、両脇侍は観音と勢至の菩薩。成立年代は9世紀初めといわれる国指定史跡だ。

　狛坂磨崖仏からは**❽桐生辻分岐**

に出て右、**❶上桐生**バス停までは1時間ほどあるが、さかさ観音やオランダ堰堤を訪ねながら歩く。

アクセス　往復＝大阪駅（JR京都線・琵琶湖線新快速50分）草津駅（帝産湖南交通バス30分）上桐生　帝産湖南交通☎077-562-3020
駐車場情報　上桐生駐車場は約100台駐車可能。4月〜7月下旬の土・日・祝と7月下旬〜11月30日は有料。
アドバイス　落ヶ滝上部の流れのある岩盤や、天狗岩周辺の岩場では足もとに要注意。全体に整備されているので、道はわかりやすい。
立ち寄り情報　金勝寺は湖南の山岳信仰の中心で、奈良時代に良弁上人が開基。源頼朝や義経、足利尊氏などが帰依したという。9〜17時（冬季〜16時30分）、500円。
問合せ先　栗東市観光物産協会☎077-551-0126
2万5000分の1地形図　瀬田、三雲

国指定史跡の狛坂磨崖仏は見もの

箕作山（みつくりやま）

標高
372m

太郎坊山（たろうぼうやま）

標高
350m

特異な山容が目を引く湖東平野の岩山

中腹に太郎坊宮を抱く、万葉の里・蒲生野に岩の城のような山容を際立たせている太郎坊山。その裏手にそびえるのがこの山塊の最高峰・箕作山だ。いずれも信仰に厚い山々で、今も息づく山岳信仰の山並みを歩いてみよう。

1月	2月	3月	4月	5月	6月	7月	8月	9月	10月	11月	12月
			新緑							紅葉	

花（サクラ）

花　展望　　社寺　新緑　紅葉

岩の鎧をまとう太郎坊山。中腹に太郎坊宮がある

コースガイド

日帰り｜初心者向き｜歩行時間：3時間10分

❶市辺駅（20分）→ ❷船岡山（30分）→ ❸岩戸山登山口（30分）→ ❹十三仏（30分）→
❺箕作山（15分）→ ❻瓦屋禅寺（40分）→ ❼太郎坊宮（25分）→ ❽太郎坊宮前駅

❶市辺駅（いちのべ）から国道421号を西へ。すぐに出合う阿賀神社の裏山が万葉の森として整備された❷船岡山で、山頂には額田王（ぬかたのおおきみ）と大海人皇子（おおあまのおうじ）の相聞歌を刻んだ石碑がある。

船岡山から下って右、小高い山の麓で左に折れ、「十三仏」の道標に従い❸岩戸山（いわと）登山口に進む。石段の登山道を四国八十八ヶ所めぐりの石仏に見守られながら登っていこう。

巨岩の脇を通ると、聖徳太子が岩に爪で刻んだという❹十三仏の休憩所に出る。休憩所からは湖東平野が一望できる。

休憩所の先で岩場を上がり、岩戸山、山城の石垣が残る小脇山を越え、尾根伝いにいったんゆるやかに下る。登り返してピークをひとつ越えて❺箕作山山頂へ。林に囲まれた小広場で、展望はない。箕作山の先で方角を南に変えると

十三仏から蒲生野を見渡す

❻瓦屋禅寺への分岐があるので立ち寄っていこう。聖徳太子が四天王寺の10万あまりの瓦を焼き、管理したという古刹で、立派な茅葺の本堂が立っている。

瓦屋禅寺に参ったら先ほどの分岐に戻り、**❼太郎坊宮**を目指す。太郎坊とは神社を守護する天狗の名前。勝運の神として信仰されている。

太郎坊宮からは長い石段を下り、直進すると**❽太郎坊宮前駅**にたどり着く。

アクセス 行き＝大阪駅（JR京都線・琵琶湖線新快速1時間5分）近江八幡駅（近江鉄道八日市線11分）市辺駅 帰り＝太郎坊宮前駅（近江鉄道八日市線15分）近江八幡駅
駐車場情報 岩戸山登山口に10台程度の無料駐車場がある。
アドバイス 信仰の山であることを忘れないように。太郎坊山山頂の赤神山への登山道もあるが霊山であるので遠慮しておこう。
立ち寄り情報 太郎坊山の南、竜王町の道の駅アグリパーク竜王近くに蒲生野の湯がある。近江鉄道本線桜川駅から西に約5km。10〜22時、第3木曜休、750円（土850円、日・祝880円）、☎0748-57-1426
問合せ先 東近江市観光協会☎0748-29-3920
2万5000分の1地形図 八日市

太郎坊宮参道

三上山
みかみやま

標高
432m

中山道のランドマークにして古くから有名な近江富士

その昔、中山道を歩いてきた旅人はその姿を見て京が近いことを意識したという三上山。平安時代の武将、俵藤太（藤原秀郷）のムカデ退治伝説でもよく知られる。また、麓の御上神社の神体山でもある。その北に延びる縦走路とあわせて楽しもう

1月	2月	3月	4月	5月	6月	7月	8月	9月	10月	11月	12月
				新緑						紅葉	

花（サクラ）

花　展望　社寺　新緑　紅葉

北尾根から見た三上山は見事な三角錐を描く

コースガイド

日帰り｜一般向き｜歩行時間：3時間55分

❶野洲駅（40分）→ ❷御上神社（10分）→ ❸表登山道登山口（10分）→ ❹妙見堂跡（35分）→
❺三上山（20分）→ ❻北尾根縦走路入口（40分）→ ❼妙光寺山（25分）→
❽妙光寺山磨崖仏入口（20分）→ ❾福林寺跡磨崖仏（35分）→ ❶野洲駅

❶**野洲駅**から野洲市役所に向かい、市役所の前で右折、野洲高校前で左折して、道なりに歩いて裏参道から❷**御上神社**へ。国宝の本殿と重要文化財の楼門が立派。国道向かいの悠紀斎田記念田を経て、住宅地奥の❸**表登山道登山口**に向かう。獣避けのゲートを開けて、魚釣岩から石段の道を上がり、❹**妙見堂跡**を経て登山道へ。途中には、展望のよい岩場の二越や、ザッ

クを担いだままでは通れない割岩などがある。岩混じりの登山道を登りつめると、露岩の展望所を経て岩座の祀られる御上神社奥宮に着く。❺**三上山**山頂は祠のすぐ裏手だ。

下山は頂上から直進して一気に下っていく。中段の道に出たら「北尾根縦走路」の道標に従い左折する。すぐに❻**北尾根縦走路**の**入口**があって右折してたどっていくと展望が開けた尾根道に。岩門のあ

山頂直下の展望所は見晴らし抜群

あとは❶野洲駅に向かうばかりだが、少し寄り道して❾福林寺跡の磨崖仏に向かうとよいだろう。

るピークの次のピーク（妙光寺山分岐）で左折して❼妙光寺山へ。頂上は樹林の中で特徴もない。

妙光寺山分岐と妙光寺山の中間あたりで北に下る道があり、荒れぎみの道を下ると分岐があって左にすぐで鎌倉時代の作という妙光寺山磨崖仏（まがいぶつ）がある。さらに下ると神社（❽妙光寺山磨崖仏入口）に出て、山道は終わる。

アクセス　往復＝大阪駅（JR京都線・琵琶湖線新快速1時間）野洲駅
駐車場情報　御上神社南に登山者用駐車場（約20台）があるが、下山地からは遠い。
アドバイス　四季を通じて登れるが、毎年9月23日〜11月3日はマツタケ山となり御上神社で初穂料500円を支払って入山する。北尾根縦走路は道が交錯するので地形図があったほうがよい。
立ち寄り情報　東麓の近江富士花緑公園は、花と緑をテーマにした県立公園。毎月多彩な体験教室（有料の場合あり）が催される。9〜17時、月曜（祝日の場合翌日）・年末年始休、入園無料。
問合せ先　野洲市観光物産協会☎077-587-3710
2万5000分の1地形図　野洲

割岩に挑戦

繖山
きぬがさやま

標高
433m
△432.6m

歴史と祈りの山並みを訪ねて歩く

西国札所・観音正寺を抱く繖山周辺には見どころが多い。西には織田信長が安土城を築いた安土山があり、戦国の世界に浸れ、北から東にかけては山岳信仰の社寺と、近江商人の町・五個荘がある。繖山を満喫する2コースを紹介しよう。

1月	2月	3月	4月	5月	6月	7月	8月	9月	10月	11月	12月
			新緑							紅葉	

花（サクラ）

花　展望　　社寺　新緑　紅葉

桜咲く文芸の郷とゆったりとした繖山

コースガイド 1 山岳信仰の山並みを縦走し、近江商人の町へ

日帰り｜一般向き｜歩行時間：3時間35分

❶能登川駅（10分）→ ❷猪子山公園（20分）→ ❸北向岩屋観音（45分）→
❹雨宮龍神社（45分）→ ❺繖山（25分）→ ❻観音正寺（40分）→
❼結神社（30分）→ ❽金堂竜田口

　❶能登川駅から南へ向かい、川を渡ると❷猪子山公園がある。ここからしばらく舗装路を登る。舗装路は岩屋観音の直下まで続いているが、尾根に出たところから一直線に延びる階段を登ろう。❸北向岩屋観音は岩屋の中に石造りの観音像が安置され、奈良時代からあるという。岩屋の前は展望もよく、ひと息つける。

　観音からは南へ尾根を伝う。観音背後の猪子山を越え、アップダウンを繰り返していく。石馬寺の分岐を左に見送れば、すぐに❹雨宮龍神社がある。古い神社で推古天皇時代までさかのぼるとの説もある。社殿の彫り物がすばらしい。さらに縦走を続け、地蔵のある地獄越を経て展望のよい急坂を登りつめると❺繖山山頂に着く。

　下山はそのまま南へ向かい、急坂を下るとT字路に出る。右は観

北向岩屋観音から雪をかぶった比良を望む

音寺城跡、左は西国札所の観音正寺へ向かう道だ。**❻観音正寺**（要拝観料）は聖徳太子が人魚を救うために建てたと伝わる。寺の前から東に延びる車道を歩き、カーブするところから旧参道に入る。

❼結神社（むすび）に下り着いたら、路地を歩いて五個荘の町に向かおう。五個荘の金堂地区は古い町並みが保存され、水路には錦鯉が泳ぐ。

町並みを抜け広い道路に出て左に行くと**❽金堂竜田口**（こんどうたつたぐち）バス停に着く。

アクセス 行き＝大阪駅（JR京都線・琵琶湖線新快速1時間10分）能登川駅 帰り＝金堂竜田口（近江鉄道バス14分）能登川駅

駐車場情報 観音正寺（有料）、五個荘（無料）にそれぞれあるが、本コースにはいずれも不向き。しいて挙げれば能登川駅前にコインパーキングがある。

アドバイス 登山口の猪子山公園はサクラの名所として知られる。帰りのバス停は、見学箇所次第で金堂バス停でもよい。

立ち寄り情報 五個荘は近江商人の町で知られる。近江商人屋敷の見学は3館共通で600円。9時30分〜16時30分、月曜（祝日の場合翌日）・年末年始休、☎0748-48-3399（中江準五郎邸）

問合せ先 東近江市観光協会☎0748-29-3920

2万5000分の1地形図 能登川、八日市

五個荘の町並み

コースガイド2 信長の夢のあと安土山から繖山へ

日帰り｜一般向き｜歩行時間：3時間20分

❶安土駅（30分）→❷安土城跡入口（1周25分、10分）→❸北腰越（45分）→
❹繖山（30分）→❺桑実寺（25分）→❻文芸の郷（35分）→❶安土駅

❶安土駅から北上し、下豊浦交差点で右折して県道をたどると**❷安土城跡入口**に着く。受付で拝観料を払い、石垣に囲まれた広い大手道を登っていこう。前田利家や羽柴秀吉、徳川家康の屋敷があったと伝わる台地を見ながら歩き、最高所の天主跡へ。西ノ湖の展望がよい。天主跡からは、摠見寺（そうけんじ）本堂跡や三重塔を経由し、山裾を歩いて元の受付に戻る。

繖山の登山口は県道を東に向かった**❸北腰越**（きたこしごえ）にある。ここには近江風土記の丘の大きな標石と「奉勧請西国三十三所」の石碑と「きぬがさ山」を示す道標がある。登っ

信長の権力を安土城の巨大な石段に見る

ていくと石仏や石祠があり、雑木林の中を木段が続く。展望が開け始めるといったん傾斜がゆるくなり、樹林の中を一気に登りつめ❹**繖山**山頂へ。

繖山山頂からは南へ。吊り尾根をたどり、登り返したところで一気に急降下。下り切るとT字路になっていて、右の観音寺城跡へ向かう。観音寺城は近江源氏佐々木六角の居城で、石垣が往時の面影を残す。ここからは古い石畳の残る道を❺**桑実寺**（くわのみでら）（要入山料）へと下る。さらに長い石段を下り、集落に出たら右折して❻**文芸の郷**（さと）へ。

安土城跡から西ノ湖を見る

ここには安土城考古博物館や安土城の天主を原寸大で展示する信長の館、レストランなどがある。あとは❶**安土駅**へ向かう。

アクセス　往復＝大阪駅（JR京都線・琵琶湖線新快速1時間5分）近江八幡駅（同線3分）安土駅
駐車場情報　文芸の郷の無料駐車場（350台）が利用できる。
アドバイス　安土城跡は入山料700円、桑実寺は通過のみも含め入山料300円が必要になる。
立ち寄り情報　文芸の郷では、信長の館の安土城天主の原寸大復元模型が見もの。9〜17時、月曜（祝日の場合翌日）・年末年始休、600円、☎0748-46-6512
問合せ先　近江八幡市文化観光課☎0748-33-3111
2万5000分の1地形図　八日市

▲ 氷ノ山

段ヶ峰　　　向山連山
　　　　　　三尾山　　御岳
千ヶ峰　　　　　　　小金ヶ岳
▲雪彦山　　　白髪岳
七種山　　　　　　松尾山
　　　笠松山　　虚空蔵山
　　　善防山
書写山　桶居山
　　　高御位山

丹波・播州・但馬

御岳（みたけ）
丹波・播州・但馬

兵庫県

標高 793m △793.2m

小金ヶ岳（こがねがたけ）

標高 725m

多紀アルプスのアルペン的な岩稜を歩く

城下町・丹波篠山の北方にそびえ、御岳を主峰とする多紀アルプス。御岳は「三岳」と表記されることもあるが、本来三岳とは「西ヶ岳」「御岳」「小金ヶ岳」の3つの峰を指す。そのうちの御岳と小金ヶ岳を縦走してみよう。

1月	2月	3月	4月	5月	6月	7月	8月	9月	10月	11月	12月

新緑
花（ヒカゲツツジ）　花（クリンソウ）
紅葉

 花　展望　 新緑　紅葉

御岳の登りから見た小金ヶ岳の岩稜

コースガイド

日帰り｜一般向き｜歩行時間：4時間20分

❶火打岩（50分）→ ❷鳥居堂跡（50分）→ ❸御岳（30分）→ ❹大峠（50分）→
❺小金ヶ岳（30分）→ ❻福泉寺跡（50分）→ ❼小金口

篠山市街から乗合タクシーで❶火打岩（ひうちわん）へ。登山口はタクシー乗り場から少し北の民家横の路地にある。登山道に取り付いたら植林帯をひと登りして尾根に出る。

尾根道は広くて歩きやすい。尾根道は一本道だが、5月なら、石垣の残る❷鳥居堂跡の先、水呑み場分岐に出る手前で、左手に現れる枝道を下ってクリンソウ群生地に立ち寄ってから大岳寺跡（みたけじ）に行こう。

そのほかのシーズンであれば尾根通しに大岳寺跡に向かう。大岳寺跡を過ぎると岩混じりの道となる。途中に展望のよい岩場もある。植林帯に入ったら、休憩所を経て主稜線上の石造りの行者堂に着く。❸御岳山頂は左折してすぐだ。

御岳からは東へ、多紀アルプスの主稜線をたどっていく。クサリ場も混じる急階段の道を下り、駐車場のある❹大峠（おおたわ）へ。道路を横断

して、アスレチック施設を横目に小金ヶ岳に向かおう。

　植林帯を抜け尾根に出ると、岩稜の縦走が始まる。クサリ場が多く、高度感もある。最後に急登すれば、❺小金ヶ岳山頂に着く。

　小金ヶ岳山頂からは南へ下る。いったん鞍部に下り、ゆるやかな山腹道をたどると台地になった❻福泉寺跡に着く。しばらくしてクリンソウの自生地（花は少ない）を経て、谷道となる。足もとに注意しながら谷を下ると「いわや」の下の道路に出るので、右折して❼小金口停留所へ。

アクセス　行き＝大阪駅（JR宝塚線・福知山線快速1時間10分）篠山口駅（神姫バス15分）春日神社前（徒歩3分）篠山市役所（日本交通・乗合タクシー18分）火打岩　帰り＝小金口（日本交通・乗合タクシー33分）篠山市役所　乗合タクシーは土・日・祝日は要予約で、行き・帰りとも便数は1〜2便。篠山口駅からタクシーなら火打岩まで約20分。日本交通☎079-594-1188

駐車場情報　クリンソウシーズンは火打岩停留所の少し先に、臨時駐車場が設けられる。そのほかの季節は鞍部の大峠の駐車場（約30台）を利用する。その場合は各山をピストンする。

アドバイス　小金ヶ岳からの下山路はかなり荒れている。足もとに注意しながら下ろう。

立ち寄り情報　下山口近くの囲炉裏料理「いわや」はボタン鍋が名物。イノシシのシーズン以外は地鶏鍋などが囲炉裏で味わえる。要予約。☎079-552-0702

問合せ先　篠山観光案内所☎079-552-3380
2万5000分の1地形図　宮田、細工所

クリンソウ群落

白髪岳

しらがだけ

標高
722m
△721.5m

松尾山

まつおやま

標高
687m

展望抜群の丹波富士と山城跡の残る山

丹波富士といわれる白髪岳は、山頂付近の岩稜や、丹波盆地を見渡す展望がすばらしく、登山者も多い。東隣の松尾山は、山頂に山城跡があり、中腹には古い山岳寺院跡もある。縦走路もよく整備されていて、人気が高いのもうなずける。

1月	2月	3月	4月	5月	6月	7月	8月	9月	10月	11月	12月
				新緑						紅葉	

 展望　 社寺　新緑　紅葉

登山者が集う白髪岳山頂

コースガイド

日帰り ｜ **一般向き** ｜ 歩行時間：5時間10分

❶古市駅（50分）→❷登山口（30分）→❸住山登山口（1時間）→❹白髪岳（50分）→
❺松尾山（40分）→❻高仙寺本堂跡（30分）→❷登山口（50分）→❶古市駅

❶**古市駅**から旧街道を西へ。国道と合流しJR線を越え、すぐに山裾に沿う右の道に入る。しばらく田園風景の中を正面に白髪岳を見ながら歩く。道標に従い右折していくと三叉路がある。ここが❷**登山口**となる。

登山口で左へ向かい、林道を登りつめると東屋のある❸**住山登山口**に着く。しばらく登ると谷を回り込むようになり、尾根上に出て直上する。道がゆるやかになるとベンチがあり、ひと息つける。山頂はすぐそこだが、ロープの張られた岩場があって少しアルペン風。その上も切り立った岩場なので注意してたどり、❹**白髪岳**山頂へ。長細い山頂は、視界をさえぎるものがなく、思う存分丹波の里の展望が楽しめる。

松尾山へは急坂を下り、北にあるピークの山腹を進む。巻き終わ

ると広く快適な尾根道になる。左右に分岐がいくつか現れるがすべて見送り直進。鐘掛ノ辻から一気に登りつめると❺松尾山山頂だ。明智光秀の丹波攻めゆかりの酒井氏の山城跡で、曲輪（くるわ）の跡がよくわかる。下り始めるとすぐに千本杉があり、見晴らしのよい仙ノ岩を経て急降下すると卵塔群（僧侶の墓）がある。ここで大きく方向転換し、❻高仙寺本堂跡（こうせんじ）、3基の石仏（阿弥陀堂跡）を経て、「不動滝」方面へ。不動滝を見て沢筋を下り、❷登山口に下りてくる。

登山口からは往路をたどり❶古市駅へ。

アクセス 往復＝大阪駅（JR宝塚線・福知山線快速1時間3分）古市駅

駐車場情報 登山口に有料駐車場がある。料金は近くの民家にひと声かけて支払う。

アドバイス 岩場や白髪岳からの下り、松尾山の下りでは足もとに充分に気をつけよう。特に雨後、雨中は苦労する。

立ち寄り情報 古市は古くからの交通の要衝で、宿場町だった。古い石標や赤穂浪士・不破数右衛門ゆかりの宗玄寺がある。

問合せ先 篠山観光案内所
☎079-552-3380

2万5000分の1地形図
篠山

白髪岳の頂稜の岩場

兵庫県
丹波篠山市

1:30,000

0　250　500m
1cm=300m
等高線は20mごと

三尾山

みつおやま

峻険な岩場の山城跡をめぐる

丹波富士ともいう三尾山は、北から前三尾（東峰）、中三尾（西峰）、三尾山（本峰）と大きく3つのピークに分かれている。山頂部には、戦国時代に明智光秀の軍勢に攻め落とされたという山城跡があり、展望も抜群だ。

1月	2月	3月	4月	5月	6月	7月	8月	9月	10月	11月	12月
			新緑							紅葉	

花（ヒカゲツツジ）

花　展望　温泉　　　新緑　紅葉

西麓から見た三尾山。左から前三尾、中三尾、奥に本峰

コースガイド

日帰り | **一般向き** | 歩行時間：3時間40分

❶中山公民館（20分）→❷登山口（45分）→❸前三尾（25分）→❹三尾山（1時間10分）→
❺鏡峠（45分）→❻ゲート（15分）→❶中山公民館

マイカー利用で❶**中山公民館**の広い駐車場に駐車し、山の手に向かい出発。ゲートを通り、舞鶴若狭自動車道をくぐるとしばらくして❷**登山口**となる。

谷沿いに進み、前三尾岩場直下の「山岳訓練場」の休憩小屋を見る。その上にも小屋があり、手前で右の谷へ。植林帯が終わるとつづら折りの急登となり、前三尾と中三尾の鞍部に着く。展望のよい❸前三尾へは右に5分ほど。

鞍部に戻り本峰に向かうと、すぐに中三尾への道と迂回路の分岐がある。山名板のない中三尾からは前三尾の尖った姿が望める。中三尾山頂を越えると迂回路に合流、登っていくと360度の展望が広がる❹**三尾山**山頂だ。北東には多紀アルプスの御岳、南には黒頭峰と夏栗山が横たわる。

下山はそのまま東へ。佐仲峠分

岐の上のピークからは急な岩場となる。しばらくは露岩の目立つヤセ尾根が続く。覗岩などで前三尾の岩壁を望みながら進むと、やがて広い尾根に変わるが、やや荒れぎみ。南へ90度方向転換して、次のピークは右を巻いて登り、下っていくと❺鏡峠に着く。

鏡峠からは左へ。古い峠道だが足場がゆるい箇所もある。林道終点のゲートからは広くなった道を下る。中山新池横の❻ゲートを出て、道なりに進むと❶中山公民館近くまで導かれる。

アクセス 公共交通機関利用は不適。

駐車場情報 中山公民館に20台駐車可。舞鶴若狭自動車道春日ICから国道175号を西へ、すぐに左折し県道69号を南下。道なりに進み、「中山公民館」の案内のある交差点を右折し公民館へ。

アドバイス 東尾根の岩場のアップダウンでは急な箇所もあるので、足もとに注意しよう。岩稜には、春、ヒカゲツツジが咲く。

立ち寄り情報 西麓に国領温泉助七があり、日帰り利用できる。11～19時、無休、700円、℡0795-75-0010

問合せ先 丹波市観光協会℡0795-72-2340

2万5000分の1地形図
宮田

覗岩から見た岩峰の前三尾

兵庫県
丹波市

春日栗柄線

東中バス停

三尾登山口バス停

❶中山公民館

❻ゲート

中山新池

正覚寺ゲート

稲荷神社

舞鶴若狭自動車道

高架をくぐる

（東峰）
❸前三尾 557 小屋
鞍部
❷登山口（林道終点）
中三尾（西峰）
三尾山❹ 586 小屋 山岳訓練場
（本峰）
分佐岐仲峠 覗岩 533 道標なし
急坂注意 道標なし
佐仲峠 ヤセ尾根 分岐
方向転換地点 鏡峠
足もと注意 ❺
0.425
道不明瞭

黒頭峰 620▲

284

丹波篠山市

N

夏栗山 600

佐仲ダム

1:28,000
0　250　500m
1cm=280m
等高線は20mごと

舞南篠山口ICへ

虚空蔵山
(こくぞうやま)

標高
592m

焼き物の里の背後の山をお手軽ハイキング

虚空蔵山は、丹波の典型的な里山のひとつ。JRの駅からアプローチでき、手軽で人気が高い。また、西麓には丹波六古窯のひとつ、立杭焼きをテーマとした陶の郷がある。丹波らしい山と里のコラボレーションを味わってみよう。

| 1月 | 2月 | 3月 | 4月 | 5月 | 6月 | 7月 | 8月 | 9月 | 10月 | 11月 | 12月 |

新緑

紅葉

展望

社寺 新緑 紅葉

展望のよい丹波岩から丹波の里を見下ろす

コースガイド

日帰り｜初心者向き｜歩行時間：2時間15分

❶藍本駅（30分）→ ❷登山口（30分）→ ❸虚空蔵堂（30分）→
❹虚空蔵山（45分）→ ❺陶の郷前

❶藍本駅(あいもと)から駅前の通りを南へ向かうと、起源が平安時代にまでさかのぼる酒滴神社(さかたる)がある。藍本郵便局を過ぎると右に分岐する道があり、虚空蔵山への道標が立つ。道標に従って西に進み、舞鶴若狭(まいづるわかさ)自動車道をくぐって左に行くとすぐに❷登山口がある。

しばらくは谷沿いに進むが、すぐに岩がゴロゴロとした坂になり、登りつめると2基の石灯籠が現れ

る。続いて石段を登ると❸虚空蔵堂に着く。聖徳太子ゆかりのお堂とされ、慶長年間のものという鬼の面をかたどった鯱瓦(しゃちはこがわら)がある。

お堂の右から登山道は続いている。役行者の祠を見ると、やがて尾根に出て陶の郷との分岐に着く。山頂に向けて尾根道を歩き、展望抜群の丹波岩へ。❹虚空蔵山山頂はここから一投足で展望図もあるが、展望は丹波岩のほうがよいの

虚空蔵山登山口

で、丹波岩で昼食にするとよい。

下山は陶の郷への分岐から陶の郷方面へ。尾根道を下って鞍部に出たら右折し、彩の森を経て立杭陶の郷へ。陶の郷には古丹波の資料館はもちろん、地元陶芸作家の作品を展示販売する陶芸横丁などもあり、普段使いの陶器の物色も楽しい。時間が余れば、登り窯のある川向かいの町並みの中を散策

してみよう。

　帰りは❺陶の郷前バス停からバスに乗り、相野駅へ。

アクセス　行き＝大阪駅（JR宝塚線・福知山線快速55分）藍本駅　帰り＝陶の郷前（神姫バス13分）相野駅（JR福知山線・宝塚線快速50分）大阪駅　神姫グリーンバス☎079-552-1157

駐車場情報　陶の郷に広い無料駐車場があるが、本コースには不適。

アドバイス　道標が完備されているので迷うところはない。帰りのバスは便数が少ない。

立ち寄り情報　立杭陶の郷は焼き物ファンにはおすすめのスポット。資料館のほか、陶芸作家の作った普段使いの焼き物が手に入る施設もある。10〜17時、火曜休、200円、☎079-597-2034

問合せ先　三田市総合案内所☎079-563-0039

2万5000分の1地形図　藍本

虚空蔵堂の鬼瓦

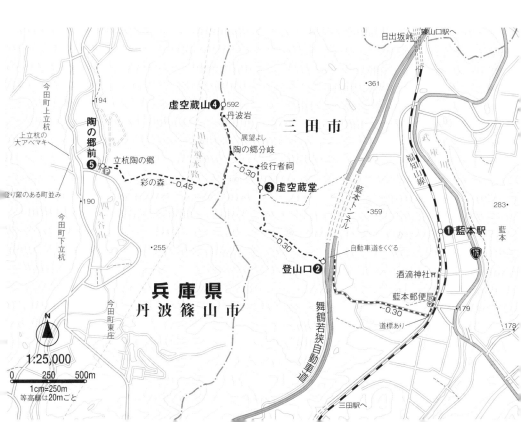

向山連山
（むかいやまれんざん）

標高
569m
△568.8m
（向山）

日本最低所の分水界を抱くヒカゲツツジの山

兵庫県丹波市にある向山連山では手軽に馬蹄形の日帰り縦走が楽しめる。この山のベストシーズンはなんといっても春。縦走路はヒカゲツツジの黄色い花のトンネルとなる。山麓には日本でいちばん低い中央分水界がある水分れ（みわかれ）公園がある。

1月	2月	3月	4月	5月	6月	7月	8月	9月	10月	11月	12月
			新緑							紅葉	

花（ヒカゲツツジ）

 花　展望

 新緑　紅葉

深坂北峰あたりから南東方面の展望

コースガイド

日帰り｜初心者向き｜歩行時間：4時間45分

❶石生駅（20分）→ ❷水分れ公園（5分）→ ❸観音堂登山口（45分）→
❹岩座展望台（1時間）→ ❺向山（40分）→ ❻蛙子峰（40分）→
❼清水山（1時間）→ ❽鳳翔寺（15分）→ ❶石生駅

❶石生駅（いそう）から東へ向かい、国道に出て右折、水分れ交差点で左折して、まずは❷水分れ公園へ。水分れ公園手前には、日本海側と瀬戸内海側に水流が分岐する水路がある。公園から少し西に戻るように山裾をたどり❸観音堂登山口へ。少し登るとシシ避けの扉がある。初めから急登が続き、❹岩座展望所に着いたところでようやくひと息つく。この先には阿炭展望所が

ある。向山の名物ともいえるヒカゲツツジが現れるのは四ノ山あたりからで、深坂北峰、向山、五ノ山あたりまでは稜線上に淡く黄色い花の道が続く。時折、コバノミツバツツジが混じると、華やかさがいっそう増す。最高点の❺向山には三角点があり、北側の展望が開けている。

❻蛙子峰（かえるご）周辺からは植林帯となり、譲葉山への分岐、水分れ公園

ヒカゲツツジとコバノミツバツツジの競演

望を楽しんだあと、**❽鳳翔寺**へと
下り着く。あとは**❶石生駅**に向か
えばよい。

への分岐を見送って、道標の「清
水山方面」に向かって進んでいく。
やがて反射板のある**❼清水山**山頂
にたどり着く。清水山からはイル
カ岩、博打岩と奇岩を見ながら下
り、亀岩を見て剣爾山へ。ここか
ら見ると、向山連山は岩が露出し、
峻険な山であることがわかる。
　領家ノ頭の先に石生の町を見
下ろせる天狗岩があり、最後の展

アクセス　往復＝大阪駅（JR宝塚線・福知
山線快速1時間40分）石生駅
駐車場情報　水分れ公園手前に無料駐車場
（約50台）がある。
アドバイス　水分れ公園手前の駐車場にイ
ラストマップの案内板があるので、見ておく
とよい。登山道に入れば、道標があるので
迷うことはない。
立ち寄り情報　石生駅のひとつ大阪寄りの
柏原駅で下車すると、城下町風情が楽しめ
る。大ケヤキの根が川をまたぐ木の根橋、
柏原藩主公邸の陣屋跡、長屋門、太鼓櫓な
ど見どころが多い。丹波市観光協会かいば
ら観光案内所 ☎0795-73-0303
問合せ先　丹波市観光協会 ☎0795-72-2340
2万5000分の1地形図　柏原

水分れ公園手前に
ある水流が分かれ
る水路

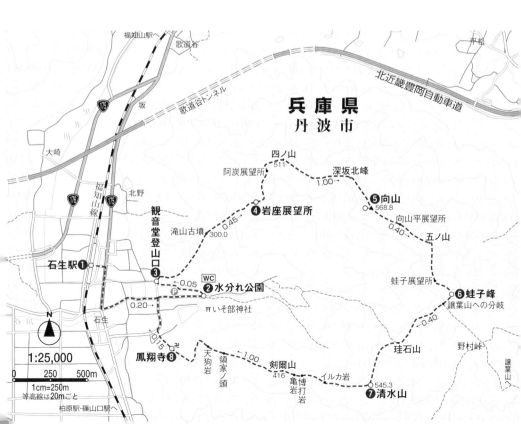

千ヶ峰

せんがみね

標高
1005m
△1005.2m

展望抜群の北播磨の1000m峰に登る

標高1000mをわずかに越える千ヶ峰は、ススキの草原が山頂に広がり、展望の尾根道と合わせて、その開放感は折り紙つきの北播磨きっての名山。市原峠からなら1時間ほどで山頂に立てるが、三谷渓谷の渓谷美もあわせて楽しみたい。

1月	2月	3月	4月	5月	6月	7月	8月	9月	10月	11月	12月
			新緑						紅葉		

 展望　 新緑　紅葉

南麓から見る穏やかな千ヶ峰のスカイライン

コースガイド

日帰り｜初心者向き｜歩行時間：4時間45分

❶門村（1時間）→ ❷三谷登山口（50分）→ ❸岩座神コース出合（40分）→
❹千ヶ峰（45分）→ ❺市原峠（50分）→ ❻市原登山口（40分）→ ❼丹治

❶門村バス停から国道を少し北に進み、西に続く道に入って、三谷川に沿って山の手へ歩いていく。道路が大きくカーブするところで直進する道に入り高度を上げていくと、広々とした駐車場とトイレのある❷三谷登山口に着く。

植林の中を登り始めると右手に三谷大滝の雌滝が見える。三谷大滝は雌滝、雄滝と2段になっており、その間を通り左手に雄滝を見ながら上がっていく。岩盤が濡れているので気をつけながら登ろう。沢を渡り返し丸太段の急坂を登ると、❸岩座神コース出合。急坂はさらに続くが、周囲がササ原になると、やがて❹千ヶ峰山頂にたどり着く。山頂からの展望は抜群で、360度のパノラマが広がる。

南西の尾根は笠形山へ続く縦走路だが、ここでは反対の北東方面に延びる尾根を下る。林道が交差

ススキ草原が広がる千ヶ峰山頂

する市原峠までは、ススキやアセ
ビなどの灌木帯、マツの疎林など
を歩く、見晴らしのよい尾根歩き
だ。途中には東屋を兼ねた展望棟
が2カ所ある。下り着いたところ
が❺市原峠で、東屋もある。

　峠からは林道を下ってもよいが、
登山道をたどるほうが早い。二本
杉で林道に出たら右へ、左手に下
山口を見つけてさらに下っていく

と❻市原登山口に出る。あとは舗
装路を下って国道沿いの❼丹治バ
ス停を目指せばよい。

アクセス　行き＝大阪駅（JR神戸線新快速
50分）加古川駅（JR加古川線50分）西脇
市駅（神姫バス52分）門村　帰り＝丹治（神
姫バス55分）西脇市駅
駐車場情報　三谷登山口に無料の登山者用
駐車場（約20台）がある。市原峠にも5台
ほど駐車できるスペースがある。
アドバイス　整備は行き届いているが、三
谷大滝上部では濡れた岩盤もあるので注意。
立ち寄り情報　千ヶ峰を正面に見る丘にラ
ベンダー畑が広がるラベンダーパーク多可
がある。地元の百日鶏を使ったメニューが
楽しめるレストランも。9〜17時、水曜休
（シーズン中は無休）☎0795-36-1616
問合せ先　多可町商工観光課☎0795-32-
4779
2万5000分の1地形図　丹波和田

三谷大滝雄滝

高御位山

たかみくらやま

標高
304m

桶居山

おけいやま

標高
247m
△247.3m

播磨アルプスの名峰をつないで歩く

高御位山を主峰とする山並みを播磨アルプスという。標高こそ低いものの、山全体が岩盤で覆われ、スケール感たっぷりの登山が楽しめる場として人気がある。北西にある桶居山（「おけすけやま」ともいう）もピラミダルな山容で、登高欲をそそる。

1月	2月	3月	4月	5月	6月	7月	8月	9月	10月	11月	12月
			↑ 新緑							紅葉	

花（コバノミツバツツジ）

花 展望　新緑 紅葉

百間岩あたりから見た鷹ノ巣山と高御位山（右）

コースガイド

日帰り｜一般向き｜歩行時間：4時間50分

❶宝殿駅（30分）→ ❷北池登山口（40分）→ ❸中塚山（50分）→
❹高御位山（30分）→ ❺桶居山分岐（40分）→ ❻第1の鉄塔（30分）→
❼桶居山（40分）→ ❽桶居山登山口（30分）→ ❾御着駅

　❶**宝殿駅**を出発して旧山陽道（西国街道）を西へ向かう。北山鹿島神社の鳥居が立っているところが❷**北池登山口**で、ここから全山縦走ハイキングコースに入る。登山道は地蔵堂の奥へと続いている。疎林の道からやがて灌木帯の岩稜になり、山名板のない❸**中塚山**を越え、鉄塔のある鞍部で北山登山口からの登山道を合わせる。主稜線から右に外れた小高御位山

を過ぎると岩盤歩きとなり、❹**高御位山**山頂に達する。299.7mの三角点は高御位山神社の横にあるが、最高点はそれより高い岩の上で304mだ。

　高御位山からは稜線を西へ。鷹ノ巣山手前の❺**桶居山分岐**に小さな道標がある。縦走路はそのまま直進だが、ここでは右折して桶居山に向かう。北に延びる支尾根へと入っていく。❻**第1の鉄塔**を過

ぎ、第2の鉄塔に登り着いたところで桶居山がその全容を現す。

桶居山への登りは、一見、きつそうに見えるが、小さな山なので、鞍部から登り始めると10分足らずで三等三角点が埋まる**❼桶居山**山頂に着く。桶居山から西に延びる岩稜はとてもアルペン的で、まさに播磨アルプス。送電線がなければどこかの高山を歩いているようだ。尾根をたどって最後のピークを越えて下ると、竹やぶを抜けて**❽桶居山登山口**のある深志野集落へ下りてくる。

あとは県道を南へたどり、再び旧山陽道に入って西進し、**❾御着駅**へ。

アクセス　行き＝大阪駅（JR神戸線快速50分）加古川駅（同線3分）宝殿駅　帰り＝御着駅（JR神戸線12分）加古川駅

駐車場情報　鹿嶋神社の大鳥居近くに約300台収容の無料駐車場があるが（正月は有料）、利用する場合には神社参拝を欠かさずに。

アドバイス　北池登山口からの縦走ハイキングコースは整備されていて歩きやすいが、桶居山分岐からは道標がなく、地形図は必携。また、コースは全般的に日陰がない。真夏の登山は控えたい。

立ち寄り情報　鹿嶋神社は姫路藩主の崇敬を受けた一願成就の神社。神社から百間岩経由で高御位山を往復してもよい。参道名物の柏餅は行動食にもよい。

問合せ先　高砂市産業振興課☎079-443-9030、姫路市観光推進課☎079-287-3652

2万5000分の1地形図　加古川、姫路南部

三角錐の桶居山

1:50,000

1cm=500m
等高線は20mごと

0　500　1km

善防山
（ぜんぼうやま）

標高
251m

笠松山
（かさまつやま）

標高
244m
△244.4m

小ぶりな2つの山をつなぐ加西アルプス縦走

加西市にある善防山と笠松山は、標高が低いながらも岩が露出し、加西アルプスと呼ばれる。終始展望のよい岩稜で、クサリ場があるとはいえ、ファミリーでも充分に楽しめるミニアルプスだ。周辺は古法華自然公園として整備されている。

1月	2月	3月	4月	5月	6月	7月	8月	9月	10月	11月	12月

新緑

花（コバノミツバツツジ）

紅葉

花　展望　　新緑　紅葉

笠松山へと向かう尾根道。小ぶりなのにダイナミックな景観

コースガイド

日帰り｜初心者向き｜歩行時間：3時間15分

❶播磨下里駅（15分）→ ❷善防山登山口（50分）→ ❸善防山（25分）→ ❹吊橋（35分）→
❺笠松山（20分）→ ❻石彫アトリエ館（50分）→ ❶播磨下里駅

　❶播磨下里駅から南へ進み、王子町交差点を過ぎて池を越えると、下里農協前バス停のすぐ先に❷善防山登山口がある。わだちのある道を歩いていき、登りになるとシダを分ける登山道になる。岩混じりの道を登り、主尾根に出ると一気に展望が開ける。岩盤は登るにつれて急斜面になっていく。ピークをひとつ越えて登り返すと❸善防山山頂だ。戦国時代には赤松氏

の山城があり、山名氏と凄まじい合戦が行われたという。北から東にかけての展望は抜群だ。

　善防山からは西へ一気に下っていこう。下り終えたところで❹吊橋を渡り、小さなクサリ場をよじ登ると、またゆるやかな岩稜歩きが始まる。このあたりはいかにもミニアルプスといった風景が広がる。正面の岩肌には磨崖仏が刻まれている。ルートがやや不明瞭な

152

善防山の山頂は山城跡

岩盤を登り切ると、左に石彫アトリエ館への分岐があり、続いてクサリ場をこなしていけば、展望台のある**❺笠松山**頂上だ。

下山は先ほどの分岐から石彫アトリエ館へと下っていく。滑りやすいので足もとに注意しよう。古法華寺に下り立ち、**❻石彫アトリエ館**の前を通って道路に出て、先ほどの吊橋をくぐって、善防池方面へ下る。善防中学前を右折し、善防公民館を経て王子町の交差点で左折し、**❶播磨下里駅**へ。

アクセス 往復＝大阪駅（JR神戸線新快速50分）加古川駅（JR加古川線25分）粟生駅（北条鉄道13分）播磨下里駅
駐車場情報 善防公民館の駐車場（約50台、無料）が利用できる。石彫アトリエ館奥にも無料駐車場（約10台）がある。
アドバイス 日陰がないので、真夏の登山は避けよう。特に危険な箇所はないが、岩場の登り下りは慎重に。なお、北条鉄道は1時間に1本程度の本数。
立ち寄り情報 下山地の古法華寺には、日本最古といわれる白鳳時代の石仏があり、蔵に安置されている。見学は、1週間前までに加西市観光案内所へ。拝観料200円。
問合せ先 加西市観光案内所📞0790-42-8823
2万5000分の1地形図 笠原

吊橋の先にクサリ場がある

書写山

しょしゃざん

標高
371m

見どころが目白押しの「西の比叡山」へ

西国札所の古刹、圓教寺の壮麗なお堂が山上に居並ぶ書写山。その幽玄さもさることながら、6本ある参道のうち、東坂は展望もよい。この最もポピュラーな東坂を登りに、渓谷沿いの近畿自然歩道の刀出坂を下ってみよう。

| 1月 | 2月 | 3月 | 4月 | 5月 | 6月 | 7月 | 8月 | 9月 | 10月 | 11月 | 12月 |

新緑

紅葉

花（サクラ・コバノミツバツツジ）

花　展望　　社寺　新緑　紅葉

東坂の五丁展望所から姫路市街を見下ろす

コースガイド

日帰り｜初心者向き｜歩行時間：2時間20分

❶書写山ロープウェイ（20分）→ ❷東坂登山口（40分）→
❸ロープウェイ山上駅（35分）→ ❹摩尼殿（5分）→ ❺三つの堂（40分）→ ❻刀出

　❶書写山ロープウェイバス停で下車し、高速道路沿いに西へ、突き当たりを山裾に沿って進む。右手に東坂露天満宮を見て、次の角で右折して集落内を歩き、突き当たりの八王子神社で右折すると、女人堂がある。その手前に❷東坂登山口があって「書寫山圓教寺」の石柱が立つ。ひと登りして近畿自然歩道の道標と善意の杖がある分岐から上部を目指して歩き始め

る。終始明るい露岩の尾根道が続き、参道とはいえ、ちょっとした岩稜歩きの趣が楽しめる。

　展望のよい紫雲堂跡を過ぎると傾斜はゆるやかになり、❸ロープウェイ山上駅に着く。参道を歩き、受付で志納金を支払い、西国札所の三十三観音が並ぶ参道を歩く。途中の展望台からは姫路城も見える。仁王門をくぐったら元禄元年に創建された舞台造りの❹摩尼殿

舞台造りの摩尼殿

へ。ここは圓教寺のシンボルでも
ある。次に向かうのは❺三つの堂。
大講堂、食堂（じきどう）、常行堂がコの字型
に並ぶ。食堂は映画『ラストサム
ライ』のロケに使われた。

　展望公園を経由して開山堂まで
来たら、刀出坂の下山口がある。
刀出坂は谷沿いの参道で、最後に
山腹道となったら刀出の集落の上
部に出てくる。あとは集落内を通

ってバス道に出て、少し北上する
と❻刀出バス停がある。

アクセス　行き＝大阪駅（JR神戸線新快速
1時間）姫路駅（神姫バス28分）書写山ロー
プウェイ　帰り＝刀出（神姫バス30分）
姫路駅　神姫バス ☎079-289-1189
駐車場情報　書写山ロープウェイ前に無料
駐車場（約270台）があるが、利用する場
合にはロープウェイで山上駅へ上がること。
帰りは刀出からバスに乗って駐車場へ戻る
（書写バス停が最寄り）。
アドバイス　圓教寺拝観（通行含む）は志納
金500円が必要。東坂登山道からは近畿自然
歩道の道標がある。書写山山頂の白山権現へ
は三つの堂から10分足らず。
立ち寄り情報　摩尼殿または食堂で写経体
験が、常行堂では座禅体験（1000円、要予
約、圓教寺本坊☎079-266-3327）ができる。
問合せ先　姫路市観光推進課 ☎079-287-
3652
2万5000分の1地形図　姫路北部

雪彦山

（せっぴこさん）

標高
915m
△915.1m

関西を代表する岩の山にチャレンジ

姫路北部にそびえる雪彦山は、屹立する岩壁が印象的な播州の名山。大天井岳（おおてんじょう）、不行岳（たけ）、三峰岳（さんぽう）、地蔵岳からなる岩峰を総称して洞ヶ岳（ほら）とも呼ぶ。雪彦山三角点峰、連山最高峰（ほこたて）の鉾立山とあわせて縦走してみよう。

1月	2月	3月	4月	5月	6月	7月	8月	9月	10月	11月	12月

新緑
花（アケボノツツジ）
紅葉

花　展望

新緑　紅葉

展望岩からいかめしい雪彦山洞ヶ岳を望む

コースガイド

日帰り ｜ **経験者向き** ｜ **歩行時間：4時間55分**

❶駐車場（1時間）→ ❷出雲岩（40分）→ ❸雪彦山・大天井岳（40分）→
❹雪彦山三角点（45分）→ ❺林道横断（50分）→ ❻虹ヶ滝（1時間）→ ❶駐車場

　最寄りの山之内バス停から登山口までは徒歩1時間と遠いので、アクセスはマイカーが便利。❶駐車場のすぐ先に登山口があり、いきなりの急登が始まる。不動岩などの岩場があるが、まだまだ序の口。雪彦山を間近に望む展望岩まで来るとひと息つける。しばらく尾根を歩き、オーバーハングした巨大な❷出雲岩（いずも）の下を進んで、小さなクサリ場をよじ登ると覗岩（のぞ）

とセリ岩がある。覗岩は展望がよく、セリ岩はザックを背負っていると通り抜けられないような割れ目がある岩だ。この先の馬の背と呼ばれる岩稜が核心部で、手も使いながらよじ登り、大天井岳の山頂にたどり着く。ここが実質的な❸雪彦山の山頂だ。

　山頂からは縦走路を北へ。天狗岩を過ぎると、右手に上級コースへの入口が現れる。地蔵岳を経由

する上級コースは長いクサリ場があり、経験者向きだ。そのまま尾根通しに周回しよう。右に新下山道、左に鹿ヶ壺への下山道を見送り、❹雪彦山三角点へ。続いて鉾立山、ジャンクションピークを越えると林道に下り立つ。❺林道を横断して足場のゆるんだ山腹道を沢へ下る。

渓谷は変化に富む。ナメ滝、紅ヶ滝、岩場の通過を経て❻虹ヶ滝へ。滝の下で流れを渡り、大曲りを経て、再び渓谷道に戻り❶駐車場へと戻ってくる。

アクセス 往復＝大阪駅（JR神戸線新快速1時間）姫路駅（神姫バス55分）山之内（徒歩1時間）登山口 神姫バス☎079-289-1189
駐車場情報 登山口に有料駐車場（約20台）がある。
アドバイス 上級コースでは岩峰の地蔵岳などで雪彦山らしさが味わえるが、足場が不安定で下部には濡れた岩場もあり、危険度は高い。また近年梅雨時はヤマビルが多い。
立ち寄り情報 雪彦温泉は雪彦山の麓に湧くアルカリ性単純温泉。開放感のある広々とした立地で、簡単な食事もできる。10〜19時、無休（年末年始休・臨時休業あり）、800円、☎079-338-0600
問合せ先 姫路市夢前事務所☎079-336-0001
2万5000分の1地形図 寺前

出雲岩の巨大なオーバーハング

ジャンクションピーク
942
❺林道横断
（下山道）

鉾立山
950

兵庫県
姫路市

峠分岐

0.45

0.50

915.1 ❹雪彦山三角点

ナメ滝

紅ヶ滝

鹿ヶ壺分岐

0.40

新下山道

❻虹ヶ滝

クサリ場あり

大曲り

上級コース入口
天狗岩
・地蔵岳
長いクサリ場
雪彦山❸
（大天井岳）
・不行岳
・三峰岳
クサリ場が連続
馬の背
0.40
覗岩・セリ岩
出雲岩❷
1.00
表登山道
1.00
東屋
ㅠ賀野神社
展望岩
不動岩
登山口
駐車場❶
P

N

1:20,000
0　　250　　500m
1cm=200m
等高線は20mごと

山之内・夢前スマートICへ

坂根

七種山
（なぐさやま）

標高
683m

スリリングな岩尾根を縦走する

七種山は懐に名瀑の七種の滝を抱き、山麓には推古天皇時代にまで起源がさかのぼるという作門寺の山門が残る。七種山を中心にして馬蹄形の東側に薬師峯、西側に七種槍がそびえ、合わせて七種三山と呼ばれるが、そのうち2山を縦走しよう。

1月	2月	3月	4月	5月	6月	7月	8月	9月	10月	11月	12月
			新緑							紅葉	

花（ヒカゲツツジ、コバノミツバツツジ）

花　展望

新緑　紅葉

縦走路の岩場から望む尖峰の七種山

コースガイド

日帰り｜一般向き｜歩行時間：4時間25分

❶作門寺山門（30分）→ ❷七種神社（1時間）→ ❸七種山（1時間30分）→
❹七種槍（1時間10分）→ ❺田口奥池分岐（15分）→ ❻福崎町青少年野外活動センター

　福崎駅からタクシーで向かう。タクシーの場合は❶**作門寺山門**まで入ることができる。マイカーの場合は里山公園の駐車場からスタート。舗装路は太鼓橋まで。橋から登山道になり、虹ヶ滝、八龍滝と続き、最後に落差72mという七種の滝（雄滝）が現れる。❷**七種神社**まで上がると滝の全体像がよくわかる。

　七種神社からさらに登山道は続

き、ロープ場を経て七種の滝の落ち口へ。ここからは稜線の急登だ。山頂の手前にある展望抜群の展望岩でひと息つくとよい。❸**七種山**山頂は展望はないが、西側に深い亀裂の入ったつなぎ岩がある。

　山頂からは北へ尾根をたどる。町境尾根に出たら右へ。急な下り坂なので足もとに注意しよう。急坂はいったんゆるむが、またすぐに急な下り坂がある。しばらくアップ

爽快な岩稜歩き

ダウンを繰り返して樹林の中を進み、七種槍への分岐から左に登るとすぐに❹七種槍の山頂だ。

七種槍山頂から縦走路に戻って先へ進もう。ここから先、圧巻の岩場が始まる。見た目ほど危険ではないが、クサリ場やロープ場は慎重に通過しよう。鉄塔のあるピークを過ぎると、右に❺田口奥池への分岐がある。足場の悪い露岩の道を下ると田口奥池に下り立つ。右へ行って❻福崎町青少年野外活動センター前から予約していたタクシーに乗り込み、福崎駅に戻る。

アクセス 行き＝大阪駅（JR神戸線新快速1時間）姫路駅（JR播但線30分）福崎駅（タクシー約15分）作門寺山門 帰り＝福崎町青少年野外センター（タクシー約15分）福崎駅 神崎交通タクシー☎0790-22-0043

駐車場情報 福崎町青少年野外活動センター前に里山公園なぐさの森無料駐車場（約15台）、作門寺山門前に約3台の駐車スペースがある。

アドバイス 岩場が濡れていると危険が増すので、雨後や天候の悪い日には要注意。

立ち寄り情報 福崎駅の北に福ふく温泉がある。10〜22時、第1・3火曜休、750円、☎0790-24-2926。また、福崎町は民俗学者・柳田國男の生誕地で、生家が一般公開されている。9〜16時30分、月曜休、無料、☎0790-22-1000（柳田國男・松岡家記念館）

問合せ先 福崎町観光協会☎0790-21-9056

2万5000分の1地形図
前之庄、寺前

太鼓橋を渡ると滝が現れる

1:35,000
0　250　500m
1cm＝350m
等高線は20mごと

市川町
福崎町

•387
▲559.6
•334
町境尾根
552　急坂
小ピーク
430　急坂
❸七種山
•683
つなぎ岩
展望岩　▲526
•443
577.1
❹七種槍
▲589
1.00
七種
❷七種神社
0.30
太鼓橋
右鳥居　弁慶のこぎり岩
岩尾根
1.10
393m峰
作門寺山門❶
WC
309▲
林道小滝線
0.40
169
鉄塔のあるピーク
田口奥池分岐
薬師峯
616.1
里山公園なぐさの森駐車場　152　❺　353
福崎町青少年❻
野外活動センター
0.15
兵庫県
姫路市
•377
538▲
448
•139　374
•153
•436

福崎駅

丹波・播州・但馬

兵庫県

段ヶ峰
だんがみね

標高
1106m

高原漫歩が思う存分楽しめる

生野高原に位置する段ヶ峰（「だるがみね」ともいう）には、これぞ高原といった広大な草原が広がっている。そこはまさに天空のプロムナードといった趣。達磨ヶ峰から縦走すれば、距離はあるものの、その大きさが実感できて楽しさも倍増だ。

1月	2月	3月	4月	5月	6月	7月	8月	9月	10月	11月	12月
雪山			新緑							紅葉	

花（ススキ）　　雪山

花　展望　　　新緑　紅葉

フトウガ峰の頂稜。左奥が段ヶ峰

コースガイド

日帰り｜一般向き｜歩行時間：6時間15分

❶ゴルフ場口（30分）→ ❷縦走コース登山口（45分）→ ❸達磨ヶ峰（1時間30分）→
❹フトウガ峰（40分）→ ❺段ヶ峰（1時間20分）→ ❻倉谷橋（1時間30分）→ ❶ゴルフ場口

❶ゴルフ場口バス停から生野高原カントリークラブへの道を上がり、「段ヶ峰登山口」の道標で右折し、駐車場とトイレのある❷縦走コース登山口へ。雑木林を登り始めるとすぐに稜線に出る。やがて周囲がススキに囲まれ、背後の展望が開け始めると達磨の肩に着き、そこからゆるやかに登りつめれば❸達磨ヶ峰に着く。稜線をそのまま進むと、前方にフトウガ峰から段ヶ峰にかけての高原台地の広がりが見える。

第二峰を越えると樹林に入り、植林のピークを越えると最低コルに下り着く。登り返すとササ原に巨岩が点在するフトウガ峰の肩に着く。ここで目の前に一気に広大な高原が広がる。先に進むのが惜しまれるような独特の風景は、関西では他に類を見ない。❹フトウガ峰の山頂はその先すぐ。

測量の結果、段ヶ峰の標高は1106 m

　フトウガ峰の先で左に杉谷コースへの分岐を見送り、いったん高度を下げ、湿地を抜けてゆるやかに登ると❺段ヶ峰山頂に着く。

　下山はフトウガ峰西の分岐から杉谷コースを下る。下りはじめは幅の広い気持ちのよい尾根道だが、下るにつれて急坂となり、足もとがガレてくると谷に下り着く。❻倉谷橋のたもとから林道に出て、

あとは長い林道歩きで、ゴルフ場前を通り、スタート地点に戻る。

アクセス　往復＝大阪駅（JR神戸線1時間）姫路駅（JR播但線寺前乗換1時間10分）生野駅（神姫グリーンバス5分）ゴルフ場口　＊登山に適したバスに乗るには平日、土・日とも大阪駅早朝発となる。神姫グリーンバス☎0790-32-1021

駐車場情報　縦走コース登山口に無料駐車場（約5台）がある。

アドバイス　バス便が少ないが、生野駅からゴルフ場口バス停まで歩くと約30分。最短ルートは南西の千町峠からで、峠から往復する場合はフトウガ峰東の巨岩あたりまでは足を延ばしたい。

立ち寄り情報　車ならゴルフ場口から西へ約30分のところにススキで有名な砥峰高原がある。

問合せ先　朝来市生野支所☎079-679-2240

2万5000分の1地形図　神子畑、但馬新井

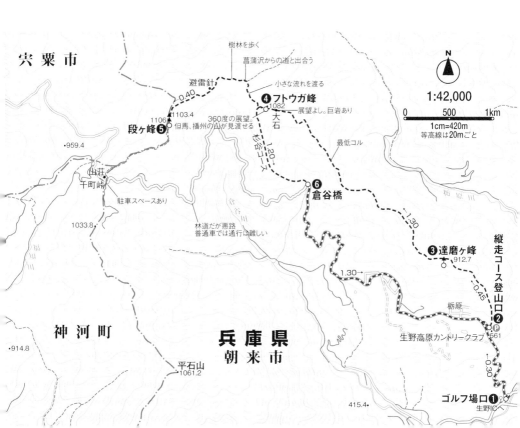

氷ノ山
ひょうのせん

標高
1510m
△1509.8m

但馬の盟主で兵庫県の最高峰に登る

氷ノ山は、兵庫県と鳥取県の県境に横たわる中国山地西部の雄峰であり、兵庫県の最高峰。関西からは東麓の福定から登るコースが一般的。「ひょうのせん」は鳥取側の呼び名で、昔は兵庫側では「ひょうのやま」と呼んだ。

花 展望

新緑 紅葉

日本の棚田百選の別宮の棚田から望む氷ノ山

コースガイド

日帰り｜一般向き｜歩行時間:8時間25分

❶氷ノ山鉢伏口(20分)→ ❷福定親水公園(45分)→ ❸地蔵堂(1時間15分)→
❹氷ノ越(1時間20分)→ ❺氷ノ山(三ノ丸往復2時間、40分)→ ❼神大ヒュッテ(1時間)→
❽東尾根避難小屋(15分)→ ❾東尾根登山口(30分)→ ❷福定親水公園(20分)→ ❶氷ノ山鉢伏口

　❶氷ノ山鉢伏口バス停から登山口の❷福定親水公園までは道路歩きとなる。親水公園から登山道に入り、兵庫の山々を紹介した登山家・多田繁治を顕彰した多田ケルンを右に見て、登山道へ。布滝を正面に見て、滝への遊歩道を外れて左の急な道を登っていく。いったん平坦になると❸地蔵堂がある。再び登りとなり、ひとがんばりで古道の越えた❹氷ノ越(氷ノ山越)

に着く。ここには避難小屋があり、山頂に目を向けるとそこにも三角屋根の避難小屋が見える。

　ここから稜線伝いにブナ林を抜けてコシキ岩へ。岩には上部から回り込め、岩上から鉢伏山へと続く稜線が一望できる。ここまで来ると❺氷ノ山山頂はすぐ。時間と体力に余裕があるならぜひ南の❻三ノ丸にも足を延ばそう。振り返ると氷ノ山のたおやかな姿が印象

氷ノ山から三ノ丸方面にかけては笹原が広がる

的だ。また、氷ノ山山頂直下の千年キャラボクもぜひ見ておきたい。氷ノ山山頂からは東に下る。高層湿原の古生沼（こせぬま）を見て、杉木立の古千本（せんぼん）を抜けていくと**❼神大ヒュッテ**（非公開）がある。ここから左へ折れ、しばらくは山腹道を歩くが、やがて尾根通しとなり、**❽東尾根避難小屋**からはスキー場へと下っていく。**❾東尾根登山口**に下

り立って舗装路を歩き、**❷福定親水公園**を経て**❶氷ノ山鉢伏口**バス停まで戻る。

アクセス　往復＝大阪駅（JR宝塚線・山陰本線特急2時間20分）八鹿駅（全但バス50分）氷ノ山鉢伏口　全但バス☎079-662-6151

駐車場情報　福定親水公園に無料駐車場（約20台）がある。

アドバイス　歩行時間が長く、京阪神から公共交通機関利用の場合は日帰りが難しいので、福定の民宿泊も検討する。時間的に余裕がなければ三ノ丸は割愛すること。

立ち寄り情報　国道9号沿いの道の駅但馬楽座内にやぶ温泉が湧く。京阪神からのマイカーアプローチの際に便利。8時30分〜22時、無休、500円、☎079-664-1000

問合せ先　氷ノ山鉢伏観光協会☎079-667-3113

2万5000分の1地形図　氷ノ山

登山口の
多田ケルン

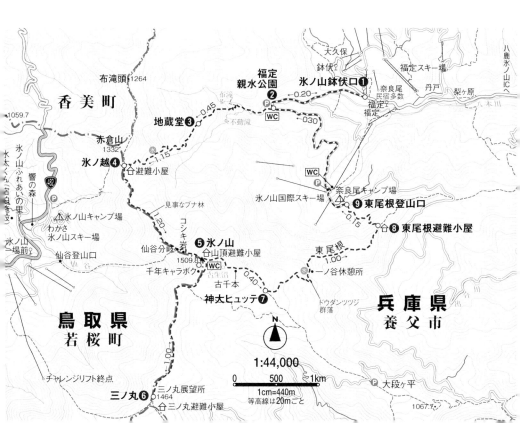

関西の冬山① ［スノーハイク編］

↓愛宕山は京都市街周辺の手軽な雪山
→氷瀑となった金剛山ツツジ尾谷二ノ滝

蛇谷ヶ峰では手軽に雪稜を体験できる

関西には標高が2000mを超える山はなく、本格的な雪山を楽しめる山はあまりない。その分、手軽に雪とふれあえる山があるといえる。冬はオフシーズンと決め込まず、積極的に出かけてみよう。ここでは、危険も少なく、軽アイゼンやチェーンスパイクで楽しめる山を紹介したい。

■愛宕山（P57）

京都近郊のスノーハイクの山といえば愛宕山。近年はたっぷり積雪があることが少なくなったが、まだまだ人気はある。

■金剛山（P177）

初心者が楽しめる代表的な山。コースは無雪期のシーズンと同じ。ホームページで当日の積雪量や霧氷の状態がわかるのがよい。また、冬山限定で、タカハタ谷と分かれるツツジ尾谷が、氷瀑が楽しめるコースとして知られる。ただし上流部は倒木も多く上級者向き。

■蛇谷ヶ峰（P82）

積雪は多いが、基本的には登山道も歩きやすい。下山後にくつき温泉に入れるところがよい。コースは、旧いきものふれあいの里からのピストンが無難。

■綿向山（P116）

鈴鹿の前衛峰だけに雪が豊富なことが多い。行者コバからは、尾根通しの冬専用コースへ。急坂なので、4本爪の簡易アイゼンよりは、少なくとも6本爪の軽アイゼンで。

■観音峰（P230）

雪をまとった稲村ヶ岳をはじめ、大峰北部の山の展望が魅力。展望台までのピストンにすれば、歩行時間も短くて楽。

■高見山、三峰山（P248、P252）

例年、霧氷バスが運行される人気の2山。高見山は軽アイゼン、三峰山はチェーンスパイクでもOK。

↓弥山・八経ヶ岳などを望む観音峰
→霧氷が包む綿向山。積雪が多いことも

霧氷人気で直通バスも出る三峰山

金剛・生駒・紀泉

国見山
交野山
生駒山
二上山
ダイヤモンドトレール
大和葛城山
岩湧山
金剛山
俎石山
和泉葛城山
雲山峰
泉南飯盛山

国見山 交野山

（くにみやま）

標高
284m

（こうのさん）

標高
341m

生駒山地北部の山から大阪平野を一望

生駒山地の北端の山には、京都市街まで見渡せる国見山と、大阪平野を一望する交野山の、手軽に登れる2つの山がある。特に交野山は頂上に巨岩が横たわり爽快だ。府民の森くろんど園地まで足を延ばし、仏像が有名な獅子窟寺へと下ってみよう。

| 1月 | 2月 | 3月 | 4月 | 5月 | 6月 | 7月 | 8月 | 9月 | 10月 | 11月 | 12月 |

新緑

花（サクラ）

紅葉

花　展望

新緑　紅葉

交野山山頂の観音岩から大阪平野を見晴るかす。奥に六甲山

コースガイド

日帰り｜初心者向き｜歩行時間：3時間35分

❶津田駅（30分）→ ❷国見山登山口（20分）→ ❸国見山（40分）→ ❹交野山（1時間）→
❺くろんど園地ゲート（10分）→ ❻八ツ橋（30分）→ ❼獅子窟寺（25分）→ ❽河内森駅

❶**津田駅**から北に向かい次の信号を右折してJR線を越える。次の三叉路を左折し、道なりに大きくカーブして山の手に向かう。次のカーブは国見山自然巡回緑道道標に従って直進の道に入り、第二京阪道路をくぐって左へ。やがて国見山への道が右に現れる。道標もある。入ってすぐの国見池が❷**国見山登山口**。植林の中を歩き、右手斜面の上に夫婦岩を見て南に

進路を変えると国見山への分岐がある。❸**国見山**山頂からは、京都市街から愛宕山やポンポン山にかけてよく見える。

おおさか環状自然歩道の道標を見つけながら交野いきものふれあいの里へ。白旗池、ふれあいの里センターを経ると交野山の登山口がある。ひと登りで❹**交野山**山頂だ。巨岩の観音岩の上からは、大阪平野を一望できる。

南に向かい、いきものふれあいの里駐車場に出て道路を左へ。いったん県道7号を下り、集落の手前で鋭角に右折して登りつめたところの**❺ゲート**から府民の森くろんど園地に入る。園地内は管理道を歩き、ラクウショウの湿地がある**❻八ツ橋**で右へ「こだちの道」を歩き、六方辻から獅子窟寺へと向かう。途中には大岩の八畳岩もある。観音石仏が沿道に点在し始めると**❼獅子窟寺**に着く。コンクリート道を下り、天田（あまた）神社を経て**❽河内森駅**（かわちもり）にたどり着く。

アクセス 行き＝京橋駅（JR学研都市線快速10分）住道駅（同線17分）津田駅 帰り＝河内森駅（京阪交野線12分）枚方市駅（京阪本線特急21分）淀屋橋駅

駐車場情報 交野いきものふれあいの里やくろんど園地に駐車場はあるが、本コースに適した駐車場はない。

アドバイス 道は複雑だが、道標は多い。六方辻の分岐を見落とさないようにしたい。野外活動センターが閉鎖され、交野山下の駐車場から傍示まで迂回路を通らなければならないので注意。

立ち寄り情報 獅子窟寺本尊は平安時代の薬師如来像で、国宝に指定。拝観は要予約。
☎072-891-6693

問合せ先 枚方市みち・みどり室総務緑化担当☎072-841-1435、交野市環境衛生課☎072-892-0121、大阪府中部農と緑の総合事務所☎072-994-1515

2万5000分の1地形図
枚方

獅子窟寺へと続く石仏の道

枚 方 市

木津駅へ

公園・

地蔵大菩薩

津田サイエンスヒルズ

津田駅❶

自然巡回路

❷国見山登山口

夫婦岩

休憩所

展望デッキ

国見山❸

284

休憩所

大阪府

交 野 市

機物神社

小さなトンネル

野球場

ふれあいの里センター

石仏の道

源氏ヶ池

交野いきものふれあいの里

観音岩

交野山❹

341

三宝荒神

ゲート

P

344.9

旗振山

山間の田んぼ

野外活動センター（閉鎖）

菅原神社鳥居

傍示

❼

枚方市駅へ

大門酒造

かわちいわふね

❽河内森駅

天田神社

京橋駅へ

京阪交野線

傍示の里コース

❺くろんど園地ゲート

P

八畳岩

獅子窟寺❼卍

きさいち

八ツ橋❻

園地案内所

奈 良 県

生 駒 市

こだちの道

六方辻

府民の森くろんど園地

売店

WC

四條畷へ

168

N

1:35,000

0 250 500m

1cm=350m

等高線は20mごと

洞窟

岩壁

すいれん池

府民の森事務所

WC

WC

P

府民の森ほしだ園地へ

生駒山
いこまやま

標高
642m
△642.0m

峠越えの古道で生駒山地を横断する

大阪と奈良の間に横たわる生駒山。この2つの都市を結ぶ古道は数多い。そのうち石切劔箭神社と宝山寺を結ぶ辻子谷越、その南の枚岡神社と千光寺を結ぶ鳴川越の2つの古道をたどり、山越えのハイキングを楽しんでみたい。

1月	2月	3月	4月	5月	6月	7月	8月	9月	10月	11月	12月
				新緑						紅葉	

花(ウメ)　花(サクラ)　花(ツツジ)

花　展望　　社寺　新緑　紅葉

矢田丘陵から見た生駒山

コースガイド 1 生駒山山頂を越え、2つの信仰の名所をつなぐ

日帰り｜初心者向き｜歩行時間:2時間55分

❶新石切駅 (20分)→ ❷石切劔箭神社 (40分)→ ❸すなくら橋 (20分)→
❹興法寺 (40分)→ ❺生駒山 (25分)→ ❻宝山寺 (30分)→ ❼生駒駅

　❶**新石切駅**から歩道橋で国道170号を越え、石切藤地蔵尊の辻で左折し石切神社の参道へ。まずは「石切さん」の名で親しまれる❷**石切劔箭神社**、通称石切神社へ。参道はさらに続き、漬物屋や薬屋、占い屋などが軒を並べるユニークな商店街を歩き、石切大仏、献牛舎を過ぎて近鉄奈良線の線路をくぐる。爪切地蔵から登りは急になり、辻子谷の集落を抜ける。再現

された製薬の水車を経て、子育て地蔵を見送ると、❸**すなくら橋**に着く。七丁石でコンクリート道は石畳道に変わり、石段をひと登りすると❹**興法寺**がある。

　興法寺から尾根伝いの広い道に出て、古道の趣がある辻子谷越の石畳道を歩く。やがて、府民の森ぬかた園地のらくらく登山道 (舗装路)を横切りながら高度を上げると、信貴生駒スカイラインに飛

古道風情が味わえる辻子谷越の石畳

び出す。駐車場横の階段を登り、入園無料の生駒山上遊園地に入る。❺生駒山の山頂三角点は園内の中央付近、SL列車の敷地内にある。

宝山寺へはケーブル生駒山上駅左横の階段を下りていく。直線の下りが終わると山道となり、梅屋敷駅の下から参道をたどって参拝客でにぎわう❻宝山寺境内へ。で

きれば奥ノ院にも足を延ばそう。下山は総門を経て鳥居を出て門前町の階段を延々と下り、❼生駒駅へ。

アクセス　行き＝森ノ宮駅（大阪市営地下鉄中央線・近鉄けいはんな線15分）新石切駅　帰り＝生駒駅（近鉄奈良線快速急行15分）鶴橋駅
駐車場情報　山越えコースなので適した駐車場はない。
アドバイス　舗装路が多いので、登山靴よりはライトなトレッキングシューズやウォーキングシューズが向く。
立ち寄り情報　石切劔箭神社はでんぼの神様としても知られるが、お百度参りが有名。宝山寺は俗に生駒の聖天さん。本堂背後の岩壁にある般若窟では役行者はじめ弘法大師が修行した。
問合せ先　生駒市観光協会☎0743-74-1111
2万5000分の1地形図　生駒山

生駒山一等三角点

コースガイド 2　鳴川越の古道と展望を楽しむ

日帰り｜初心者向き｜歩行時間：3時間40分

❶元山上口駅（1時間）→❷千光寺（1時間）→❸鳴川峠（40分）→
❹ぼくらの広場（30分）→❺神津嶽（30分）→❻枚岡駅

❶元山上口駅の北で踏切を渡り千光寺へ。一本道ではないが、道標があるので迷うことはない。川沿いに生駒山口神社まで行き、橋を渡ってすぐに右折、谷につくられた田園風景の中を歩いていくと清滝石仏群がある。その先のゆるぎ地蔵で左折すると、山門を経て❷千光寺に着く。役行者が大峯山を開く前に修行をしたとされ元山上とも呼ばれる。背後の行場経由で鳴川越の古道に合流できるが経験者向きだ。

千光寺前から道なりに鳴川峠に向かう。途中には古い石標もある。地蔵尊の立つ❸鳴川峠からは生駒縦走歩道を尾根伝いに北へ向かい、なるかわ園地に入って❹ぼくらの

ぼくらの広場（大原山）は抜群の展望スポット

広場へ。5月なら鳴川峠からなる
かわ園地内のツツジ園を経由して
もよい。ぼくらの広場からは大阪
平野と大阪湾、その向こうに淡路
島が横たわる大展望が楽しめる。
下山は万葉植物園を経てらくらく
登山道を横切り、さらに下ると❺

神津嶽（かみつだけ）の取り付きがある。迂回路
もあるが、せっかくなので山頂を
踏んでいこう。

　神津嶽を越えたら、道標に注意
しながら枚岡梅林（ひらおか）を目指して下る。
梅林から河内一ノ宮の枚岡神社へ。
神社から❻枚岡駅はすぐ。

アクセス　行き＝天王寺駅
（JR大和路線快速18分）王寺
駅（近鉄生駒線11分）元山
上口駅　帰り＝枚岡駅（近鉄
奈良線区間準急17分）鶴橋
駅
駐車場情報　山越えコースな
ので適した駐車場はない。
アドバイス　なるかわ園地内
は分岐が多いため、次の目的
地を把握して道標を確かめな
がら進もう。
立ち寄り情報　ぼくらの広場
に向かう手前で尾根通しに進
むと石畳の道が東西に走る
暗峠に着く。峠には茶屋が
あってくつろぐこともできる。
問合せ先　平群町観光産業課
☎0745-45-1001
2万5000分の1地形図
生駒山、信貴山

鳴川峠に祀られた地蔵尊

二上山

標高
517m

大阪・奈良府県境に横たわる万葉の名山

二上山は、雄岳・雌岳の2つのピークが連なり、遠くから見てもよく目立ち、万葉の昔から親しまれてきたのもうなずける。ダイヤモンドトレールの北端に位置し、山上には大津皇子の墓、山麓には古刹の當麻寺を抱き、歴史ロマンにあふれる。

1月	2月	3月	4月	5月	6月	7月	8月	9月	10月	11月	12月
				新緑						紅葉	

花（サクラ）

花　展望　　社寺　新緑　紅葉

二上神社口方面から見上げる二上山雄岳

コースガイド ■ ダイヤモンドトレールをたどり雌岳から當麻寺へ

日帰り｜初心者向き｜歩行時間：3時間40分

❶上ノ太子駅（50分）→ ❷ダイヤモンドトレール北入口（1時間30分）→
❸馬ノ背（5分）→ ❹雌岳（10分）→ ❺岩屋峠（20分）→ ❻祐泉寺（25分）→
❼當麻寺（20分）→ ❽当麻寺駅

　❶上ノ太子駅を出たら右へ、踏切の手前で左の路地に入る。線路を渡り、近鉄線に沿うように歩いていくと、南阪奈道路の高架下で府道に出るのでそのまま穴虫峠に向かう。府道の登りがゆるやかになると右手に❷ダイヤモンドトレール北入口が現れる。ちなみにトレールの厳密な起点は、峠を越えた屯鶴峯にある。

　トレールは尾根まで上がると快適な道に。左手に二上山を見ながらアップダウンを繰り返して高度を上げる。登り一辺倒となると、二上山雌岳を取り巻く周遊路に飛び出す。周遊路沿いにはサクラが植わり、春には山がまるでピンクの鉢巻をしているようになる。

　周遊路を登ってトイレのある❸馬ノ背へ。左は雄岳への急坂の道、右は雌岳への階段の道だ。ここでは美化保存協力金が必要な雄岳に

171

向かわず展望抜群の雌岳に向かう。❹雌岳山頂には日時計が設けられている。

下山は南につづら折りにつけられた急な登山道を❺岩屋峠へ。ここには中将姫ゆかりの岩屋がある。峠で左に折れ、谷道を歩く。❻祐泉寺まで来ると登山道は終わり、大池、傘堂とたどって直進し、突き当たりを右にとると❼當麻寺へと導かれる。當麻寺からは参道を東進し、❽当麻寺駅へ。

當麻寺と二上山

アクセス 行き＝大阪阿部野橋駅（近鉄南大阪線急行20分）古市駅（同線5分）上ノ太子駅 帰り＝当麻寺駅（近鉄南大阪線15分）古市駅
駐車場情報 本コースに適した駐車場はない。
アドバイス 雄岳に登る場合は馬ノ背から往復30分。美化保存協力金200円（受付が不在の場合あり）。
立ち寄り情報 當麻寺は二上山麓の飛鳥時代の古刹で、山号は「二上山」。本尊は中将姫が蓮の糸で織ったという當麻曼荼羅で、本堂・東塔・西塔は国宝。塔頭の西南院や奥院はボタンの名所で知られる。境内散策自由、拝観料別途。
問合せ先 葛城市商工観光課☎0745-48-2811、太子町観光産業課☎0721-98-5521
2万5000分の1地形図 大和高田

コースガイド❷ 雄岳登山と竹内街道歩きを楽しむ

日帰り｜一般向き｜歩行時間：3時間20分

❶二上神社口駅（10分）→❷天羽雷命神社（1時間）→❸雄岳（10分）→❹馬ノ背（25分）→❹鹿谷寺跡（50分）→❻竹内街道歴史資料館（45分）→❼上ノ太子駅

雄岳に登るコースは、二上山駅からと二上神社口駅からの2つある。整備の行き届いた雌岳周辺とはひと味違い、登山らしさが感じられる。まずは❶二上神社口駅から西へ直進。❷天羽雷命神社（加守神社）から登山道に取り付く。

ちょうど中間あたりで二上山駅からの登山道を合わせ登っていくと、大津皇子の墓がある。葛木坐二上神社がある❸雄岳山頂（要美化保存協力金）へはもうひと登り。

雄岳から❹馬ノ背に下り、雌岳には向かわず周遊路を下る。右手に鹿谷寺跡への道標を見つけて、岩が露出する道に入る。❺鹿谷寺跡は広場になっていて石造りの十三重塔が立つ。

広場の北の道を下っていくと、万葉の森へと下る道に出る。少し下って東屋のある休憩所手前でろくわたりの道へ。谷をつめて尾根を越え、少し山腹を歩いて再び尾

サクラ咲く鹿谷寺跡から雌岳を望む

根に出る。岩が露出したヤセ尾根の区間は展望がよい。

　尾根の先で急階段を下り、南阪奈道路をくぐって植林地を経て田園地帯に出る。広域農道に飛び出したら左へ。農道を少し歩き右に分岐する道に入る。下っていくと❻竹内街道歴史資料館を経て、竹内街道へ。街道はいったん国道を横切り、六枚橋を経て再び国道に合流するまでは、地面が茶色く舗装されている。

　国道に出たら、あとは❼上ノ太子駅を目指す。

アクセス　行き＝大阪阿部野橋駅（近鉄南大阪線急行20分）古市駅（同線12分）二上神社口駅　帰り＝上ノ太子駅（近鉄南大阪線5分）古市駅
駐車場情報　本コースに適した駐車場はない。
アドバイス　要所要所に道標はあるが、ろくわたりの道から南阪奈道路を越えたあたりから竹内街道歴史資料館までは道標がない。農道を横切るところがポイント。車の往来に注意。
立ち寄り情報　竹内街道歴史資料館は、日本最古の官道・竹内街道を時代や用途など4つのテーマに沿って解説・展示する。9時30分〜17時、月曜（祝日の場合翌日）・年末年始休、200円、☎0721-98-3266
問合せ先　葛城市商工観光課☎0745-48-2811、太子町観光産業課☎0721-98-5521
2万5000分の1地形図　大和高田

ろくわたりの道

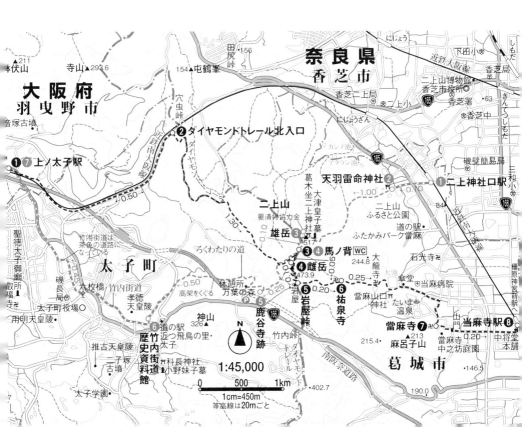

大和葛城山
やまとかつらぎさん

金剛・生駒・紀泉

大阪府・奈良県

標高
959m
△958.6m

春はツツジ、秋はススキの高原歩き

大和葛城山といえば、いちばんのにぎわいを見せるのが5月のツツジの季節。しかし、その直前にはカタクリ、秋にはススキの原と秋の山野草が花開く。山頂直下にはブナ林も。新たに整備された秋津洲展望コースから櫛羅の滝コースをめぐってみよう。

1月	2月	3月	4月	5月	6月	7月	8月	9月	10月	11月	12月
霧氷										紅葉	

花（カタクリ）　花（ツツジ）　　　　　　　　　　霧氷

🌸 花　👓 展望　　　🍂 新緑　🍁 紅葉

満開のツツジ園（5月中旬）と金剛山

コースガイド 1 ひと目百万本のツツジを楽しむ周回コース

日帰り｜一般向き｜歩行時間：3時間35分

❶葛城ロープウェイ前（50分）→**❷**自然研究路分岐（15分）→
❸ダイヤモンドトレール出合（40分）→**❹**大和葛城山（ツツジ園経由1時間40分）→
❺くじらの滝（10分）→**❶**葛城ロープウェイ前

　　❶葛城ロープウェイ前バス停からロープウェイ駅の右側に続く道を山の手に向かう。5分ほどで右手に北尾根コースの登山口が見えてくる。

　登りはじめは急坂で、尾根に出るといったん傾斜はゆるやかになるが、ベンチが置かれた展望所から再び急坂となる。おおむね右側が植林、左側が自然林の道を登り

つめ、傾斜がゆるやかになると**❷自然研究路分岐**に着く。左に行くと自然研究路に下るが、道が崩壊し通行止めなので、直進して**❸ダイヤモンドトレール出合**へ。左折するとすぐに自然研究路への下り口があるので、下っていこう。

　研究路の沿道は春にはカタクリが群生する。研究路を歩き続けると、ロープウェイ葛城山上駅から

のコンクリート道に合流、右折してダイヤモンドトレールと合流し、左折する。白樺食堂の前で右手の植林を抜けて登りつめると**❹大和葛城山**山頂だ。山頂周辺はススキの原、ひと目百万本のツツジ園は南にあるので寄っていこう。

下山は、先ほどのコンクリート道に戻り、ロープウェイ山上駅方面へ。天神社の手前で右折してブナ林を下っていく。しばらく歩くと植林帯の急な下りが続く。**❺くじら（櫛羅）の滝**まで下り、さらに進むとやがて北尾根コースとの分岐に出るので、そのまま**❶葛城ロープウェイ前**バス停へ向かう。

アクセス　往復＝大阪阿部野橋駅（近鉄南大阪線急行30分）尺土駅（近鉄御所線9分）近鉄御所駅（奈良交通バス19分）葛城ロープウェイ前　奈良交通 ☎0745-63-2501
駐車場情報　葛城山ロープウェイ葛城登山口駅下に有料駐車場（約120台）がある。ツツジシーズンは臨時駐車場も併設されるが、渋滞がかなり激しい。
アドバイス　自然研究路に下らずにダイヤモンドトレールを直接大和葛城山に向かってもよい。冬季は積雪のある場合があり、軽アイゼンが必要。アクセスだが、ツツジの時期は道が混雑し、バス便が時間通りに動かない。その場合はタクシーが便利。近鉄御所駅に常駐している。ツツジ園一周はゆっくり歩くと30分以上かかる。
立ち寄り情報　山頂近くの国民宿舎葛城高原ロッジは、宿泊のほか、食事や入浴の利用もできる。冬場は鴨鍋がおすすめ。入浴＝11〜15時、原則無休、500円、☎0745-62-5083
問合せ先　御所市まちづくり推進課 ☎0745-62-3001
2万5000分の1地形図　御所

くじらの滝

コースガイド2 桜の歌人、西行を偲んで大阪側から登る

日帰り｜一般向き｜歩行時間：4時間10分

❶河内（10分）→ ❷西行法師の墓（1時間20分）→ ❸十字路（1時間20分）→
❹大和葛城山（1時間20分）→ ❺水越峠

大和葛城山に大阪側から登る道は、平安後期の歌人、西行法師の眠る弘川寺から。楽しい道ではないが、歴史ファンなら訪れたい場所で、サクラの季節ならなおのことだ。**❶河内**バス停から少し戻り、弘川寺へ。寺の裏山に**❷西行法師の墓**がある。その奥にはサクラが植えられた桜山周遊路があるので季節ならめぐっておきたい。

弘川寺から山の手に向かう道路を上がり、T字路に来たら左の登山道を選んで登っていく。道は交錯しているが、地図入りの道標が立っている。鉄塔の立つピーク手前で右に鋭角に曲がり、弘川城跡

サクラを愛した西行終焉の地、弘川寺

175

への分岐を見送ってさらに進むと林道と交差する❸**十字路**に出る。ここで林道を横切るが、直進の道もコンクリートの林道だ。五ツ辻に出たら電波塔を経て、ダイヤモンドトレールと合流する。

トレールを右へ、キャンプ場を越えるとロープウェイ葛城山上駅からの道を合わせ、白樺食堂の前から❹**大和葛城山**山頂へ。山頂からは南へ、葛城高原ロッジの前を通って、ダイヤモンドトレールをそのまま下降すると❺**水越峠**バス停に着く。バス便は土・日・祝のみ。平日は東水分まで1時間ほど

広々とした山頂

歩かなければならない。その場合は水越峠へ向かわず、ロープウェイを利用して下ってもよい。

アクセス 行き＝大阪阿部野橋駅（近鉄南大阪線急行16分）古市駅（同長野線準急6分）富田林駅（金剛バス21分）河内 帰り＝水越峠（金剛バス31分）富田林駅 金剛バス☎0721-23-2287
駐車場情報 本コースに適した駐車場はない。
アドバイス 行き、帰りともバスの便数は少ない。特に帰りの水越峠からは土・日・祝の午後2便のみ。事前に調べておこう。
立ち寄り情報 弘川寺境内には西行記念館がある。開館は春と秋のみだが西行ファンにはおすすめ。弘川寺本坊庭園拝観とあわせて500円。☎0721-93-2814
問合せ先 河南町環境・まちづくり推進課☎0721-93-2500、御所市まちづくり推進課☎0745-62-3001
2万5000分の1地形図　御所

金剛山

(こんごうざん)

標高
1125m
(葛木岳)

毎日登山も人気の大阪府最高峰へ

金剛山は山頂部は奈良県に属するものの、大阪府の最高峰。メインルートの千早本道は毎日登山の人も多く、年中多くの人が行きかう。都市近郊で霧氷が見られることや花の多いこと、深い歴史があることなど魅力的要素もいっぱいだ。

1月	2月	3月	4月	5月	6月	7月	8月	9月	10月	11月	12月
霧氷			新緑							紅葉	

花（カタクリ）　花（クリンソウ）　霧氷

花　展望　　新緑　紅葉

雪の積もった葛木神社の参道

コースガイド 1 楠木正成の千早城跡から千早本道を登り、念仏坂へ

日帰り｜初心者向き｜歩行時間：3時間20分

❶金剛登山口（50分）→ ❷のろし台跡（50分）→ ❸山頂広場（15分）→
❹一ノ鳥居（35分）→ ❺伏見峠（50分）→ ❻金剛山ロープウェイ前

❶**金剛登山口**バス停からバスの進行方向に進むと、左手に千早城跡への階段がある。いきなりの急登だが、それもそのはず、千早城は楠木正成が籠城し鎌倉幕府軍と戦った難攻不落の城。現在は広場と千早神社がある。神社の横から登山道に入り少し下ると、千早本道と合流する。すぐに楠木正儀の首塚（正成のものとも）がある。丸太階段を登り、ゆるやかな台地

になったところが❷**のろし台跡**で、山頂までのほぼ中間点。もうひとふん張りして植林がブナ林に変われば山頂広場は近い。

巨大な回数登山表と売店のある場所が❸**山頂広場**で、少し北には大阪平野を一望する国見城跡がある。一般にここが山頂として扱われている。山頂広場から役行者開山の転法輪寺、続いて一言主大神を祀る葛木神社へ。金剛山最高点

177

の葛木岳山頂は神社の裏手にあるが立入禁止だ。

葛木神社から東へ下ると**❹一ノ鳥居**があり、ダイヤモンドトレールと合流、そのままたどって展望台を経てちはや園地に入る。園地では、春にはカタクリはじめいろいろな花が咲く。トレールをさらに進み、キャンプ場を右に見ると、**❺伏見峠**に着く。コンクリート道の念仏坂を延々と下っていくと、**❻金剛山ロープウェイ前**バス停にたどり着く。

葛木神社下の
ブナ林

アクセス 行き＝難波駅（南海高野線急行28分）河内長野駅（南海バス30分）金剛登山口 帰り＝金剛山ロープウェイ前（南海バス40分）河内長野駅 南海バス☎0721-53-9043 ＊近鉄長野線富田林駅からも金剛登山口へのバス便がある。金剛バス☎0721-23-2287
駐車場情報 金剛登山口バス停や金剛山ロープウェイ駅周辺に有料駐車場がある。
アドバイス 霧氷シーズンは積雪が踏み固められツルツルに。軽アイゼンは必携。
立ち寄り情報 ちはや星と自然のミュージアムでは金剛山の自然について学習できる。天体望遠鏡を使った星空観察や自然観察などのイベントも行う。10〜16時、火曜・年末年始休、☎0721-74-0056
問合せ先 千早赤阪村観光・産業振興課☎0721-26-7128、御所市まちづくり推進課☎0745-62-3001
2万5000分の1地形図 御所、五條

コースガイド 2 滝と花のタカハタ谷から登り、葛城の里へ下る

| 日帰り | 一般向き | 歩行時間：4時間30分 |

❶金剛登山口（20分）→ ❷タカハタ谷入口（1時間30分）→ ❸山頂広場（15分）→
❹一ノ鳥居（35分）→ ❺伏見峠（50分）→ ❻高宮廃寺跡（40分）→ ❼高鴨神社（20分）→ ❽風の森

❶**金剛登山口**バス停から少し下り、食堂「まつまさ」の前を通る道を選ぶ。突き当たりの三叉路を左へ、橋を渡る手前で右の道に入り、❷**タカハタ谷入口**へ。右の沢沿いに歩いていくと、前方に2段になった腰折滝が見えてくる。そ

の手前にロープの張られた箇所があるので注意して進もう。腰折滝の上部に出たら、左にタカハタ谷、右にツツジ尾谷の二股がある。ここでは左のタカハタ谷を選んで登っていく。やがて流れが細くなるが、このあたりは春ならヒトリシズカやニリンソウなどが見られる。谷から尾根に上がりブナ林を経ると、国見城跡近くに出る。

国見城跡から❸**山頂広場**に行き、❹**一ノ鳥居**を経て❺**伏見峠**へ。伏見峠からは東に下る道に入る。以後は常に道標の「西佐味」を示す方向に向かう。古い石標を見て、

春のタカハタ谷に咲くヒトリシズカ

すぐに伏見との分岐があり右へ。植林帯が続き、欽明水を経て下りがゆるやかになると葛城修験第二十経塚のある大岩がある。未舗装林道と合流し、道標に従って林道を左へ外れ、礎石の残る国指定史跡の⑥高宮廃寺跡に立ち寄ろう。

元の道に戻り獣避けゲートを越えると、目の前が開ける。大峰山脈を一望する高原を歩き、大杉の立つ大弁財天社の前を通って、道なりに北上して右折、西佐味バス停の先で左折し直進すると⑦高鴨神社だ。⑧風の森バス停へは、高鴨神社手前の角を東へ向かう。

アクセス　行き＝難波駅（南海高野線急行28分）河内長野駅（南海バス30分）金剛登山口　帰り＝風の森（奈良交通バス17分）近鉄御所駅（近鉄御所線9分）尺土駅（近鉄南大阪線急行30分）大阪阿部野橋駅　南海バス℡0721-53-9043、奈良交通バス℡0742-20-3100　＊近鉄吉野線富田林駅からも金剛登山口へのバス便がある。金剛バス℡0721-23-2287
駐車場情報　山越えコースなので適した駐車場はない。
アドバイス　高鴨神社は日本さくら草を500種保存しており、例年4月下旬から5月上旬まで展示される。
立ち寄り情報　風の森からバス3分で日帰り温泉のかもきみの湯がある。10〜23時、無休（臨時休業あり）、600円、℡0745-66-2641
問合せ先　千早赤阪村観光・産業振興課℡0721-26-7128、御所市まちづくり推進課℡0745-62-3001
2万5000分の1地形図　御所、五條

転法輪寺と修験者

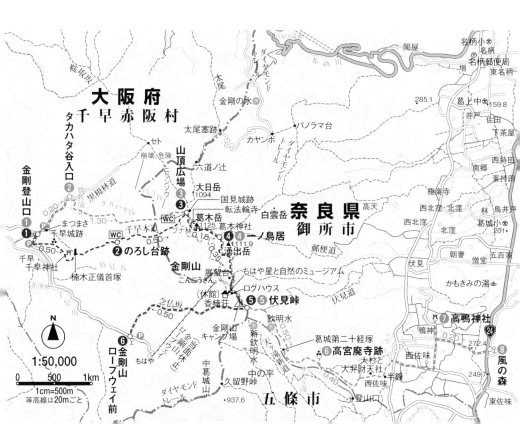

1:50,000

0　　500　　1km

1cm＝500m
等高線は20mごと

岩湧山
（いわわきさん）

標高
897m
△897.1m

カヤトの原から大阪平野を一望する

和泉山脈の東に横たわる名峰・岩湧山の山頂には、今では貴重なススキの原が広がる。草原維持のための野焼きは春の風物詩だ。稜線にはダイヤモンドトレールが通り、また、北麓には岩湧の森が整備され、手頃な山として人気がある。

1月	2月	3月	4月	5月	6月	7月	8月	9月	10月	11月	12月
				新緑					紅葉		

花（ススキ）

花　展望　温泉　社寺　新緑　紅葉

ススキの原が広がる岩湧山山頂。左に見えるのは金剛山

コースガイド

日帰り｜初心者向き｜歩行時間：4時間20分

❶紀見峠駅（30分）→ ❷越ヶ滝（40分）→ ❸三合目（1時間）→ ❹五ツ辻（30分）→
❺東峰（10分）→ ❻岩湧山（1時間）→ ❼カキザコ（30分）→ ❽滝畑ダム

❶紀見峠駅の北側で踏切を渡り右折、道なりに進み越ヶ滝林道へ。❷越ヶ滝休憩所から右に派生するコンクリート道を三合目に向けて急登する。すぐに植林帯の登山道になり、❸三合目で主稜線のダイヤモンドトレールに合流、ベンチがあるのでひと息つこう。

ここから滝畑ダム上流の登山口までダイヤモンドトレールなので、途中に分岐もあるが、トレールの道標がある。❹五ツ辻の先と❺東峰で、岩湧の森からの登山道を合わせ、トイレのある鞍部から、カヤトと呼ばれるススキの草原が広がる岩湧山（西峰）に登っていく。登るにつれ、背後に金剛山、天気がよければ大和葛城山から二上山、生駒山への山並みが見通せる。南東には高見山、南を向けば、大峰山脈の稲村ヶ岳の特徴ある姿が。❻岩湧山山頂に立つと大阪平野が

ダイヤモンドトレールと合流する三合目

一望でき、大阪湾を隔てて六甲山が横たわっている。

　下山はススキの原を西に下る。植林帯がしばらく続くが、送電鉄塔で主稜線を外れて下っていくと、雑木林の美しい**❼カキザコ**という場所を歩くようになる。歩き続けるといったん林道を横切って、滝畑ダムの新関屋橋付近に下りてくる。あとは少し北にある**❽滝畑ダム**バス停を目指す。

アクセス　行き＝難波駅（南海高野線急行42分）紀見峠駅　帰り＝滝畑ダム（日野・滝畑コミュニティバス48分）河内長野駅（南海高野線急行28分）難波駅　河内長野市都市計画課（コミュニティバス）☎0721-53-1111

駐車場情報　滝畑ダム新関谷橋近くに有料の観光駐車場（約20台）があるが、その場合はピストンとなる。

アドバイス　コース中は危険箇所もなく案内も特に問題はない。滝畑ダムからのバスは便数が少ないので事前に確認を。なお、北麓の岩湧の森へはアプローチはマイカーのみだが、手軽で短いコースどりができる。

立ち寄り情報　紀見峠駅往復プラン、または逆コースをとった場合、紀見峠駅近くの紀伊見荘に紀伊見温泉が湧く。日帰りはランチプラン利用時に入浴可。13時30分までに入館。☎0736-36-4000

問合せ先　河内長野市産業観光課☎0721-53-1111、岩湧の森四季彩館☎0721-63-5986

2万5000分の1地形図　岩湧山

カキザコあたりの雑木林

和泉葛城山
(いずみかつらぎさん)

標高
858m

串柿の里からブナ林の見事な頂へ

和泉葛城山は、その標高では南限といわれるブナ林がある山。コースは大阪側から4コースあるが、ここでは和歌山側の串柿の里で有名な四郷をスタートし、紅葉の名所の牛滝山へ下山して、秋の風情を楽しんでみたい。

1月	2月	3月	4月	5月	6月	7月	8月	9月	10月	11月	12月
				新緑						串柿 紅葉	

 展望 温泉   新緑 紅葉

関西空港まで一望する和泉葛城山展望台

コースガイド

日帰り｜経験者向き｜歩行時間：5時間40分

❶東谷（30分）→ ❷平（30分）→ ❸定福寺（1時間）→ ❹鍋谷峠（10分）→
❺近畿自然歩道道標（1時間40分）→ ❻和泉葛城山（展望台往復10分、40分）→
❼二十一丁地蔵（40分）→ ❽七丁地蔵（20分）→ ❾牛滝山

❶東谷(ひがしたに)バス停から少し戻り右に斜上する道で❷平(たいら)集落へ向かう。集落の「右　まきの」の石標のある角で右折し、大久保集落へ。11月なら串柿が並ぶなか、❸定福寺(じょうふくじ)に向かう。定福寺から西へ続く林道が北に方向を変えると、すぐに左に派生する道がある。道標はない。入るとすぐに墓地があり、その奥から尾根伝いに道が続く。堂山経由の道と山腹道との分岐が

あるので左の山腹道へ。山腹道は大きく左カーブし、やがて道路に出る。西進し、❹鍋谷峠(なべたに)で左折して下る。右手に❺近畿自然歩道の道標を見つけて、登山道へ。

延々とたどると電波施設が連続して現れ、道路に出たら直進。右に続く階段で❻和泉葛城山山頂へ。眺望はないので、少し西に下り展望台でゆっくりしよう。

山頂へ戻り、北に下って鳥居の

ある分岐から東へ。ボードウォークを進むと道路に出るので、左折する。❼二十一丁地蔵のあるカーブへ来ると左に登山道が口を開けている。この道は地蔵さん登山道と呼ばれ、一丁ごとに地蔵が祀られている。下り切って道路に出て左へ行くと❽七丁地蔵がある。

ここから渓谷に続く道を下る。堰堤の前で徒渉し、下るとすぐに錦流ノ滝がある。吊橋を渡って一ノ滝まで来れば、牛滝山大威徳寺はすぐだ。あとは参道を歩いて❾牛滝山バス停へ向かう。

アクセス　行き＝難波駅（南海高野線急行50分）橋本駅（JR和歌山線20分）笠田駅（かつらぎ町コミュニティバス25分）東谷　帰り＝牛滝山（南海ウイングバス51分）岸和田駅（南海本線急行26分）難波駅　かつらぎ町産業観光課☎0736-22-0300、南海ウィングバス南部☎072-467-0601
駐車場情報　本コースに適切な駐車場はない。
アドバイス　行き、帰りともバス便が少ないので事前に調べておこう。東谷へは午前中1便のみ。平から定福寺への道がわかりにくければ、地元の人に尋ねよう。また、堂山を迂回する道も道標がないので、自信がなければ林道を稜線まで歩き、左折して鍋谷峠へ向かう。
立ち寄り情報　大威徳寺近くに牛滝温泉四季まつり（旧いよやかの郷）がある。7〜21時、無休、750円、☎072-479-2641
問合せ先　かつらぎ町産業観光課0736-22-0300、岸和田市観光課☎072-423-9486
2万5000分の1地形図　内畑

串柿の里・四郷

俎石山

まないたいしやま

標高
420m
△419.9m

雲山峰

うんざんぼう

標高
490m
△489.9m

紀泉アルプスの縦走を満喫する

和泉山脈西部の雲山峰（いいもり）から飯盛山にかけての山並みを紀泉アルプスと呼ぶ。特にアルペンムードあふれる岩稜があるわけではないが、縦走ルートが充実している。俎石山（ないふく）から大福山、懺法ヶ嶽（せんぼう）（たけ）、雲山峰とつないで歩いてみよう。

1月	2月	3月	4月	5月	6月	7月	8月	9月	10月	11月	12月

新緑　　　　　　　　　　　　　紅葉

花（サクラ）

花　展望　　　　新緑　紅葉

間近に大阪湾を見下ろす第1パノラマ

コースガイド

日帰り｜一般向き｜歩行時間：5時間

❶桃の木台7丁目（25分）→ ❷俎石山登山口（1時間10分）→
❸俎石山（10分）→ ❹大福山（10分）→ ❺懺法ヶ嶽（1時間）→
❻雲山峰（1時間30分）→ ❼第1パノラマ（35分）→ ❽山中渓駅

❶**桃の木台7丁目**バス停から歩道橋で道路を渡り、桃の木台南公園を抜けていく。西からサンヒル都（高齢者施設）の上に回り込み、道路の突き当たりから折れ曲がると❷**俎石山登山口**がある。

しばらくは谷道でひと汗かくが、稜線に上がるといくつかベンチが置かれた快適な尾根道となる。ゆるやかに高度を上げ、大阪湾を一望する俎石山北展望台へ。❸**俎石山**山頂はすぐそこだが展望はない。山頂の先で鳥取池への道を左に見送り、葛城二十八宿第三番経塚のある❹**大福山**山頂へ。ベンチもあり泉南の海と淡路島を遠望できる。大福山からは、少し戻って東へ進路をとる。次の❺**懺法ヶ嶽**は展望のよい西峰と本峰の東峰がある。懺法ヶ嶽を越え屈曲する尾根を巻

きながら、東屋のある井関峠に下る。登り返していけばやがて平坦で快適な尾根道に。地蔵山の南まで来ると雲山峰への分岐がある。そのまま雲山峰に向かってもよいが、南東に紀ノ川を見下ろす展望地がある。

　分岐から北へ。紀泉高原の主峰・❻雲山峰は石祠があるばかりで展望はない。ここからは長い尾根歩きだ。四ノ谷山への分岐を過ぎると右に山中渓への分岐があるが、すぐ先に展望抜群の❼第1パノラマがあるので立ち寄ろう。あとは分岐からひたすら下り、銀の峰ハイキングコース登山口から集落に出て、❽山中渓駅を目指す。

アクセス　行き＝難波駅（南海本線急行45分）尾崎駅（同線4分）箱作駅（南海ウイングバス7分）桃の木台7丁目　帰り＝山中渓駅（JR阪和線快速55分）天王寺駅
駐車場情報　本コースは長距離縦走のため適した駐車場はない。俎石山ピストンならサンヒル都近くの展望緑地駐車場（無料、約30台）が利用できる。
アドバイス　紀泉アルプスは分岐が多い。道標で行き先を確かめながら歩こう。
立ち寄り情報　山中渓は紀州街道の宿場町。駅から旧道を北上すると、石畳の道と古い町並みがある。また、山中渓駅周辺はサクラの名所として知られ、シーズンには多くの花見客でにぎわう。
問合せ先　阪南市まちの活力創造課📞072-471-5678
2万5000分の1地形図　岩出、淡輪

井関峠からの
縦走路

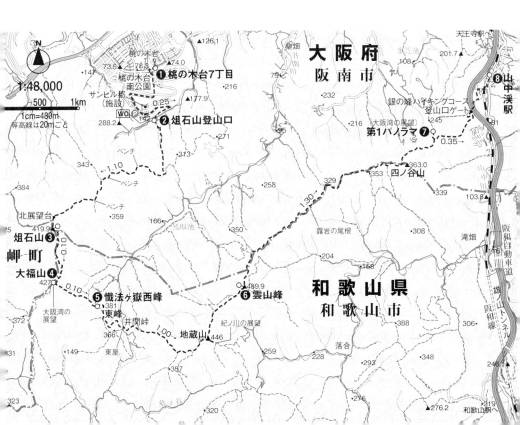

泉南飯盛山

標高
385m
△384.5m

大阪湾を間近に見下ろす山頂へ

こんもりした山容からか、飯盛山という名の山は全国に多い。大阪府下では四条畷にある山を河内、こちらには泉南という冠をつけることがある。大阪府西端の岬町にあり、海岸線の向こうには淡路島がくっきりと浮かぶ。

1月	2月	3月	4月	5月	6月	7月	8月	9月	10月	11月	12月
			新緑							紅葉	

花（ツツジ）

花　展望

新緑　紅葉

飯盛山山頂からは深日港を真下に淡路島まで見通せる

コースガイド

日帰り｜一般向き｜歩行時間：3時間30分

❶孝子駅（15分）→❷高仙寺（15分）→❸高野山（1時間）→❹札立山分岐（20分）→
❺飯盛山（40分）→❻最低鞍部（1時間）→❼みさき公園駅

❶孝子駅から国道を南へ進み、左手の踏切を渡る。バイパスの高架をくぐり三叉路で左の山裾に向かう道へ。山裾に沿うようになると孝子観音への道標がある。参道に取り付き、階段を上がると山門があり、さらにひと登りで孝子観音で親しまれる❷高仙寺本堂だ。葛城修験の寺らしく役行者の母の墓所と伝わる碑がある。

本道裏手に続く登山道を登り❸

高野山へ。ここからは快適な尾根道をたどる。反射板からは林道になり、一度ショートカットして、林道と分かれ、登山道に入ると今は山名板もない藤戸山に着く。この先も小さな道標、もしくは赤テープに従って歩いていく。

進路を北東に変え、❹札立山分岐を過ぎると飯盛山への登りが始まる。千間寺跡を見て、ひと登りで展望抜群の広場に出る。❺飯盛

山山頂はその先で展望デッキがある。どちらも展望はすばらしい。

下山は直進し、滑りやすい急坂を下る。傾斜がゆるやかになると、正面に提灯講山周辺のうねるような台地が見える。❻最低鞍部を越えると見晴らしがよい岩場があ

り、振り返ると飯盛山の姿を望める。提灯講山付近でほぼ水平に方角を西に変え、ハゲた展望地を過ぎると下りとなる。急階段を下りバイパスをくぐって登り返すと住宅地に出る。あとは❼みさき公園駅を目指す。

アクセス　行き＝難波駅（南海本線急行45分）尾崎駅（同線15分）孝子駅　帰り＝みさき公園駅（南海本線急行55分）難波駅

駐車場情報　みさき公園駅近くのコインパーキングを利用する。旧みさき公園の駐車場は、2020年3月時点では使用可能か否か不明。

アドバイス　枝道が多いので、行程中は常に赤テープや道標を意識して歩こう。秋にはマツタケ山になるので登山道以外は侵入禁止。

立ち寄り情報　孝子駅の北に、明治41年建設の孝子小学校校舎を利用した「岬の歴史館」がある。地元で生産されていた瓦の展示もさることながら、建物が昔懐かしい。9〜17時、月・火・祝・年末年始休、無料、℡072-492-2324

問合せ先　岬町産業観光課℡072-492-2730

2万5000分の1地形図　淡輪

孝子観音の高仙寺

大阪府
岬町

1:38,000

0　　　500　　　1km
1cm＝380m
等高線は20mごと

ダイヤモンドトレール

ロング
トレイル
④

葛城・金剛・紀泉の名山をつなぐ

大阪と、奈良・和歌山の府県境に沿って設けられた山岳トレイル。北は二上山に始まり、大和葛城山、金剛山、岩湧山など、金剛葛城山地と和泉山脈の東部の名峰をつないで歩く。毎年春には大阪府山岳連盟主催で「チャレンジ登山」が行われている。

トレールの最初は二上山を眺めながら歩く

プランニング&アドバイス

一度トレイルに入ってしまうと、基本的には尾根通しなので迷うところはないが、紀見峠駅をエスケープに使う場合は駅への道がわかりにくい。事前に地図で調べておこう。日帰りでつないで歩くことが基本だが、大和葛城山や金剛山に宿泊施設やキャンプ場があるので、山中泊プランを組んでみても楽しいだろう。冬季は軽アイゼン、チェーンスパイクを携行しよう。

距離 45km
公式地図 「ダイヤモンドトレールマップ」（大阪府南河内農と緑の総合事務所発行）
問合せ先 大阪府南河内農と緑の総合事務所 ☎0721-25-1131
2万5000分の1地形図 大和高田、御所、五條、岩湧山

凝灰岩の奇勝・屯鶴峯

屯鶴峯〜大和葛城山

日帰り | **一般向き** | **歩行時間：7時間30分**

上ノ太子駅から東へ。せっかくなので、いったんダイヤモンドトレール北入口を右に見送り、穴虫峠を越えて屯鶴峯を訪れる。登り口の階段の右手に、起点の碑がある。北入口に戻り、二上山雌岳の周遊路に合流、右に道をとって岩屋峠へ。トレイルは岩屋峠から右に下り、国道に出て東へ。竹内峠の手前から林道に入りたどっていくと登山道になる。平石峠、岩橋山を越え、延々と稜線をたどり大

和葛城山へ。下山はロープウェイを利用する（P171「二上山」、P174「大和葛城山」参照）。

サクラ咲く二上山周遊路

アクセス
行き 大阪阿部野橋駅（近鉄南大阪線急行20分）古市駅（同線5分）上ノ太子駅
帰り 葛城山上駅（葛城山ロープウェイ6分）葛城ロープウェイ前（奈良交通バス19分）近鉄御所駅（近鉄御所線9分）尺土駅（近鉄南大阪線急行30分）大阪阿倍野橋駅

大和葛城山〜紀見峠

日帰り | **一般向き** | **歩行時間：8時間30分**

ロープウェイで葛城山上駅に上がり、葛城高原ロッジの前を通って水越峠へと下る。峠から林道に入り、登りつめて登山道に入る。休憩舎のあるカヤンボで急角度に左に折れて尾根に上がり、右に折れて、白雲岳の北面の山腹道をたどっていくと、一ノ鳥居に着く。金剛山山頂（葛木神社）は右だが、トレイルは左へと続く。ちはや園地を経由し、伏見峠へ。まだ先は長いので、ここでいったん区切ってもよいだろう。さらに整然とした杉林をたどり久留野峠から登り

返すとササ原の中葛城山に出る。さらに、天誅組が越えた千早峠、役行者の祠がある行者杉峠を越えて山ノ神で林道に出ると、紀見峠に着く。紀見峠から南へ、紀見峠駅を目指す（P174「大和葛城山」、P177「金剛山」参照）。

久留野峠への見事な杉林

アクセス
行き 1回目「帰り」参照
帰り 紀見峠駅（南海高野線急行42分）難波駅

古い石標のある一ノ鳥居前

紀見峠〜槇尾山

日帰り｜一般向き｜歩行時間：5時間20分

忠実にトレイルをたどりたい場合は、紀見峠駅から前回の道を紀見峠へ。こだわらないのであれば、越ヶ滝林道を経由し岩湧山三合目で合流すればよいだろう。岩湧山を越え、滝畑ダムに下りたら、新関屋橋を渡り、ダム湖の西岸に出て集落を抜けて山道に入る。アップダウンを繰り返しながらボテ峠、番屋峠と越えていくが、ボテ峠手前で、路肩が崩壊している場所があるので注意しよう。西国巡礼の道・桧原越に合流し、右へたどると西国4番札所の施福寺に着く。ダイヤモンドトレールはここで終了。参道を下って槇尾山バス停へ（P180「岩湧山」参照）。

アクセス
行き　2回目「帰り」参照
帰り　槇尾山（オレンジバス12分）槇尾中学校前（南海バス25分）和泉中央駅（泉北高速鉄道・南海高野線準急35分）難波駅

施福寺から見た岩湧山

ボテ峠まで来るとトレイルも終盤

ススキが覆う岩湧山から和泉山脈を見る

屯鶴峯 154
二上山
穴虫峠
上ノ太子駅
近鉄南大阪線
ダイヤモンドトレール北入口
雄岳 517
二上山雌岳 474
岩屋峠
竹内峠
南阪奈道路
平石峠
岩橋山 659
岩橋峠
持尾辻
葛城ロープウェイ前
葛城山ロープウェイ
大和葛城山 959
葛城山上駅
葛城高原ロッジ
水越峠
パノラマ台
カヤンボ
金剛山
葛木岳 1125
一ノ鳥居
金剛登山口
金剛山キャンプ場
伏見峠
金剛山ロープウェイ前
久留野峠
中葛城山
千早峠
神福山 792
高谷山 935
西ノ行者
紀見峠
杉尾峠
行者杉峠
山ノ神 463
タンボ山 763
槇尾山
施福寺（ダイヤモンドトレール終点）
番屋峠
ボテ峠
新関屋橋
滝畑ダム
カキザコ
五ツ辻
岩湧山（西峰）897
根古峰 749
岩湧山三合目
天見
南海高野線
紀見峠

0 500 1000m

紀州

龍門山
百合山

高野山
（高野山町石道・高野三山）

龍神山
三星山

嶽ノ森山

高野山
こうやさん

標高
1109m
△1108.6m
（楊柳山）

世界遺産の高野山町石道と高野三山めぐり

世界遺産に登録された霊場・高野山。道としては高野七口といわれる入山口のうち、高野山町石道と黒河道が世界遺産。そのうちの高野山町石道と、山上の街を取り囲む高野三山登山を山内めぐりとともに紹介したい。

1月	2月	3月	4月	5月	6月	7月	8月	9月	10月	11月	12月
										紅葉	

花（サクラ）　花（シャクナゲ・高野山上）

花　展望　　社寺　新緑　紅葉

町石に導かれながら雨引山を登る

コースガイド 1 鎌倉時代の町石180基に導かれて山上の壇上伽藍へ

日帰り｜一般向き｜歩行時間：6時間50分

❶九度山駅（30分）→ **❷慈尊院**（1時間30分）→ **❸六本杉峠**（30分）→
❹二ツ鳥居（2時間）→ **❺矢立**（2時間）→ **❻大門**（10分）→ **❼壇上伽藍**（10分）→ **❽千手院橋**

　❶九度山駅から紀ノ川方面へ向かう。途中、右手の路地を入ると真田昌幸・幸村親子が隠棲した真田庵があるので、立ち寄ってもよい。紀ノ川手前で道標に従って左へ。**❷慈尊院**は弘法大師が創建し、その母が住んだ古刹で、女人高野とも呼ばれる。

　高野山町石道起点の百八十町石は、この慈尊院と、その背後の丘に立つ丹生官省符神社をつなぐ石

段の中ほどにある。その先は農道などが入り組むが、道標の整備が行き届き高野山まで迷うところはない。雨引山の果樹園の斜面を、紀ノ川の蛇行を背にして登る。

　雨引山を越えると林間に入る。一里石を過ぎてすぐの**❸六本杉峠**で左に折れて古峠へ。ここはコースを区切って上古沢駅に下るときの出入口になる。

　❹二ツ鳥居を経由して目の前に

田園風景が広がる神田地蔵堂に着く。お堂裏の町石はまだ百十一町石。三叉路になった笠木峠から道路が通る❺矢立へ。ここから大門まで約2時間のラストスパート。袈裟掛石や押上石など弘法大師にまつわる名所を横目に歩き、高野山一山の総門である朱塗りの❻大門にたどりつく。

　大門からは高野山の町を歩き、❼壇上伽藍へ。ここは根本大塔や金堂などが立つ高野山の宗教上の中心地だ。❽千手院橋バス停は金剛峯寺を過ぎてすぐだ。

アクセス　行き＝難波駅（南海高野線急行50分）橋本駅（同線11分）九度山駅　帰り＝千手院橋（南海りんかんバス15分）高野山駅（高野山ケーブル5分）極楽橋駅（南海高野線45分）橋本駅

駐車場情報　九度山では、町役場、真田庵前、道の駅「柿の郷くどやま」、旧体育館跡地の駐車場が無料で利用できる。

アドバイス　町石道歩きを2回に分ける場合は、エスケープルートで上古沢駅へ下りる。時間的に余裕ができるので、六本杉峠から丹生都比賣神社や西行庵のある天野経由で二ツ鳥居へ登り、少し戻って古峠に出るとよい。

立ち寄り情報　矢立にある矢立茶屋はやきもちが名物。高野山を前に甘いもので一服するのによい。9時30分〜17時、火曜休、☎0736-56-5033

問合せ先　九度山町産業振興課☎0736-54-2019、高野町観光協会☎0736-56-2468

2万5000分の1地形図　高野山、橋本

新旧の町石が並ぶ百五十四町石

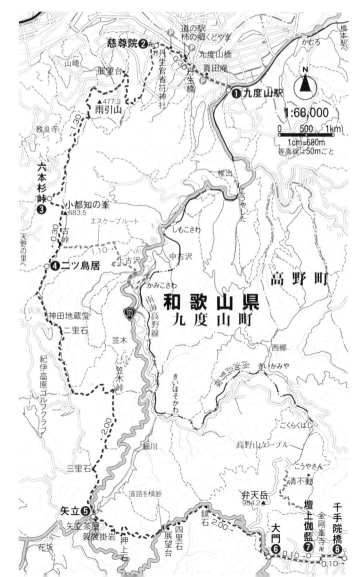

日帰り	一般向き	歩行時間：6時間50分

①女人堂（50分）→ ②大門（1時間）→ ③ろくろ峠（1時間30分）→
④中の橋駐車場（20分）→ ⑤燈籠堂（30分）→ ⑥摩尼峠（20分）→ ⑦摩尼山（50分）→
⑧楊柳山（1時間）→ ⑨転軸山（10分）→ ⑤燈籠堂（20分）→ ④中の橋駐車場

女人道（にょにんみち）は、その昔、女人禁制の高野山内に入れない女性たちがめぐった祈りの道。起点の①**女人堂**バス停にある不動坂口女人堂は、唯一残っている女人のためのお堂だ。女人道へはその向かいのお竹地蔵の横から入り、弁天岳（通称「嶽弁（だけべん）」）に登る。下りはたくさんの赤い鳥居をくぐって②**大門**へ。道向かいのお助け地蔵から再び女人道に入って「くまのみち」石標からひと登りし、尾根道をたどる。大滝口と呼ばれる③**ろくろ峠**は、熊野へと続く古道・小辺路の起点でもある。

ろくろ峠から少し林道を歩き、道標に従い左の林間に下ろう。修行の寺・円通律寺（えんつうりつじ）の門前を過ぎ、弥勒峠を越えて④**中の橋の駐車場**に下っていく。女人道はここで右に折れて道路をたどるが、ここでは大師信仰の中心・奥之院を経由したい。大杉に囲まれた参道を歩き、有名武将の供養塔を横目に⑤**燈（とう）籠（ろう）堂（こびょう）**とその裏にある御廟へ参る。

高野三山へは、水向地蔵の先の高野三山めぐりの石標から山裾の道路を北上する。登山道入口の道標で右折して⑥**摩尼峠（まじ）**へ。摩尼峠から摩尼山へは、気持ちのよい自

墓原とも呼ばれる奥之院参道

広場になった楊柳山の山頂

然林の道を行く。**❼摩尼山**山頂の祠には如意輪観音が祀られる。黒河峠を過ぎ、急坂を登って三山最高峰の**❽楊柳山**を越え、一気に子継峠に下る。峠で左折して下ると谷沿いになって道路を横断、三山最後の**❾転軸山**へ。山頂から奥之院に下る道を選ぶと**❺燈籠堂**に下り立つ。燈籠堂からは南へ、行きに歩いた参道を歩く。帰りのバスには**❹中の橋駐車場**近くの奥の院前バス停から乗る。

アクセス 行き＝難波駅（南海高野線急行50分）橋本駅（同線45分）極楽橋駅（高野山ケーブル5分）高野山駅（南海りんかんバス5分）女人堂 帰り＝奥の院前（南海りんかんバス16分）高野山駅
駐車場情報 高野山内には第1〜12まで駐車場があり、一の橋の駐車場だけが有料。
アドバイス 三山だけをめぐるのなら、女人堂から南へ、高野山内に入り、金剛峯寺、壇上伽藍を訪ねて奥之院に向かうとよい。
立ち寄り情報 高野山の文化財を一手に集める霊宝館にはぜひ立ち寄りたい。弘法大師直筆の書や平清盛ゆかりの血曼荼羅のほか、貴重な仏像が見られる。8時30分〜17時30分（11〜4月は〜17時）、年末年始休、600円、☎0736-56-2029
問合せ先 高野町観光協会☎0736-56-2468
2万5000分の1地形図 高野山

蛇腹道の紅葉

百合山
(ゆりやま)

標高
285m
△285.2m
（最初ヶ峰）

サクラ咲く山頂から桃源郷を見下ろす

和歌山の北部の紀ノ川沿いは、温暖な気候を利用して、果樹栽培が盛ん。百合山と紀ノ川にはさまれた平地には桃の木が植わり、百合山の山頂がソメイヨシノの淡い桜色に染まる4月上旬、一面ピンクのじゅうたんとなり、別名、桃源郷とも呼ばれている。

1月	2月	3月	4月	5月	6月	7月	8月	9月	10月	11月	12月
				新緑						紅葉	

花（桃、サクラ）

 花　展望

 新緑　紅葉

最初ヶ峰から桃源郷と紀ノ川を見下ろす

コースガイド

日帰り｜初心者向き｜歩行時間：3時間20分

❶下井阪駅（20分）→ ❷井坂橋（1時間）→ ❸弘法大師像（20分）→ ❹35番祠（10分）→
❺百合山（10分）→ ❹35番祠（1時間）→ ❷井坂橋（20分）→ ❶下井阪駅

❶下井阪駅（しもいさか）を出て❷井坂橋（いさか）で紀ノ川を渡る。紀ノ川沿いの道を歩き、竹房橋近くの百合山周辺案内板のある❸弘法大師像へ行く。ここまでは気ままに桃畑を見下ろす土手や果樹園内を歩いていってもよい。

弘法大師像からは、ミニ四国八十八カ所の巡礼道をたどる。しばらく道路を登って国道を越えると、左に遍路道の案内板がある。巡礼

道は、ここからいったん道路を東に外れて祠をめぐって元に戻ってくるが、ここではその部分は省略し、案内板から道路を直進してすぐ右手にある8番の祠がある登山口から登山道に入る。山腹に設けられた道はゆるやかで、祠のひとつひとつに花が供えられている。東屋がある❹35番祠まで来たら、左に折れ登っていく。登りがゆるやかになるといこいの広場があり、

八十八カ所めぐり起点の弘法大師像

さらに階段を登れば❺百合山山頂の最初ヶ峰だ。

山頂からピンクのじゅうたんになった桃源郷を見下ろしたら、下山にかかろう。登ってきた道を再び❹35番祠まで戻り、西進していく。86番祠で方向を北西に変えて下りに入り、88番祠を過ぎると桃源郷に下り着く。

あとは桃畑の中を西に歩いて、

広い道路に出たら右折、❷井坂橋を経て❶下井阪駅へと戻ってくる。

アクセス 往復＝天王寺駅（JR阪和線1時間5分）和歌山駅（JR和歌山線23分）下井阪駅

駐車場情報 井坂橋南詰の東に桃源郷期間中（3月下旬～4月上旬頃）のみ無料駐車場が開設される。

アドバイス 手軽な山なので、特に迷うところはない。例年4月上旬の土・日に桃山まつりが紀ノ川河川敷で行われるのでそれに合わせて出かけてもよい。

立ち寄り情報 桃山特産センターでは、シーズンならモモのほか、桃ジャムや桃ようかん、桃源酒など桃ゆかりの特産品が手に入る。8時30分～17時、火曜休（6月からお盆までは無休）、☎0736-66-2384

問合せ先 紀の川市観光協会（紀の川市役所内）☎0736-77-2511

2万5000分の1地形図 岩出、丸栖、龍門山

桃源郷から見た百合山

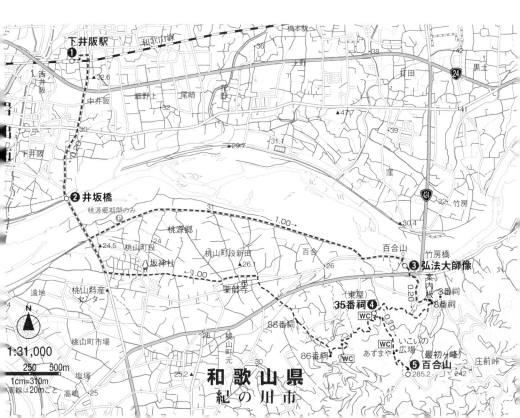

1:31,000
250 500m
1cm=310m
高線は20mごと

和歌山県
紀の川市

龍門山

りゅうもんざん

標高
756m
△756.3m

紀ノ川の蛇行を見下ろす紀州富士

龍門山は紀州富士の名で知られるが、紀ノ川沿いに、そびえるというより、台形で横たわる。斜面は紀州の山らしく果樹園だが、蛇紋岩で構成され、天然記念物のキイシモツケの自生地である。駅をはさんで北側に古刹の粉河寺がある。

1月	2月	3月	4月	5月	6月	7月	8月	9月	10月	11月	12月
				新緑						紅葉	

花（キイシモツケ）

 花　展望

 社寺　新緑　紅葉

明神岩から紀ノ川の蛇行を一望する

コースガイド

日帰り｜一般向き｜歩行時間：4時間35分

❶粉河駅（1時間10分）→ ❷田代コース登山口（1時間10分）→ ❸田代峠（30分）→
❹龍門山（15分）→ ❺明神岩（40分）→ ❷田代コース登山口（50分）→ ❶粉河駅

　❶粉河駅を出て南へ向かう。国道に出たら左折し、川を渡って右折、正面に龍門山を見ながら龍門橋を渡る。尾島集落を抜けて山の手にまっすぐ進んでいこう。住宅地を過ぎると龍門山の山裾に取り付く。果樹園の中を登っていくが、途中で舗装路と分かれ、右の未舗装の農道を登る。農道が入り組んで道は複雑だが、辻々に道標が整備されているので迷うことはない。再び

舗装路に出て進むと❷田代コース登山口に着く。道路は中央コース登山口へと続いている。

　田代コース登山口から樹林の中に分け入る。ちりなし池への道を右に見てさらに急坂となった道を登り続け、❸田代峠に着く。ここからは快適な尾根道だ。磁石岩ではコンパスを近づけてみるとおもしろい。その先すぐの❹龍門山山頂は広々として展望もある。初夏

には天然記念物のキイシモツケが白い花を枝いっぱいにつける。

下山は中央コースへ。山頂から西に向かい、すぐの分岐で中央コースを選んで下る。まずは蛇紋原に立ち寄る。キイシモツケの群生はこのあたりが最大。続いて❺明神岩へ。蛇紋岩の岩壁の上からは紀ノ川の蛇行がよく見える。すぐ近くに風穴（ふうけつ）という垂直の穴が開く。

雑木林から果樹園に出ると、すぐに中央コース登山口。右にとって❷田代コース登山口からは来た道をたどり、❶粉河駅に戻る。

アクセス 往復＝難波駅（南海高野線急行50分）橋本駅（JR和歌山線30分）粉河駅
駐車場情報 龍門小学校近くに登山者用無料駐車場（約20台）がある。田代コース登山口にも駐車できるが、3台ほどのスペース。
アドバイス 道標が整備されているので迷うことはないが、ちりなし池方面には道標がなく、迷いやすい。特徴のない池なので無理に行かなくてもよいだろう。
立ち寄り情報 西国第3番札所の粉河寺は、名所として知られる石組みの庭園はもちろん、西国霊場中最大という壮大な本堂もすばらしい。境内自由。粉河駅から徒歩20分。
問合せ先 紀の川市観光振興課☎0736-77-2511
2万5000分の1地形図 粉河、龍門山

蛇紋原に咲き誇るキイシモツケ

嶽ノ森山
だけのもりやま

標高
376m

奇勝・一枚岩を起点に岩峰に登る

南紀の古座川流域には、国天然記念物指定の「一枚岩」をはじめ、天柱岩、少女峰などの奇岩や岩峰が多い。それらの中で登山対象になるのが嶽ノ森山。登路ではステップの切られたスラブが南紀特有の常緑樹に覆われたコースに彩りを添える。

1月	2月	3月	4月	5月	6月	7月	8月	9月	10月	11月	12月
				新緑							

展望　新緑

雄岳から見下ろす雌岳。巌の巨人の横顔が見える

コースガイド

日帰り｜一般向き｜歩行時間：2時間45分

❶一枚岩（10分）→ ❷登山口（40分）→ ❸ナメトコ岩（50分）→ ❹雄岳（20分）→
❺雌岳（40分）→ ❻相瀬橋登山口（5分）→ ❶一枚岩

　嶽ノ森山の登山口は❶一枚岩バス停から国道を北へ向かうが、その前に対岸の巨大な一枚岩を見学していこう。国道を上流に向かい、トンネル手前で右の旧道に入る。すぐに左手に❷登山口の道標がある。しばらくは急登だが、犬鳴の谷に入り高度を上げていくと、やがてステップの切られたスラブ状の❸ナメトコ岩に出る。しばらくステップに足を置きつつ進んでいくと沢が狭まってくる。

　尾根に取り付き、左に方向転換して植林帯を登っていくと、雄岳（上ノ峰）から延びる主尾根に出る。十字路になっていて、左に嶽ノ森、右は峯への道標がある。道を左にとると、すぐに❹雄岳山頂だ。山頂からは、目の前に雌岳（下ノ峰）の岩峰が見えている。岩が人面に見えるので「巌の巨人」と名づけられているが、木が育ってわかり

雄岳から大塔山系をはじめ南紀の山々を望む

にくくなった。大塔山系はじめ南紀の山々も一望できる。

いったん鞍部に下り、登り返して**❺雌岳**へ。岩壁の上に立つと、西にいま登ってきた雄岳、南北に熊野の山々が見渡せて爽快だ。

下山は鞍部まで戻り、左に折れて、雌岳の岩壁に沿うように高度を下げていく。豆腐岩を過ぎて植林の中を下っていくと、**❻相瀬橋**

の登山口に着く。あとは国道をたどり、**❶一枚岩**バス停へと戻る。

アクセス 往復＝天王寺駅（JR阪和線・紀勢本線特急3時間30分）古座駅（古座川ふるさとバス38分）一枚岩 ＊登山に適した10時台発のバスには当日大阪発では間に合わない。現地前夜泊を検討。
駐車場情報 一枚岩バス停そばに約20台、相瀬橋登山口、だるま岩前の国道沿いにそれぞれ3台の無料駐車場がある。
アドバイス 全般に急坂が多いので足場には注意。ロープ場もある。コース自体は短いので、歩き足りなければさらに南の峯ノ山へと通じるコースへ行くこともできる。天柱岩に至る道もあるが上級コース。
立ち寄り情報 古座川流域には奇岩が目白押し。天柱岩は一枚岩の上流、少女峰や牡丹岩は下流側の月野瀬にある。
問合せ先 古座川町地域振興課 ☎0735-72-0180
2万5000分の1地形図 三尾川

天然記念物の一枚岩

和歌山県
古座川町

1:20,000
1cm=200m
等高線は20mごと

龍神山

りゅうぜんさん

三星山

みつばしやま

パノラマ広がる展望の岩山をつないで歩く

和歌山県田辺市にある龍神山と三星山は、岩をまとった山容と岩上からの太平洋の展望がすばらしい。標高は低いながらも、登りごたえは充分。手と足をしっかりと使って、ぜひチャレンジしてほしい隠れた名峰だ。

| 1月 | 2月 | 3月 | 4月 | 5月 | 6月 | 7月 | 8月 | 9月 | 10月 | 11月 | 12月 |

新緑

花（ミツバツツジ）

紅葉

花　展望　　　新緑　紅葉

三星山の南のピークから田辺湾と白浜を望む

コースガイド

日帰り｜経験者向き｜歩行時間：5時間30分

❶矢矧（1時間10分）→ ❷佐向谷登山口（15分）→ ❸竜星ノ辻（30分）→
❹龍神宮（15分）→ ❺八幡社（35分）→ ❻竜星ノコル（30分）→ ❼三星山（20分）→
❽西岡ノコル（30分）→ ❸竜星ノ辻（15分）→ ❷佐向谷登山口（1時間10分）→ ❶矢矧

　❶矢矧バス停から右会津川を渡り、右へ。橋を渡って左折、左向谷沿いに北上する。長い舗装路歩きで鳥居が立つ**❷佐向谷登山口**へ。ここには登山案内板と駐車スペースがある。

　登山口から右に登るとすぐに左に折れ、谷沿いになる。しばらくして谷を渡り、植林の道を歩いて**❸竜星ノ辻**に出る。直進は竜星ノコルへの道だが、左に折れ龍神宮

参道へ。鳥居のある滝の上に回り込み、谷伝いに登っていく。修験坂をこなして尾根に出ると表参道と出合うが、ここでは「崎の堂」の石碑がある右の道を登ろう。巨岩の崎ノ堂は残念ながらロープが張られて立ち入り禁止だが、西に折り返すと展望が一気に開けるゲド地蔵がある。

　ウバメガシの巨木が立つ**❹龍神宮**に着いたら社殿左から八幡社に

向かう。三星山への道を右に見送り、山城の遺構を見て、尾根突端の❺八幡社へ。西から北側の展望がよい。

三星山分岐に戻り左へ。岩混じりの急坂はシダの茂る尾根道になり、やがて巨岩が点在する三星山の斜面が見えてくる。❻竜星ノコルからは手を使いながらの急登で、数カ所あるロープ場は高度感もある。傾斜がゆるやかになると❼三星山山頂に着くが、展望はよくない。ひとつ南の岩峰が絶景ポイント。

下山は❽西岡ノコルまで下って右へ、谷沿いの荒れた道を赤テープを頼りに❸竜星ノ辻へ下る。あとは行きに来た道を❶矢刈バス停へ。

アクセス　往復＝天王寺駅（JR阪和線・紀勢本線特急2時間）紀伊田辺駅（龍神バス8分）矢刈　龍神バス（龍神自動車）☎0739-22-2100
駐車場情報　佐向谷登山口に4台ほど駐車できる。ひき岩群のある岩口池の駐車場も利用できるが、表参道を歩くとかなり遠い。
アドバイス　三星山への急登ではロープをつかんで登るので腕の力がいる。また、西岡ノコルからの下山路は踏み跡がわかりにくいところもある。赤テープを見つけて慎重に進もう。秋のマツタケの時期は入山規制がある。
立ち寄り情報　龍神宮の表参道をたどった先に岩峰が連なるひき岩群がある。簡単な遊歩道が整備されていて、マイカーなら立ち寄れる。
問合せ先　田辺市観光振興課☎0739-26-9929
2万5000分の1地形図
秋津川

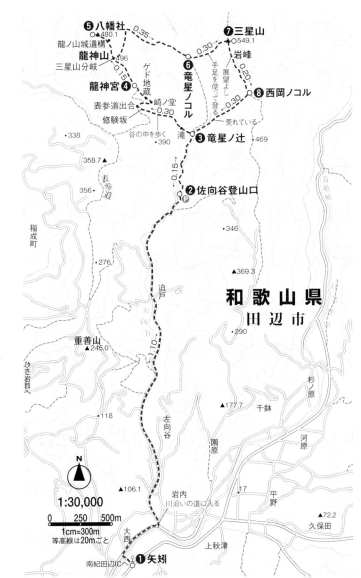

1:30,000
0　250　500m
1cm=300m
等高線は20mごと

和歌山県
田辺市

関西の冬山② ［雪山編］

関西には日本アルプスのような厳しい雪山はないが、雪山気分を味わえる山はいくつかある。ここでは、10〜12本爪アイゼンやスノーシューが必要な山々を紹介する。天候により危険を伴う山もある。

■武奈ヶ岳（P86）

登山者が多く、トレースがついている場合が多いが、降雪直後はラッセルも。アイゼン以外にスノーシューかワカンを携行したほうが無難。バス利用だと時間がタイトなので、途中で引き返すことも検討。

■赤坂山（P89）

トレースがあれば軽アイゼンでも登れ、初心者でも雪稜が手軽に味わえるところが魅力。積雪量が多いと、ブナの木平から引き返すことも。雪稜だけに悪天時は初心者の入山は遠慮したい。

■伊吹山（P108）

本格雪山への第一歩の山で、初心者だけのパーティにはおすすめしない。天気がよければ雪山ならではのスケール感が味わえる。上部の急斜面はピッケルがあったほうが安心なときも。山頂は風が強く寒い。

→琵琶湖を見ながら伊吹山の斜面を登る
↑御殿山から雪の武奈ヶ岳に向かう

↑岩と雪がミックスになる御在所岳
→稲村ヶ岳側から大日山を見上げる

■御在所岳（P122）

基本は中道登山道。ただし、岩場もあるので、アイゼンでの通過は慎重に。下りはピッケルがあったほうがよい。下りで恐怖感を感じるようならロープウェイで下山する。

■氷ノ山（P162）

わかさ氷ノ山スキー場のリフトを利用し、リフトトップから三ノ丸経由で山頂へ。下山は氷ノ越からスキー場へとラウンド。コシキ岩のトラバースでは要ピッケル。ガス発生時は方向に注意。

■稲村ヶ岳（P228）

本書で紹介した洞川温泉からの往復コースで。大日山のトラバースがキモで、要ピッケル。この地点の雪が硬い、あるいはゆるくて滑りそうなら、先へは進まずに引き返す。

■明神平（P245）

軽アイゼンやチェーンスパイクでもOK。ただし、それらを装着しての徒渉がやっかい。上部の雪の平原とブナ林の樹氷がすばらしいが、積雪量によってはスノーシューがほしくなる。

奈良・伊勢・室生

滝坂道 若草山

たきさかみち　わかくさやま

標高
342m
△341.7m

剣豪が歩いた石仏の道で大人の遠足

奈良の若草山といえば、関西では昔から遠足の山。その南の世界遺産登録の春日山原始林と石仏の道・滝坂道（柳生街道）と組み合わせれば、見事な大人の遠足が楽しめる。東大寺や興福寺、春日大社など、奈良公園周辺の社寺とあわせればさらに充実。

1月	2月	3月	4月	5月	6月	7月	8月	9月	10月	11月	12月

新緑

紅葉

花（春日大社のフジ）

花　展望　　社寺　新緑　紅葉

剣豪・荒木又右衛門が試し斬りをしたと伝わる首切地蔵

コースガイド

日帰り｜初心者向き｜歩行時間：4時間15分

❶近鉄奈良駅（1時間）→ ❷滝坂道入口（40分）→ ❸首切地蔵（40分）→
❹鶯ノ滝（45分）→ ❺若草山（30分）→ ❻春日大社（40分）→ ❶近鉄奈良駅

❶近鉄奈良駅を出たら南へ。商店街を抜け三条通を左折し、猿沢池と興福寺の間を通り、一の鳥居前の信号で右折する。すぐに左折して浮見堂のある池のほとりを通り広い道路に出る。ここでまた右折し、高畑町の交差点で左折して東に直進すると柳生街道の❷滝坂道入口がある。

夕日観音や朝日観音などの見事な磨崖仏を見ながら40分ほどで

剣豪の荒木又右衛門が刀の試し斬りをしたという❸首切地蔵へ。ここで左に分岐する道をたどり、春日山遊歩道へ。小さな峠を越え、その先の交番で奈良奥山ドライブウェイと合流し、未舗装のドライブウェイを下っていく。

ドライブウェイが登りに転じると右手に鶯ノ滝への分岐がある。往復20分ほどなので、❹鶯ノ滝に寄っていこう。ドライブウェイ

はまだ登りが続くが、周囲の林が明るくなれば、峠になった地蔵の背に着く。4体の石仏を見送り、平坦な道を進んで、休憩所の先で左に分岐する遊歩道を見送って若草山へ。

駐車場まで来れば、芝生が広がる❺若草山はすぐ。奈良市街を一望し、眼下の東大寺大仏殿が目を引く。若草山から尾根伝いの遊歩道を下ると入山ゲートがあるので、ここで入山料を支払い、中腹の広場に出て、茶店の前から急坂を麓側の入山ゲートへ。左に向かい、❻春日大社前から表参道を歩き、一の鳥居、三条通を経て、興福寺境内を通って❶近鉄奈良駅に向かう。

アクセス 往復＝大阪難波駅（近鉄奈良線快速急行38分）近鉄奈良駅
駐車場情報 奈良県庁近くの登大路駐車場（275台）・滝坂道入口近くの高畑駐車場（166台）が利用できる。いずれも有料。
アドバイス 若草山の開山期間は3月第3土曜から12月第2日曜まで。9〜17時、入山料150円。JR奈良駅を利用する場合は往復30分を見ておこう。奈良公園周辺寺院の見学を組み込む場合は時間に余裕をもっておきたい。滝坂道へのアプローチに元興寺のある奈良町を経由するのもおすすめ。滝坂道は、梅雨時はヤマビルが多い。
立ち寄り情報 興福寺は奈良公園界隈では東大寺に並ぶ大寺。国宝館（9〜17時、無休、700円）は阿修羅像はじめ魅力的な仏像が目白押し。境内自由。
問合せ先 奈良市観光協会☎0742-22-3900
2万5000分の1地形図 奈良、柳生

若草山にシカが遊ぶ

矢田丘陵 (やたきゅうりょう)

標高
315m
△315.1m
（松尾山）

法隆寺のある斑鳩の里から丘陵地を縦走

奈良市街と生駒山地の間に南北に横たわる矢田丘陵。南麓の斑鳩の里には法隆寺を、東の山麓には通称矢田寺で知られる金剛山寺を抱き、名所・旧跡も豊かで、丘陵を東西に横切る峠道も多い。整備が行き届いているので安心して歩けるのもよい。

1月	2月	3月	4月	5月	6月	7月	8月	9月	10月	11月	12月

新緑
花（バラ）
紅葉

花　展望　社寺　新緑　紅葉

国見台から奈良盆地を見渡す

コースガイド

日帰り｜初心者向き｜歩行時間：3時間55分

❶法隆寺駅（30分）→ ❷法隆寺（1時間20分）→ ❸松尾寺（15分）→ ❹国見台（30分）→
❺矢田峠（20分）→ ❻小笹ノ辻（20分）→ ❼椚ノ木峠（40分）→ ❽南生駒駅

　❶**法隆寺駅**からまずは世界遺産・法隆寺を目指そう。南大門から❷**法隆寺**の境内に入り中門前で右へ、東大門を出てすぐに左折する。突き当たった天満池の縁を右から巻いて進むと再び池があり、案内板と松尾山への道標が立つ。ゴルフ場を抜けると丁石が点在する山道が、厄除け祈願で有名な❸**松尾寺**へと続いている。ここはバラの名所としても有名な古刹だ。

　松尾寺からは道路を少し下り、矢田山遊びの森案内板から左へ。途中、松尾山山頂への道標があるが、山頂は電波中継所があるだけ。そのまま直進しよう。奈良市街が一望できる❹**国見台**の先に、矢田寺を示す近畿自然歩道の道標がある。アジサイの季節なら、アジサイ寺として知られる矢田寺に向かって登り返してもよいだろう。プラス1時間足らずだ。ここでは尾根

道を直進して矢田峠へ向かう。

八丁石と地蔵の立つ❺**矢田峠**の先からは、2本の道が尾根上を離合しながら小笹ノ辻まで続く。途中には展望台もあるので立ち寄ってもよい。❻**小笹ノ辻**から椚ノ木峠方面を目指すと、20分ほどで東西に奈良街道の通る❼**椚ノ木峠**にたどり着く。

峠からは国道308号を西へ下り、正面に生駒山を眺めながら市街地へと下りていく。国道を外れないように❽**南生駒駅**に向かう。

矢田峠の矢田山（矢田寺）への丁石

アクセス 行き＝天王寺駅（JR大和路線快速23分）法隆寺駅　帰り＝南生駒駅（近鉄生駒線19分）王寺駅（JR大和路線快速20分）天王寺駅

アドバイス 矢田丘陵は複雑に道が入り組んでいるので、法隆寺駅構内の観光案内所で詳細なハイキングマップも手に入れておこう。

立ち寄り情報 法隆寺の西院・東院伽藍内、大宝蔵院を見学する場合は、8〜17時（冬季〜16時30分）、1500円（共通券）。矢田寺のあじさい園開園は例年6月1日〜7月10日で、入山料500円。

問合せ先 斑鳩町観光協会☎0745-74-6800、生駒市観光協会（生駒市役所内）☎0743-74-1111、矢田山遊びの森☎0743-53-5819

2万5000分の1地形図
信貴山

龍王山

標高
585m
△585.5m

奈良盆地を見下ろす城跡と山の辺の道歩き

山の辺の道の東に横たわる大和青垣の山々。その中心である龍王山には、戦国時代の城跡が残る。麓の古墳群、のどかな山の辺の道、日本最古の神社・大神神社と、歴史ロマンがあふれる地をめぐってみよう。

1月	2月	3月	4月	5月	6月	7月	8月	9月	10月	11月	12月

新緑
花（サクラ）
紅葉

花　展望　社寺　新緑　紅葉

龍王山山頂から生駒山地（右）と二上山を見る

コースガイド

日帰り｜一般向き｜歩行時間：4時間55分

❶柳本駅（20分）→ ❷天理市トレイルセンター（1時間10分）→ ❸車道出合（10分）→
❹龍王山（15分）→ ❺龍王山城北城跡（10分）→ ❸車道出合（1時間10分）→
❻山の辺の道出合（1時間）→ ❼檜原神社（30分）→ ❽大神神社（10分）→ ❾三輪駅

　❶柳本駅から東へ向かい、三角縁神獣鏡が出土したことで知られる黒塚古墳と展示館を見学してから、国道を横断して❷天理市トレイルセンターへ向かう。龍王山への登山道は、古刹・長岳寺の北側に回り込んだところから続いている。古道の趣がある登山道だ。路傍の石不動が登りのちょうど中間点で、長岳寺奥ノ院への道を右に見送り、登りつめると車道に飛び出す。この❸車道出合には案内板があるので見ておくとよい。まずは展望抜群の❹龍王山の山頂へ。❸車道出合に戻り、続いて北城跡へ足を延ばそう。❺龍王山城北城跡はやや複雑だが、方角をしっかり頭に入れておいて、曲輪や堀切などの遺構を見学して❸車道出合に戻る。

　今度は南に続く登山道に入り、下山にとりかかる。途中、奥ノ院

への分岐があるのでたどっていくと、大きな不動明王の石像が立つ。ここが長岳寺奥ノ院だ。登山道に戻って下り続けると川沿いになり、里に下りてくる。道標のある**❻山の辺の道出合**からは道標に従って大神神社を目指す。正面に鍋を伏せたような三輪山を見つつ歩き、真西に二上山を望む**❼檜原神社**、霊水が湧く狭井神社を経て、日本最古の神社のひとつである**❽大神神社**の境内に入る。大神神社に参ったら、**❾三輪駅**を目指して帰途につく。

アクセス　行き＝天王寺駅（JR大和路線快速35分）奈良駅（JR桜井線20分）柳本駅　帰り＝三輪駅（JR桜井線3分）桜井駅（近鉄大阪線急行45分）鶴橋駅

駐車場情報　天理市トレイルセンターの無料駐車場（約10台）が利用できる。

アドバイス　山頂周辺は道が交錯している。道迷いの危険はないが、自分の位置をしっかりと把握しておこう。

立ち寄り情報　黒塚古墳展示館は、黒塚古墳の石室を再現しているほか、多くの鏡を展示している。9〜17時、月曜・祝日休、無料。また、天理市トレイルセンターは山の辺の道の情報を展示するほか、弁当なども入手できる。8時30分〜17時、第1月曜（飲食店は毎月曜）休。☎0743-67-3810

問合せ先　天理市観光協会（天理市役所内）☎0743-63-1001

2万5000分の1地形図
桜井

額田王歌碑と三輪山

高取山
たかとりやま

標高
584m
△583.6m

石垣が見事な日本三大山城から西国札所へ

奈良県明日香の南にある高取山の山頂には、日本三大山城のひとつにあげられる高取城跡がある。見事な石垣が残っているのは、廃城が明治になってからだからだ。麓には城下町と古刹の壺阪寺があり、趣豊かなハイキングが楽しめる。

1月	2月	3月	4月	5月	6月	7月	8月	9月	10月	11月	12月

新緑

花（サクラ）

紅葉

花　展望

社寺　新緑　紅葉

見事な石垣が残る高取城跡

コースガイド

日帰り｜初心者向き｜歩行時間：3時間35分

❶壺阪山駅（15分）→ ❷札の辻（40分）→ ❸島流社（50分）→ ❹高取山（50分）→
❺壺阪寺（45分）→ ❷札の辻（15分）→ ❶壺阪山駅

　❶**壺阪山駅**から駅前の通りを直進し、旧城下町の目抜き通り・土佐街道に出る。城下町内の観光案内所「夢創館」では周辺の地図を入手できる。高取城の遺構・松ノ門がある❷**札の辻**から城下町らしいたたずまいを残す町並みを抜け、長屋門のある植村家屋敷を過ぎると住宅もまばらになる。ゆるやかな坂道を登って砂防公園を経て山間に入っていくと、❸**島流社**がある。

右に派生する道は高取藩主・植村家の菩提寺・宗泉寺に通じている。

　島流社から登りは本格的に。一升坂、七曲りと名づけられた広い登城路を進み、岩屋不動への道を右に見送り、明日香への分岐である猿石に着く。さらに直進し二ノ門跡を過ぎると国見櫓跡への分岐がある。奈良盆地を一望できるので櫓跡まで足を延ばそう。分岐に戻ったら高取山城跡に入り、❹**高**

国見櫓跡から大和三山を見る

取山山頂の本丸跡へ。

　下りは本丸跡に入る手前の壺阪口から壺阪寺方面へ向かう。植林の中を延々下ると、五百羅漢の手前で左に下る道が分岐するが、ここは直進して尾根通しに歩こう。道すがら多くの磨崖仏が出迎えてくれる。さっき分岐した道と合流するとやがて壺阪寺に通じる道路に出てくる。

❺**壺阪寺**からは、駐車場脇から旧参道を下り、バス道と合流。船戸橋を渡って❷**札の辻**まで歩き、❶**壺阪山駅**を目指す。

アクセス　往復＝大阪阿部野橋駅（近鉄吉野線急行45分）壺阪山駅
駐車場情報　夢創館と札の辻の間に無料の観光駐車場（約20台）がある。
アドバイス　観光案内所の夢創館は、月曜と年末年始休。高取城跡は秋の紅葉もよいが、春のサクラも見事。壺坂寺からは、バスで壺阪山駅に戻ってもよい。
立ち寄り情報　壺阪寺は西国巡礼第6番札所。本尊の十一面観音は、目の観音様として親しまれる。8時30分〜17時、入山料600円、℡0744-52-2016
問合せ先　高取町まちづくり課℡0744-52-3334
2万5000分の1地形図　畝傍山

植村家長屋門

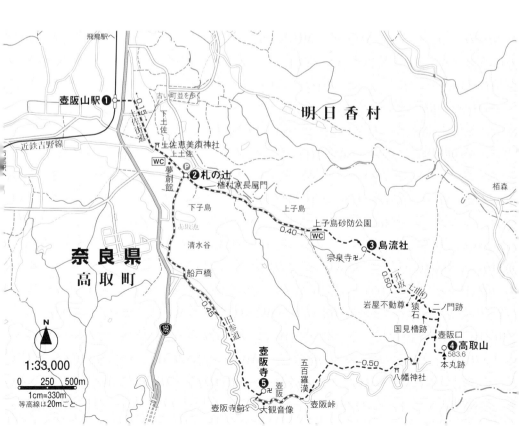

朝熊ヶ岳

あさまがたけ

標高
555m

伊勢神宮の鬼門を守る山から「お伊勢さん」へ

「お伊勢参らば　朝熊をかけよ　朝熊かけねば片参り」と伊勢音頭に登場する朝熊ヶ岳。山頂直下の金剛證寺は伊勢神宮の鬼門を守る古刹。4つの参詣道のうち、ポピュラーな朝熊岳道を登り、伊勢神宮へと続く宇治岳道を下る。

1月	2月	3月	4月	5月	6月	7月	8月	9月	10月	11月	12月

新緑　　　　　　　　　　　　　紅葉

花（金剛證寺アジサイ）

 花　展望

 社寺　新緑　紅葉

丁石が山上へと導く朝熊岳道

コースガイド

日帰り｜一般向き｜歩行時間：6時間5分

❶朝熊駅（15分）→ ❷登山口（50分）→ ❸朝熊峠（15分）→ ❹朝熊ヶ岳（15分）→
❺経塚群（奥之院経由40分）→ ❻山上広苑（20分）→ ❼金剛證寺本堂（40分）→
❸朝熊峠（1時間40分）→ ❽赤福本店（❾内宮往復40分、30分）→ ❿五十鈴川駅

　❶朝熊駅から案内板に従って登山口を目指す。千体地蔵を経て集落を抜け、分岐で右へ行くと❷登山口に着く。左はトイレと駐車場がある「であいの広場」を経由する道だ。

　朝熊岳道は、道すがら町石と地蔵が山上へと案内してくれる参詣道だ。かつて山上に通じていたケーブル跡から先はつづら折りが続く。たどり着いた❸朝熊峠には二十二丁石と旅館跡地の広場があり、鳥羽湾が見下ろせる。

　山上は道が少々複雑。要所要所の道標で目的地を確かめながら歩こう。峠から舗装路を左へ。そのすぐ先で左に舗装路を外れる道をとると❹朝熊ヶ岳山頂に登り着く。ここも鳥羽湾の展望がよい。神社裏手の未舗装路を下り、道路に出て、❺経塚群を経由してから金剛證寺に向かおう。本堂拝観はあと

に回し、まずは卒塔婆の林立する奥之院に立ち寄り、スカイライン沿いの歩道を歩き❻山上広苑へ。展望抜群で、足湯もある。

　金剛證寺に戻り、❼本堂へ。本堂前の石段を下って宝物館前を右折、旧宇治岳道をたどり往路の舗装路へ。❸朝熊峠を尾根通しに直進、民家の前を通り、電波塔を過ぎると山道に。丁石地蔵に見守られ、ゆるやかに下り続けると、神宮司庁北側に下り着く。少し下って右にとり、道なりにカーブして新橋を渡ると、おはらい町の❽赤福本店の前に出る。時間が許せば❾伊勢神宮内宮に参ったあと、徒歩30分ほどの❿五十鈴川駅を目指す。

アクセス　行き＝大阪上本町駅（近鉄大阪線・山田線特急1時間45分）宇治山田駅（近鉄鳥羽線10分）朝熊駅　帰り＝五十鈴川駅（近鉄鳥羽線・山田線・大阪線特急1時間50分）大阪上本町駅

駐車場情報　であいの広場に無料駐車場（約20台）がある。また内宮周辺は駐車場が多く、2000台はゆうに駐車できる（有料）。

アドバイス　帰りはおかげ横丁西の国道沿いの神宮会館前バス停からバスで宇治山田駅、または伊勢市駅に出ることができる。

立ち寄り情報　おはらい町は、古い町並みに興味深い店舗が立ち並ぶ。なかでも赤福本店ではできたての伊勢名物・赤福餅が食べられる。17時閉店。なお、内宮の拝観時間は季節により変動する。

問合せ先　伊勢市観光協会☎0596-28-3705

2万5000分の1地形図　伊勢、鳥羽

赤福本店に到着

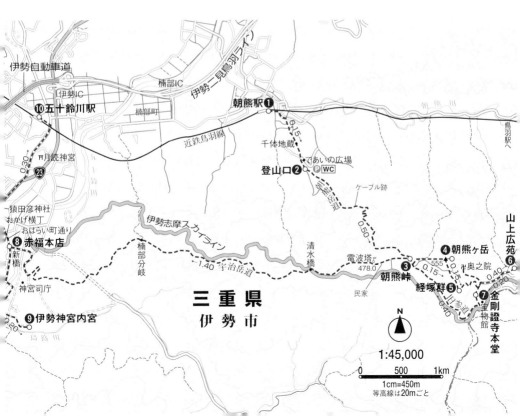

伊勢山上
（いせさんじょう）

標高
370m

コンパクトでも濃密な行場を体験できる

伊勢山上とは奇妙な名だが、これは飯福田寺の山号。修験道の祖・役行者（えんのぎょうじゃ）が開山したとされ、伊勢の山上ヶ岳（大峰山脈）という意味だろう。登山というより行場めぐりだが、クサリ場や岩尾根が次から次へと現れ、岩稜好きにはたまらない場所だ。

1月	2月	3月	4月	5月	6月	7月	8月	9月	10月	11月	12月
				新緑						紅葉	

社寺　新緑　紅葉

小尻返しから飛岩と岩屋本堂（右）を眺める

コースガイド

日帰り｜一般向き｜歩行時間：2時間50分

❶山門駐車場（5分）→ ❷飯福田寺（30分）→ ❸岩屋本堂（30分）→
❹大天井（30分）→ ❺飛岩（30分）→ ❷飯福田寺（5分）→ ❶山門駐車場（10分）→
❻裏行場登山口（10分）→ ❼獅子ヶ鼻（20分）→ ❶山門駐車場

　公共交通機関は不便なのでマイカーでアプローチし、山門前の❶**山門駐車場**を起点にする。まずは❷**飯福田寺**に立ち寄り（厳密には行場も含めて飯福田寺）、受付で入山料を払う。行場への取り付きは、道向かいの階段の上、薬師堂だ。

　堂宇に向かって左からしばらくつづら折りに登ると、最初の行場・油こぼしに出る。岩の急斜面でさっそくクサリ場だ。登り切る

と岩屋本堂に行く道と迂回路に分かれる。大きくえぐれた岩屋に建てられた❸**岩屋本堂**に下る。そこにはクライミングジムのホールドさながらの岩の突起を頼りに登る鐘掛がある。その上も高度感のあるクサリ場なので、自信がなければ迂回路へ。本堂の上の岩上に出て、抱付岩（だきつき）を越えていくと小ピークの小天井。そこから尾根伝いに南東に進み、❹**大天井**に達する。

役行者ゆかりの山だけに石像が点在

裏行場登山口から岩頭の❼獅子ヶ鼻に登り、クサリ場を下るだけですぐに終わるが、気を許さずに挑戦しよう。

大天井の先で北西に方向転換してからは岩尾根歩きで、亀岩、鞍掛岩、蟻の戸渡り、小尻返し、❺飛岩と続く。それぞれ下りにクサリを使うので、やはりここでも自信がなければ迂回路へ。平等岩の先で行場は終わり、長い急階段を下って薬師堂に戻る。

裏行場へは、山門から北へ、道標に従い橋を渡って右折する。❻

アクセス 往復＝アプローチはマイカーのみ。伊勢自動車道松阪ICから県道45号経由で約12km。飯福田寺山門前に5台ほど駐車できる。

アドバイス 各行場（岩場）には迂回路がある。恐怖心を覚えるようなら無理せずに迂回路をたどろう。行場は要入山料（500円）。飯福田寺の受付で支払う。とても気さくなお寺なので、不明な点は聞くとよい。

立ち寄り情報 登山行程は短いので、松阪ICからのアプローチの途中にある堀坂峠から堀坂山へ登ることもできる。往復約1時間30分。

問合せ先 飯福田寺📞0598-35-0004
2万5000分の1地形図　大河内

鐘掛を登る

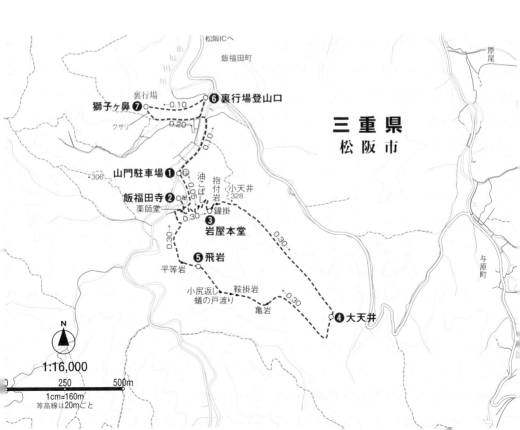

松阪ICへ
飯福田町
原尾

裏行場
獅子ヶ鼻❼　　0.10　❻裏行場登山口
クサリ　　0.20

三重県
松阪市

山門駐車場❶
・306　　　油こぼし　抱付岩　小天井
飯福田寺❷　　　　　　　・328
薬師堂　　　鐘掛
　　0.30　　❸
　　　　岩屋本堂　　0.30
0.30
　　　❺飛岩
平等岩
　　小尻返し　鞍掛岩
　　蟻の戸渡り　　0.30
　　　　亀岩
　　　　　　　❹大天井
与原町

N
1:16,000
0　　250　　500m
1cm=160m
等高線は20mごと

赤目四十八滝 長坂山

標高
585m
△584.7m

定番の渓谷コースから登る山

昔から関西を代表する渓谷コースとして知られ、観光名所でもある赤目四十八滝。ただし登山としては、物足りなかったのは確か。近年、その西の長坂山への登山道が整備され、魅力あふれる登山コースとして再注目されている。

1月	2月	3月	4月	5月	6月	7月	8月	9月	10月	11月	12月
				新緑					紅葉		

展望　温泉

新緑　紅葉

赤目五瀑のひとつ、荷担滝は四十八滝の代表格

コースガイド

日帰り｜初心者向き｜歩行時間：4時間20分

❶赤目滝バス停（1時間）→❷百畳岩（35分）→❸琵琶滝（35分）→❷百畳岩（50分）→
❹林道出合（40分）→❺長坂山（25分）→❻下山口（15分）→❶赤目滝バス停

❶**赤目滝バス停**から売店や観光案内所、旅館などを横目に、入渓口となる日本サンショウウオセンターに向かう。入口で入山料を支払い、渓谷へと入っていく。行者滝に始まり、橋を渡って不動滝、休憩所のある千手滝、布曳滝と、見ごたえのある滝が続く。渓谷は小さな滝にも名がつけられていて、長坂山登山口にあたる❷**百畳岩**を過ぎても、さまざまな滝が現れる。

岩壁から滴り落ちてくる雨降滝、赤目渓谷の代表格・荷担滝。❸**琵琶滝**まで来たら引き返そう。その先の巌窟滝はあまりぱっとしない。

❷**百畳岩**に戻ったら長坂山への登りにつく。最初はかなり急。少し傾斜がゆるくなると西の展望が開け、日本の里100選の深野の里が遠望できる場所があり、里見峠と名づけられている。坂を登り切って、小ピークを右へ左へと巻き

ビューポイントから青山高原の風車群が見える

ながら進んで下ると❹林道に出合
う。少し林道を歩き、尾根の末端
から登山道に入る。長坂山は展望
がないので、その手前のビューポ
イントでひと息つこう。眼下は赤
目渓谷、正面を見れば青山高原の
風車群が目に入る。

　三角点のある❺長坂山を越えた
ら、すぐに右に下山路が現れる。

❻下山口で道路に出て、あとは❶
赤目滝バス停を目指す。

アクセス　往復＝鶴橋駅（近鉄大阪線急行
1時間4分）赤目口駅（三重交通バス10分）
赤目滝
駐車場情報　赤目ビジターセンター近くほ
か、数カ所に有料駐車場あり（約1000台）。
アドバイス　入山料は500円。整備は行き届
き、迷うことはない。渓谷遊歩道は岩盤が
濡れていると滑りやすいので足もとには注意
しよう。
立ち寄り情報　2020年春、ビジターセン
ターに赤目の修験の歴史などを紹介する赤
目自然歴史博物館がオープン。また、立ち
寄り湯として赤目温泉対泉閣が利用できる。
10時30分〜19時（休前日・休日〜16時）、
無休、850円、☎0595-63-1126
問合せ先　赤目四十八滝渓谷保勝会☎0595-
63-3004、赤目ビジターセンター☎0595-41-
1180
2万5000分の1地形図　大和大野

しずくを落とす
雨降滝

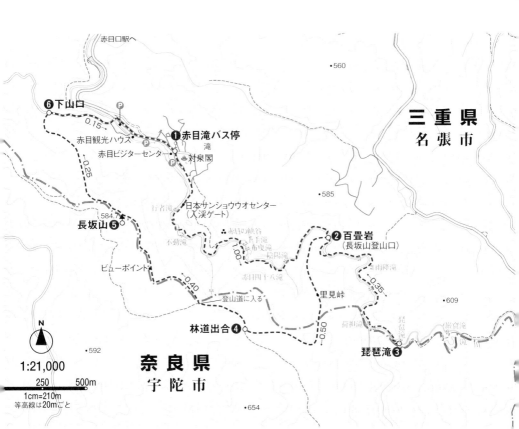

倶留尊山
（くろそやま）

標高
1037m
△1037.3m

ススキの名所・曽爾高原から日本三百名山へ

関西のススキの名所といえば曽爾高原。いわゆる観光名所だが、組み合わせてよく登られるのが倶留尊山だ。室生火山群の名峰であり、倶留尊山東面はじめ、鎧岳や屏風岩などの柱状節理の山々の奇観も魅力的。

1月	2月	3月	4月	5月	6月	7月	8月	9月	10月	11月	12月

→ 新緑
花（シャクナゲ）
花（ススキ）
紅葉

  花　展望

 新緑　紅葉

初夏の曽爾高原。右の湿地はお亀池

コースガイド

日帰り｜初心者向き｜歩行時間：4時間

❶太良路（50分）→❷曽爾高原入口（40分）→❸亀山峠（20分）→❹二本ボソ（30分）→
❺倶留尊山（40分）→❸亀山峠（10分）→❻亀山（10分）→❷曽爾高原入口（40分）→❶太良路

　❶太良路バス停から少し西へ向かい、2つ目の橋を渡って道なりに進む。東海自然歩道看板を見つけたら左折、以後、自然歩道の道標に従って歩く。曽爾高原ファームガーデンの横を通って道路をショートカットしながらたどっていくと、駐車場のある❷曽爾高原入口に着く。

　入口からコンクリート道を登ると茶屋があり、目の前にススキの

原が広がる。大蛇伝説のある湿原のお亀池の横を通って、亀山峠への取り付きから❸亀山峠へ。登るにつれ展望が広がっていき、峠からは南西に屏風岩、西には鎧岳、兜岳、南には古光山が一望できる。

　北へ尾根伝いに林間へ入り、二本ボソを目指す。登りつめると入山料徴収小屋があり、入山料を支払い、❹二本ボソ山頂へ。東に尼ヶ岳、大洞山が見え、直下の池ノ

二本ボソから間近に望む倶留尊山

平高原が見下ろせる。足場の悪い急坂を下り、シャクナゲの群生する鞍部を経て、岩混じりの尾根を登り返していくと、❺倶留尊山山頂に着く。展望は西側が開けている。

下山は❸亀山峠まで戻り、そのまま直進して曽爾高原の縁をめぐるようにして戻ろう。❻亀山からは長い階段を下って美しい樹林帯

を抜け、曽爾高原に下り立つ。時間が許す限り高原を楽しんだら、往路を❶太良路バス停へ向かう。

アクセス　往復＝鶴橋駅（近鉄大阪線急行1時間6分）名張駅（三重交通バス40分）太良路　＊10〜11月は曽爾高原まで三重交通バス直行便が運行（名張駅から約45分）
駐車場情報　曽爾高原に有料駐車場（約50台）がある。
アドバイス　二本ボソから倶留尊山へは、曽爾高原のハイキングの道とうって変わって足場が悪い。注意して歩こう。二本ボソから先は私有地のため入山料が必要になる。
立ち寄り情報　曽爾高原ファームガーデンは地元産品や焼きたてパンなどを販売。レストランもある。お亀の湯は11〜21時（12〜3月は〜20時30分）、水曜（祝日の場合翌日）休、750円、☎0745-98-2615
問合せ先　曽爾村観光協会　☎0745-94-2106
2万5000分の1地形図　倶留尊山

岩場を登り
山頂へ

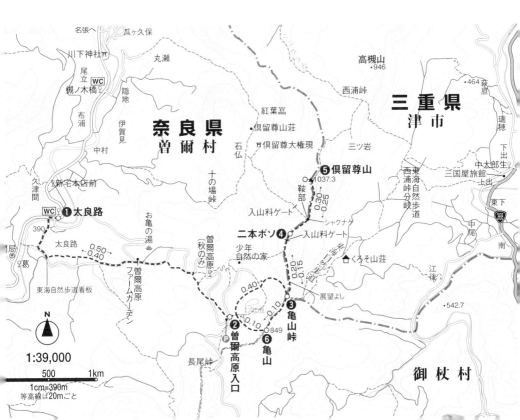

1:39,000

500　　1km

1cm=390m
等高線は20mごと

名張へ
瓜ヶ久保
川下神社
丸瀬
尾立
槻ノ木橋 WC
隠地
布浦
伊賀見
中村
高槻山 •946
西浦峠
三重県
津市
•464萩原
瑞穂
下出
中太郎生
三国屋旅館
・上出
東下
奈良県
曽爾村
紅葉嵓
倶留尊山荘
石仏
倶留尊大権現
三ツ岩
西浦自然歩道
東浦峠分岐
新宅本店前
久津間
十の場峠
❺倶留尊山
•1037.3
鞍部
0.30
0.25
入山料ゲート
シャクナゲ
WC ❶太良路
390
太良路
お亀の湯
曽爾高原
（秋のみ）
二本ボソ❹
入山料ゲート
少年自然の家
くろそ山荘
江後
•542.7
0.50
0.40
曽爾高原ファームガーデン
0.20
0.15
0.40
展望よし
0.10
東海自然歩道看板
N
❸亀山峠
局
葛
0.10
0.10
•849
❻亀山
❷曽爾高原入口
長尾峠
御杖村

大洞山
おおぼらやま

標高
1013m
（雄岳）

尼ヶ岳
あまがたけ

標高
957m
△957.4m

室生火山群の東にそびえる秀麗な2つの峰

室生火山群のうち、尾根続きで一緒に登られることが多い尼ヶ岳と大洞山。コースが多いので、組み合わせ方は自由だが、ここではそれぞれの山の個性が際立つコース立てで個別に紹介する。季節や体力に応じてアレンジして楽しんでほしい。

1月	2月	3月	4月	5月	6月	7月	8月	9月	10月	11月	12月

→ 新緑
花（サクラ）
紅葉

花 展望

新緑 紅葉

大洞山雄岳から伊賀富士の尼ヶ岳を望む

コースガイド1 三多気の桜から旧街道を通り大洞山へ

日帰り｜一般向き｜歩行時間：5時間

❶杉平（40分）→ ❷真福院（25分）→ ❸林道出合（5分）→
❹東海自然歩道入口（1時間20分）→ ❺倉骨峠手前（50分）→ ❻大洞山雄岳（20分）→
❼大洞山雌岳（35分）→ ❸林道出合（15分）→ ❷真福院（30分）→ ❶杉平

　❶杉平バス停で下車、国道から北の三多気へ向かう道に入る。杉平への直通バスはサクラのシーズンの週末のみで、そのほかの季節は敷津バス停から東に40分ほど歩く。登っていくと、やがて桜並木が始まる。植わっているのはヤマザクラの古木。棚田のあるあたりが撮影スポットで、学能堂山や三峰山を借景にのどかな風景が広がる。

　登山道は❷真福院から始まり、登りつめて❸林道に出合い、右へ少し下る。左に東海自然歩道を示す道標がある❹東海自然歩道入口から植林帯に入っていく。尾根に出て左、尾根伝いに雌岳に登る直進の道を横目に右へ進み、東屋のある桔梗平へ。そのまま山腹道を歩くと石畳の道が現れる。

　❺倉骨峠の手前で尾根に出て左へ、尾根道を登る。三ノ峰、四ノ

三多気の桜と学能堂山

峰を越え、きつい登りをこなせば**❻雄岳**の山頂に着く。展望は抜群で、南西に倶留尊山、北に伊賀富士の尼ヶ岳が見える。続いてゆるやかに下って登り返すと**❼雌岳**の山頂だ。こちらも展望はあるが、木が育って雄岳ほどではない。

　下りはそのまま直進する。石段が続くが、下り切ったら真福院から登ってきたときの**❸林道出合**に着く。林道を横断し、往路をたどって**❶杉平バス停へ。**

アクセス　往復＝鶴橋駅（近鉄大阪線急行1時間6分）名張駅（三重交通バス59分）杉平　＊杉平への便は臨時バスで、4月上旬〜中旬の土・日のみの運行。そのほかは敷津でバスを降り、徒歩40分で杉平。三重交通☎0595-66-3715
駐車場情報　三多気に約50台の駐車場がある。サクラの季節は有料。
アドバイス　サクラの季節以外は中太郎生から東海自然歩道を歩いてもよい。中太郎生から❹の歩道入口まで約1時間30分。
立ち寄り情報　敷津バス停近くの道の駅にみつえ温泉姫石の湯がある。11〜20時、火曜休、700円、☎0745-95-2641
問合せ先　津市美杉総合支所地域振興課☎059-272-8085
2万5000分の1地形図　倶留尊山

コースガイド 2 伊賀富士の名で親しまれる尼ヶ岳へ

日帰り｜一般向き｜歩行時間：3時間20分

❶下太郎生（1時間10分）→ **❷富士見峠**（40分）→ **❸尼ヶ岳**（30分）→
❹オオタワ（1時間）→ **❶下太郎生**

　❶下太郎生バス停から東の下太郎生集落に入り、林道を登る。この道は東海自然歩道だが、東海自然歩道が右に橋を渡る手前で自然歩道と分かれ、左の富士見峠方面へ。ここには道標があるので迷わないだろう。林道を登りつめ、道標を見つけながら登っていく。稜線近くで林道を離れると**❷富士見峠**に着き、尼ヶ岳探勝路と合流する。

　ここからは擬木の階段で整備された登山道を尾根伝いに登っていこう。山腹道と交差する十字路にはベンチがたくさん置かれているので、ひと息ついて、一気に**❸尼ヶ岳**山頂へ。展望はさえぎるものがなく、北に青山高原の風車群、南東に倶留尊山、南には大洞山が見えている。

　下りは南のススキの急斜面へ。やがて自然林となりコタワ、植林帯の**❹オオタワ**へと下る。ここから直進すると倉骨峠を経て大洞山へ登ることができる（**コースガイド 1** 参照）。ここでは右へ、東海自然歩道を下っ

尼ヶ岳山頂から倶留尊山を見る

223

ていく。途中、舗装路を1回、荒れた林道1回、舗装路1回というように林道を横切りながら下っていく。

川沿いの林道に出て左へ下っていくと富士見峠方面へと分かれた橋に出る。あとは往路をたどり、❶**下太郎生**バス停へと下る。

西から見た尼ヶ岳（左）と大洞山

アクセス 往復＝鶴橋駅（近鉄大阪線急行1時間6分）名張駅（三重交通バス40分）下太郎生 三重交通☎0595-66-3715

駐車場情報 登山者用に設けられた駐車場はない。倉骨峠に駐車スペースはあるが、1～2台。

アドバイス 尼ヶ岳周辺は探勝路が設けられていて、多様なコースどりができる。大洞山まで縦走して、東海自然歩道で中太郎生に下ってもよい。

立ち寄り情報 大洞山へ縦走すれば、三多気の桜に立ち寄れる。田園風景の中、500本といわれる古木が並木となって沿道を飾るさまは、のどかで絵になる。見頃は4月中旬。

問合せ先 津市美杉総合支所地域振興課☎059-272-8085

2万5000分の1地形図
倶留尊山

富士見峠からは尼ヶ岳探勝路へ

1:50,000

0　500　1km
1cm=500m
等高線は20mごと

大峰・台高

三重県

大阪府

奈良県

学能堂山 ▲

高見山 ▲　　▲ 三峰山

吉野山 ▲

薊岳 ▲　▲ 桧塚

千石山

▲ 稲村ヶ岳
観音峰 ▲　　▲ 大普賢岳
七曜岳 ▲

八経ヶ岳 ▲

▲

大台ヶ原

釈迦ヶ岳 ▲

吉野山

よしのやま

標高
858m
△858.1m
（青根ヶ峰）

花と紅葉の名所、吉野を訪ねて

押しも押されぬ花の名所・吉野山。春には花見客であふれるが、季節を変えて秋の桜紅葉や奥千本の紅葉も見事で捨てがたい。世界遺産「紀伊山地の霊場と参詣道」の霊場であり、見どころも多く、充実したハイキングが楽しめる。

1月	2月	3月	4月	5月	6月	7月	8月	9月	10月	11月	12月

→ 新緑

花（サクラ）

紅葉

花　展望

新緑　紅葉

花矢倉手前から蔵王堂を見下ろす。大和葛城山が見える

コースガイド

日帰り｜初心者向き｜歩行時間：4時間5分

❶吉野駅（35分）→ ❷蔵王堂（1時間20分）→ ❸吉野水分神社（30分）→
❹奥千本口（30分）→ ❺西行庵（40分）→ ❻青根ヶ峰（30分）→ ❹奥千本口

　❶**吉野駅**を降りてロープウェイ方面に向かう。ロープウェイは現存するものでは日本一古く、乗車時間は3分。乗らずとも駅手前で右へ、七曲りを歩き20分ほどで上の吉野山駅に着ける。

　吉野山駅からは尾根上の門前町を歩く。黒門、銅の鳥居、次いで金峯山寺本堂の❷**蔵王堂**（国宝）がある。蔵王堂からもしばらくは店や旅館が立ち並ぶ通りが続く。

通りから左に外れて吉水神社にいったん立ち寄り、さらに進むと勝手神社がある。

　ここから正面に続くやや急になった坂を登る。喜蔵院や桜本坊、竹林院など大峯山の護持院を左や右にして、竹林院前バス停の三叉路を左にとり、すぐ右の坂を登っていく。やがて道は大きなつづら折りとなって高度を上げ、展望所の花矢倉に着く。❸**吉野水分神社**

を過ぎてもさらに道路歩きは続くが、左に高城山（たかぎ）に続く道を見つけたらひと登りして展望を楽しもう。道なりに道路に戻り、❹奥千本口バス停からコンクリート道に入って金峯神社（きんぷ）へ。

その右手から、大峯奥駈道（おくがけみち）に入ろう。少し進むと「西行庵」（さいぎょうあん）への道標があるのでそれに従い、❺西行庵への道をひとめぐりして奥駈道に合流し、いったん右へ。吉野山最高点の❻青根ヶ峰（あおね）の山頂を踏んでから金峯神社に戻って❹奥千本口バス停へ向かう。

アクセス　行き＝大阪阿部野橋駅（近鉄南大阪線・吉野線急行1時間32分）吉野駅　帰り＝奥千本口（吉野大峯ケーブル自動車バス25分）吉野山駅（徒歩15分）吉野駅　吉野大峯ケーブル自動車☎0746-39-9254

駐車場情報　ロープウェイ吉野山駅から吉野神宮方面に下ると観光駐車場（有料、400台）がある。サクラの開花時期は道路規制がある。

アドバイス　下山のバスは最終が15時台。先にバスで上がって逆コースを下ってもよい。桜の見頃は中千本が満開になる4月中旬がおすすめ。また、西行庵は紅葉の名所で見頃は11月中旬。

立ち寄り情報　金峯山寺の門前町には柿の葉寿司を売る店が多い。店ごとに微妙に味が違うので、食べ比べをしてみてもおもしろい。

問合せ先　吉野町文化観光交流課☎0746-32-3081

2万5000分の1地形図
吉野山、新子

紅葉の名所・西行庵

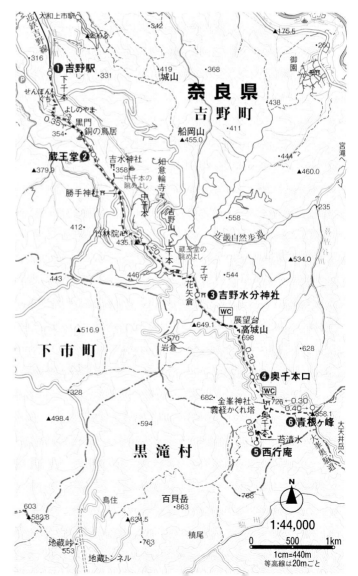

1:44,000

1cm=440m
等高線は20mごと

稲村ヶ岳
（いなむらがたけ）

標高
1726m
△1726.1m

登りやすさで人気がある女人大峯

稲村ヶ岳は、女人禁制の大峯山（山上ヶ岳）に対して、「女人大峯」とも呼ばれる。本峰の大日山を首、稲村ヶ岳を背に見立てるとラクダのような形に見え特徴的な山容だ。登山道がなだらかなわりに標高もあり、大峰山脈では人気の山岳のひとつ。

1月	2月	3月	4月	5月	6月	7月	8月	9月	10月	11月	12月
雪山				新緑 →					紅葉	雪山	

花（シャクナゲ）

花　展望　温泉　　　新緑　紅葉

観音峰展望台から稲村ヶ岳（左）とバリゴヤの頭（右）

コースガイド

日帰り｜一般向き｜歩行時間：6時間35分

❶洞川温泉（35分）→ ❷稲村ヶ岳登山口（1時間）→ ❸法力峠（1時間）→
❹山上辻（大日山経由1時間）→ ❺稲村ヶ岳（40分）→ ❹山上辻（55分）→
❸法力峠（55分）→ ❷稲村ヶ岳登山口（30分）→ ❶洞川温泉

　❶洞川温泉バス停から温泉街を抜けて林間をしばらく行くと、右手に稲村ヶ岳登山口が現れる。ここから登り始めてもよいが、せっかくなので、この先にある給水所で大峰の名水・ごろごろ水を水筒に詰めていこう。母公堂手前にも❷稲村ヶ岳登山口があり、ここから登山道に取り付く。

　植林帯を登り、見送った登山口からの道と合流し、❸法力峠へ。峠から先は自然林と植林が交互に現れ、進むにつれ立派なブナの樹林になる。桟道やクサリ場も交え、最後に壊れた橋の上を通過したら、すぐに❹山上辻に着く。ここには稲村ヶ岳山荘とトイレがある。

　山上辻から稲村ヶ岳を目指す。稲村ヶ岳と大日山の鞍部である大日のキレットに、大日山登山口があるので、ピークまで往復する。桟道や階段が多いので注意しよう。

大日山に向かって登っていく

大日山山頂には祠がある。キレットに戻り、先へ進んで、ハシゴやクサリ場を経て主稜線に出る。折り返すように登れば展望台のある❺稲村ヶ岳山頂だ。山上ヶ岳や弥山など大峰北部の山々の展望が広がる。なお山頂の展望台は食事禁止となっているので、食事は山上辻で済ませておこう。

　下山は往路をたどる。

アクセス　往復＝大阪阿部野橋駅（近鉄南大阪線・吉野線急行1時間13分）下市口駅（奈良交通バス1時間18分）洞川温泉
駐車場情報　洞川温泉センター駐車場（有料、約50台）と母公堂前の有料駐車場（約5台）が利用できる。
アドバイス　乗車時間の短い（約55分）8時台下市口駅発のバス（5〜11月の土・日・祝のみ）に乗れば、日帰りは可能だが比較的慌ただしい。前夜、洞川温泉の旅館に宿泊することも検討しよう。レンゲ辻経由の下山道は荒廃が激しいので上級者向き。
立ち寄り情報　大峯山について学べる洞川エコ・ミュージアムセンターは、10〜17時、水曜（祝日の場合翌日）・冬季休、入館無料、☎0747-64-0999。洞川温泉センターは村営駐車場を併設。11〜20時、水曜（祝日の場合翌日）・年末年始休、700円、☎0747-64-0800
問合せ先　天川村総合案内所☎0747-63-0999、洞川温泉観光協会☎0747-64-0333
2万5000分の1地形図　洞川、弥山

大日山への登山道

観音峰
（かんのんみね）

**標高
1348m
△1347.7m**

大峰山脈を一望する展望台の草原へ

観音峰は大峰山脈の前衛峰。ススキの原が広がる展望台までは道もよく整備され、家族連れでも手軽に登ることができる。渓谷ハイキングで人気のみたらい渓谷のコースとも直結している。洞川温泉とあわせて楽しんでみたい。

1月	2月	3月	4月	5月	6月	7月	8月	9月	10月	11月	12月
雪山				新緑					紅葉	雪山	

花（ベニバナヤマシャクヤク）

花 展望 温泉

新緑 紅葉

観音峰展望台はススキ草原が広がる

コースガイド

日帰り｜一般向き｜歩行時間：4時間50分

❶観音峰登山口（1時間10分）→ ❷観音平（30分）→
❸観音峰展望台（20分）→ ❹観音峰（40分）→ ❺三ツ塚（50分）→
❻法力峠（1時間）→ ❼稲村ヶ岳登山口（20分）→ ❽洞川温泉

　❶観音峰登山口バス停から、バス道を戻り、蛇トンネル手前の駐車場で身支度を整える。吊橋を渡り、道標に従って植林帯を登っていく。ひと登りで観音の水、さらに歩くと左手に第1展望台があり、弥山・八経ヶ岳がよく見える。周囲が自然林に変わると東屋のある❷観音平に着く。

　石段を登って美しい樹林の中を縫う山腹道を進み、観音の岩屋への分岐を見送って尾根に取り付く。植林帯を急登、登り切って平坦になると❸観音峰展望台のススキの原に飛び出す。南には弥山・八経ヶ岳、東を向けば稲村ヶ岳からバリゴヤの頭にかけての荒々しい山稜が大迫力で目に飛び込んでくる。6月にはベニバナヤマシャクヤクが咲くが、踏み荒らさないように気をつけよう。

　そのまま縦走路をたどり登って

紅葉に染まる観音平

いけば、林間の❹**観音峰**山頂に着く。山頂手前は紅葉の美しいところだ。いったん下り、登り返していく。アップダウンを繰り返しながら❺**三ツ塚**へ。この先は右方向の尾根に入って再びアップダウンを繰り返す。このあたりから見る稲村ヶ岳の山容はひときわ険しい。最後に急坂を下ったら❻**法力峠**に着く。ここで、左に道をとり、五

代松新道を下って❼**稲村ヶ岳登山口**に出て、❽**洞川温泉**バス停へと向かう。

アクセス　行き＝大阪阿部野橋駅（近鉄南大阪線・吉野線急行1時間13分）下市口駅（奈良交通バス1時間2分）観音峰登山口＝洞川温泉　帰り＝洞川温泉（奈良交通バス1時間10分）下市口駅
駐車場情報　虹トンネル東口に登山者用無料駐車場（約20台）がある。
アドバイス　観音峰の先はロープ場もある。初心者のグループは、観音峰から往路を引き返してもよいだろう。
立ち寄り情報　洞川温泉センターは、天川村にある公衆浴場のうちのひとつ。村営駐車場を併設。11〜20時、水曜（祝日の場合翌日）・年末年始休、700円、☎0747-64-0800
問合せ先　天川村総合案内所☎0747-63-0999、洞川温泉観光協会☎0747-64-0333
2万5000分の1地形図　洞川、弥山

大普賢岳

だいふげんだけ

標高
1780m
△1780.1m

七曜岳

しちようだけ

標高
1584m

連続する難所をこなして世界遺産をラウンド

大峰山脈の主稜線をたどる大峯奥駈道のなかでも、大普賢岳から七曜岳までは難所が連続することで知られる。和佐又山キャンプ場を起点に大普賢岳・七曜岳をラウンドすれば、気力・体力が必要だが、大峰山脈の激しさを実感できる。

1月	2月	3月	4月	5月	6月	7月	8月	9月	10月	11月	12月
雪山				新緑					紅葉	雪山	

花（シャクナゲ）

  花 展望　　新緑 紅葉

水太覗から大普賢岳を振り返る

コースガイド

1泊2日｜経験者向き｜歩行時間：1日目＝2時間15分　2日目＝7時間50分

1日目＝❶和佐又口（1時間15分）→❷和佐又山キャンプ場（30分）→
❸和佐又のコル（和佐又山経由30分）→❷和佐又山キャンプ場
2日目＝❷和佐又山キャンプ場（30分）→❸和佐又のコル（50分）→❹笙ノ窟（15分）→
❺日本岳のコル（1時間10分）→❻大普賢岳（1時間15分）→❼七曜岳（50分）→
❽無双洞（1時間40分）→❸和佐又のコル（20分）→❷和佐又山キャンプ場（1時間）→❶和佐又口

　❶和佐又口バス停から和佐又林道を歩き、❷和佐又山キャンプ場へ。1日目はここでテント泊か、キャビンに宿泊する。和佐又山散策は初日に済ませておこう。

　2日目は早立ちをして、大普賢岳を目指す。スキー場から見晴らし台地を抜け、❸和佐又のコルへ。尾根道を選んでブナ林を登る。朝日ノ窟、ハシゴを登って大峯修験の要所・❹笙ノ窟、鷲ノ窟を経て❺日本岳のコルに登る。ハシゴを何度も登り、展望のよい石ノ鼻を経由し、小普賢岳の北側の山腹を歩いて下る。登り返していくと、大普賢岳の北側で大峯奥駈道に出る。奥駈道を南にたどるとすぐに❻大普賢岳山頂に着く。

　山頂から下った草原は水太覗と呼ばれ、大普賢から小普賢、日

本岳の荒々しい稜線が一望できる。弥勒岳、国見岳を越え、クサリ場の連続する薩摩転げをこなす。小広場の稚児泊でひと息入れて、七ツ池（鬼の釜）の窪地をのぞき、❼七曜岳に登る。

　七曜岳の先で奥駈道と分かれ、東の尾根を下る。ここから無双洞までは急坂の連続だ。尾根から北に角度を変えるところは迷いやすいので気をつけよう。洞窟の❽無双洞からはクサリ場をつないで底無し井戸のある斜面を登り返す。平坦路に出たらほっとひと息、❸和佐又のコルに向けて山腹道をた

どり、❷和佐又山キャンプ場を経由して林道を❶和佐又口バス停へ。

アクセス　往復＝大阪阿部野橋駅（近鉄南大阪線・吉野線急行1時間28分）大和上市駅（R169ゆうゆうバス1時間19分）和佐又口
駐車場情報　和佐又山キャンプ場の駐車場（有料、約20台）を利用する。
アドバイス　長年親しまれてきた和佐又山ヒュッテは2020年4月に解体。利用できるのはテント場かキャビンになる。2日目は時間的にかなりタイトなので、公共交通機関利用であれば早出が鉄則。登山に使えるバス便は土・日・祝のみで往復とも1日1便ずつ。季節運行だが大和上市駅と大台ヶ原を結ぶバスも乗車可能（和佐又山登山口利用）。
立ち寄り情報　川上村の湯盛温泉杉の湯は日帰り入浴可。11～18時（入浴～19時）、水曜休、700円、☎0746-52-0006
問合せ先　上北山村地域振興課☎07468-2-0001
2万5000分の1地形図　弥山

七曜岳への登り

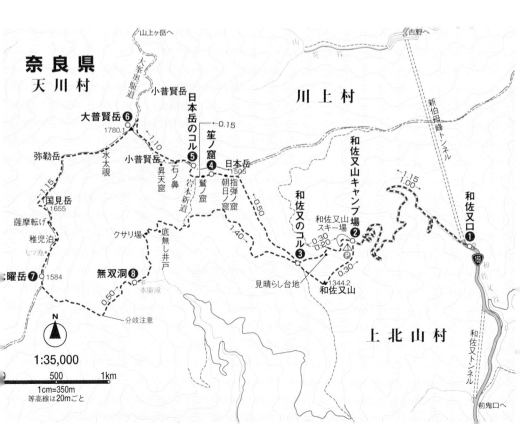

八経ヶ岳

はっきょうがたけ

大峰・台高

奈良県

標高
1915m
△1915.2m

関西最高峰で紀伊半島の自然の豊かさを感じる

紀伊半島を縦断する大峰山脈のなかでもいちばん標高の高い八経ヶ岳は、関西の最高峰でもある。マイカー利用で比較的手軽に日帰りできる一方で、日本アルプスに匹敵する上級者も満足できるコースどりもできる。

1月	2月	3月	4月	5月	6月	7月	8月	9月	10月	11月	12月
雪山				新緑					紅葉	雪山	

花（シャクナゲ）花（シロヤシオ）花（オオヤマレンゲ）

 花 展望

 新緑 紅葉

弥山から望む八経ヶ岳

コースガイド 1 手軽さが人気の行者還トンネル西口コース

日帰り｜初心者向き｜歩行時間：6時間25分

❶行者還トンネル西口（1時間）→❷奥駈道出合（1時間10分）→
❸聖宝ノ宿跡（50分）→❹弥山小屋（30分）→❺八経ヶ岳（25分）→弥山小屋（35分）→
❸聖宝ノ宿跡（1時間10分）→❷奥駈道出合（45分）→❶行者還トンネル西口

　公共交通機関利用の場合は、天川川合バス停から❶行者還トンネル西口までタクシーを利用。登山道に入って橋を渡り、シャクナゲが目立つブナ林の尾根道を直登する。なかなかの急坂だが、周辺にシロヤシオが目立ち始めるとまもなく❷奥駈道出合だ。ひと息ついたら西へ。苔むした倒木が印象的な林が現れ、登り切ると弁天ノ森と呼ばれるピークに出る。

　弁天ノ森から下り、大峰中興の祖・理源大師聖宝坐像がある❸聖宝ノ宿跡へ。ここから聖宝八丁と呼ばれる急登を1時間弱がんばれば❹弥山小屋にたどり着く。弥山山頂へは弥山小屋前の鳥居をくぐる。八経ヶ岳を見ながら天河大弁財天奥宮がある山頂へ。また、小屋の東の国見八方睨に立つと大普賢岳から山上ヶ岳への大峰北部の山並みを一望できる。

234

弁天ノ森への登り

八経ヶ岳へは鞍部へ下り、オオイタヤメイゲツ林、頂仙岳遥拝所、古今宿の行場を経て登り返す。防鹿柵の扉の中は、7月上旬ならオオヤマレンゲの清楚な白い花が咲く。防鹿柵から出るとひと登りで錫丈の立つ**❺八経ヶ岳**山頂だ。東に台高山脈、北に大峰北部の山並み、西を向けば弥山がどっしりと大きい。南を向けば、大峰南部の名峰・釈迦ヶ岳が見える。

帰りは往路をたどる。

アクセス 往復＝大阪阿部野橋駅（近鉄南大阪線・吉野線急行1時間13分）下市口駅（奈良交通バス54分）天川川合（タクシー30分）行者還トンネル西口 天川タクシー☎0747-63-0015

駐車場情報 行者還トンネル西口に登山者用有料駐車場（約25台）がある。

アドバイス 一般的にはマイカー登山者が多い。行程中危険箇所や迷うところはない。行者還林道（国道309号）は冬季通行止めになるので、早春と晩秋は問い合わせを。

立ち寄り情報 天川川合から南下した坪内に天河大弁財天があり、パワースポットとして人気。また、その近くにある天の川温泉センターは、11〜20時、祝日を除く火曜休、700円、☎0747-63-0333

問合せ先 天川村総合案内所☎0747-63-0999、洞川温泉観光協会☎0747-64-0333

2万5000分の1地形図 南日裏、弥山

奥駈道のシロヤシオ

コースガイド❷ 大峰きってのダイナミックな渓谷コース

1泊2日	経験者向き	歩行時間：1日目＝6時間40分　2日目＝6時間5分

1日目＝**❶熊渡**（50分）→ **❷入渓口**（1時間30分）→ **❸一ノ滝吊橋**（1時間20分）→
❹テラス（3時間）→**❺狼平避難小屋**
2日目＝**❺狼平避難小屋**（1時間）→**❻弥山小屋**（30分）→**❼八経ヶ岳**（25分）→
❻弥山小屋（40分）→**❺狼平避難小屋**（1時間40分）→**❽栃尾辻**（1時間50分）→**❾天川川合**

八経ヶ岳から流れ出す弥山川をさかのぼる双門コースは、関西きっての山岳コース。厳しいながらも美しい大峰の自然を知るために、一度は挑戦したい。

スタートは川迫川と弥山川の合流点の**❶熊渡**。林道を登っていくと**❷入渓口**（川に下りる道標）がある。伏流した白川八丁に下り、さかのぼって釜滝へ。ここからは山腹道を行き、再び河原に下ると、正面に峨々とした岩峰が林立する風景となる。岩場を鉄杭でこなし、登りつめて**❸一ノ滝吊橋**へ。吊橋を渡ったらすぐ右の道に入る。ここから先、いやというほど鉄バシゴが連続する。双門滝を見下ろす**❹テラス**まで来たらひと安心だ。双門滝は岩壁に一筋の白い流れを落とし、いつまでも見ていたい優美な姿をし

一ノ滝の吊橋を渡る

ている。ここからさらに桟道を交えながら登り、いったん河原に下る。激しい崩落の跡のガレ場を進んで、赤テープを頼りに右の支流に入る。鉄杭やクサリハシゴを登りつつ、つめ上がると川合道に出る。狼平はすぐ先で、1日目は⑤狼平避難小屋に泊まる。

　2日目は、昨日とはうって変わり階段を交える道で⑥弥山小屋へ。小屋から⑦八経ヶ岳を往復して⑤狼平に戻り、川合道を下る。長い下りだが迷うところはない。ナベノ耳あたりのブナ林が見せ場のひとつだ。荒れた避難小屋のある⑧

栃尾辻からは植林となり、一度林道を絡んで下っていくと、天川村役場の北側に出る。⑨天川川合バス停は国道に出て北へ。

高度感のある
ハシゴ

アクセス　時間的に1日目に狼平に届くためには、マイカーで熊渡にアプローチし、下山後にタクシーで熊渡へ行き車を回収するプランになる。熊渡には5台ほど駐車可能。天川タクシー☎0747-63-0015
アドバイス　避難小屋泊まりなので、テント以外の宿泊装備が必要。健脚ならば弥山小屋まで行くことができ、宿泊装備がいらなくなる。本コースは上級者向きで危険な場所も多い。初心者だけの入山は控えよう。
立ち寄り情報　弥山小屋は1泊2食8000円、飲料の購入可。☎0747-52-1332（現地）
問合せ先　天川村総合案内所☎0747-63-0999、洞川温泉観光協会☎0747-64-0333
2万5000分の1地形図　南日裏、弥山

釈迦ヶ岳

しゃかがだけ

標高
1800m
△1799.9m

大峰山脈の鋭鋒に、長短の2コースで登る

大峰山脈のちょうど中央部にそびえる名峰・釈迦ヶ岳。山の大きさを知るなら古くから登られている前鬼からの登山道で、釈迦ヶ岳の奥深さが味わえる。一方、十津川村からのマイカー利用のコースからは、手軽に山頂に立てることで人気。

1月	2月	3月	4月	5月	6月	7月	8月	9月	10月	11月	12月

雪山　　　　　新緑　　　　　　　　　　紅葉　雪山

花(アケボノツツジ)　花(シロヤシオ)

花　展望　　　新緑　紅葉

古田ノ森から見るゆったりとした釈迦ヶ岳

コースガイド 1 役行者の従者の鬼の子孫が棲んだ村から登る

1泊2日｜一般向き｜歩行時間：1日目＝3時間　2日目＝8時間55分

1日目＝❶前鬼口（1時間40分）→ ❷不動七重滝展望所（1時間20分）→ ❸前鬼
2日目＝❸前鬼（2時間20分）→ ❹太古ノ辻（40分）→ ❺深仙宿（50分）→
❻釈迦ヶ岳（30分）→ ❺深仙宿（35分）→ ❹太古ノ辻（1時間30分）→ ❸前鬼（1時間）→
❷不動七重滝展望所（1時間30分）→ ❶前鬼口

　公共交通機関利用の場合は、国道沿いの❶前鬼口から長い林道歩きだが、途中で大峰きっての名瀑である前鬼不動七重滝を❷展望所から望むことができる。展望所の先で林道の登りもゆるやかになり、車止めゲート（マイカーはここまで）を越えて、❸前鬼へたどり着く。役行者の従者、前鬼・後鬼のうち前鬼の子孫が住んだ集落で、

現在は小仲坊だけが残る。1日目はこの小仲坊の母屋か、宿泊所に泊まる。

　2日目は、早立ちして、宿泊所横から石畳の道をたどる。しばらくは涸れた谷道を進み、木製階段が続くようになると一気に高度を稼ぐ。山腹道となると、不動明王の脇侍、矜羯羅・制吒迦の二童子に見立てた両童子岩（二ツ岩）に

鬼の村・前鬼の行者堂

着く。大峯奥駈道との出合である主稜線の❹太古ノ辻まではもうひとがんばりだ。

　この先は主稜線を北上、岩場の行場がある大日岳の西側を巻いて❺深仙宿へ。ここには避難小屋と行者堂がある。避難小屋は宿泊可能なので、日の長い夏場の1日目にここまで登れば、2日目の行動時間に余裕が出る。

　大日岳を背に奥駈道を登りつめれば❻釈迦ヶ岳の山頂に着く。山頂に堂々と立つ釈迦像は、大正末期に強力のオニ雅が担ぎ上げたことで知られる。

　下山は往路をたどる。

釈迦ヶ岳山頂に立つ釈迦像

アクセス　往復＝大阪阿部野橋駅（近鉄南大阪線・吉野線急行1時間28分）大和上市駅（R169ゆうゆうバス2時間）前鬼口
駐車場情報　車止めゲートの駐車スペースに5台程度駐車できる。
アドバイス　2日目は時間的にかなりタイトなので、公共交通機関利用であれば早出が鉄則。登山に利用できるバス便は往復とも1日1便。帰りのバスは15時台発。小仲坊は1泊2食付で8000円。土・日・祝のみ営業。無人の宿泊所は素泊4000円。
立ち寄り情報　リゾート宿泊施設のフォレストかみきた内にある上北山温泉薬師湯は日帰り入浴も可能。11〜21時、700円、休業日は要問合せ、☎07468-3-0001
問合せ先　上北山村地域振興課☎07468-2-0001
2万5000分の1地形図　釈迦ヶ岳

コースガイド❷ マイカー利用で釈迦ヶ岳を望みながら登る

日帰り｜**一般向き**｜歩行時間：3時間45分

❶太尾登山口（1時間10分）→❷古田ノ森（55分）→❸釈迦ヶ岳（45分）→
❷古田ノ森（55分）→❶太尾登山口

　深山の釈迦ヶ岳にマイカーで手軽に日帰りできるコースとして人気が高い。十津川村旭からの林道を利用すれば、かなり上部まで車でアプローチできるので、のんびり登ることができる。

　国道168号の旭口から林道に入り、標高約1300mの❶**太尾登山口**まで車で入る。ここには立派なトイレもある。シャクナゲの目立つ登山道を登り、地形図の1465m峰まで登ると、ここから先は開放感あふれる稜線漫歩が楽しめる。

　❷**古田ノ森**まで来れば、正面になだらかな裾を引く釈迦ヶ岳、東に

十津川沿いを埋める川霧。古田ノ森の南あたりから

は大日岳が見える。

　ミヤコザサの草原にブナが点々と立つ尾根道を下り、登り返した台地は千丈平と呼ばれている。釈迦ヶ岳方面に少し進み、登りに差しかかるところに「かくし水」という湧き水がある。紹介する行程は日帰りだが、ここでテントを張りゆっくり過ごすのもおすすめだ。

　その先で樹林の中を登りつめると、深仙宿からの奥駈道と合流、左折してすぐで**❸釈迦ヶ岳**の山頂に立つ。ここからも大峰中部から南部の主だった山々を見渡せる。南に笠捨山、北を見れば弥山・八経ヶ岳、その手前に巨大な岩壁を抱くのは七面山だ。

　下山は往路をたどる。

アクセス　マイカーは、京奈和自動車道五條ICから国道310号・同168号を進み、旭橋で左折して旭貯水池を経て不動木屋林道で太尾登山口へ。インターから約60km。
駐車場情報　駐車台数は約10台、無料。
アドバイス　コースそのものは特に問題となるところはないが、出だしの主尾根に取り付く場所は、下山時に尾根を間違えないように要注意。
立ち寄り情報　国道168号を南下すると、十津川村役場近辺に、公衆温泉の泉湯（10〜21時、火曜休、500円、☎0746-62-0090）と滝の湯（8〜21時、木曜休、800円、☎0746-62-0400）がある。
問合せ先　十津川村観光協会☎0746-63-0200
2万5000分の1地形図　釈迦ヶ岳

展望のよい草原に道が続く

大台ヶ原

<ruby>大<rt>おお</rt>台<rt>だい</rt>ヶ原<rt>がはら</rt></ruby>

大峰・台高

奈良県・三重県

標高
1695m
△1695.1m
（日出ヶ岳）

ダイナミックな山岳風景、深い樹林、そして大峡谷

深い険谷に囲まれた隆起準平原の大台ヶ原。東大台は、絶景の大蛇嵓や白骨林の<ruby>正木<rt>まさき</rt></ruby>ヶ原など、開放感あふれる山岳風景が、西大台は、国立公園初の利用調整地区である豊かな原生林が魅力。東には渓谷美の極致、大杉谷が流れる。

1月	2月	3月	4月	5月	6月	7月	8月	9月	10月	11月	12月
雪山				新緑					紅葉	雪山	

花（シャクナゲ）　花（シロヤシオ）

花　展望　　新緑　紅葉

釈迦ヶ岳（左）から大普賢岳まで見渡せる大蛇嵓

コースガイド 1 大台ヶ原を代表する絶景を堪能する東大台へ

日帰り｜初心者向き｜歩行時間：3時間55分

❶大台ヶ原駐車場（35分）→ ❷シオカラ谷吊橋（1時間10分）→
❸大蛇嵓（45分）→ ❹尾鷲辻（35分）→ ❺正木峠（20分）→
❻日出ヶ岳（30分）→ ❶大台ヶ原駐車場

スタートはバス停のある❶**大台ヶ原駐車場**。東大台はラウンドコースになるが、ここでは反時計回りに歩いてみよう。登山口は駐車場の西、売店とトイレの間にある。林の中に続く道を歩き、左に旧大台山の家への道を分けると、道は徐々に下り始める。下り切って❷**シオカラ谷吊橋**を渡ると、シャクナゲ坂と呼ばれる本コースいちばんの登りが始まる。5月下旬には

シャクナゲが沿道を飾る。

登り切ると、大蛇嵓への道が右に分岐する。❸**大蛇嵓**の岩頭からは、正面に不動返し嵓と深く刻まれた東ノ川渓谷、遠くに<ruby>大峰山脈<rt>おおみね</rt></ruby>の山並みが望める。

分岐に戻り右へ、草原の牛石ヶ原に出る。東征伝説にちなむ神武天皇像と魔物が封じ込められたという牛石がある。軽く下り、登り返すと中道との分岐になる❹**尾鷲**

辻。その東のピークが正木ヶ原で、その先、木製回廊を登ったピークが**❺正木峠**。尾鷲湾を見下ろす展望がすばらしい。木製デッキのある鞍部に下り、ひと登りで大台ヶ原山頂の**❻日出ヶ岳**だ。展望台からは東に熊野灘、西に大峰山脈の雄大な風景が広がる。秋晴れの早朝には富士山が見えることも。

最高峰の展望を楽しんだら、デッキのある鞍部から**❶大台ヶ原駐車場**に向けてコンクリート敷きの遊歩道を下っていく。

アクセス　往復＝大阪阿部野橋駅（近鉄南大阪線・吉野線急行1時間28分）大和上市駅(奈良交通バス1時間51分)大台ヶ原　奈良交通バス☎0742-20-3100
駐車場情報　大台ヶ原駐車場は無料、約200台。
アドバイス　大和上市駅からのバスは4月下旬〜11月下旬運行。大台ヶ原ドライブウェイは11月下旬〜4月下旬は冬季閉鎖。駐車場と尾鷲辻を結ぶ中道を利用すると、シオカラ谷のアップダウンを回避できる。
立ち寄り情報　川上村の大迫ダム畔に、入之波温泉山鳩湯がある。10〜16時受付（17時閉店）、水曜休（祝日・お盆・正月は営業、11〜3月は火曜も休）、800円、☎07465-4-0262
問合せ先　上北山村地域振興課☎07468-2-0001
2万5000分の1地形図　大台ヶ原山

アケボノツツジが咲く

コースガイド ② ブナとウラジロモミの原生林を訪ねる西大台

| 日帰り | 一般向き | 歩行時間：4時間30分 |

❶大台ヶ原駐車場（20分）→**❷ナゴヤ谷の広場**（1時間10分）→**❸開拓跡**（20分）→
❹開拓分岐（40分）→**❺展望台**（30分）→**❹開拓分岐**（1時間30分）→**❶大台ヶ原駐車場**

利用調整地区である西大台入山には、手続きが必要。**❶大台ヶ原駐車場**から、まず事前に入手した立入認定証を持ち大台ヶ原ビジターセンターへ。30分間のレクチャーを受け、駐車場北から登山道に入る。大台教会を右上の台地に見ると、すぐにゲートがある。ここからが利用調整地区だ。

ウラジロモミの林を下り、空が開けた**❷ナゴヤ谷の広場**に出る。流れを渡り、川沿いに登山道を進むが、広場から北にある丘に登ると、北海道の名づけ親として知られる探検家・松浦武四郎の分骨碑

がある。流れに沿って西へ、ブナが散見される林を進む。尾根を乗り越し斜面の北面を下ると七ツ池に着く。とはいえ、すでに池はない。この先、苔むした倒木や大岩が幽玄さをかもし出し、西大台ら

苔むす森が西大台の魅力

241

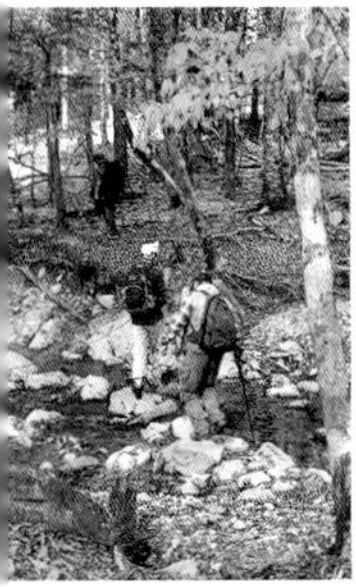

何度か徒渉する

しさが味わえるエリアになる。

大和谷を飛び石伝いに徒渉し、明治期に開墾されたという❸**開拓跡**の先で今度はコウヤ谷、ワサビ谷を徒渉して、方角を南に変える。沢に沿ってバイケイソウの大群落の中をしばらく歩くと❹**開拓分岐**に出る。ここを左にとり、赤い吊橋を2つ渡って駐車場に向かう。天気がよければ開拓分岐を直進して❺**展望台**へ向かい、大蛇嵓や東ノ滝を遠望しよう。

❹**分岐**からは登り一辺倒だが雰囲気はよい道。大台教会の下で往路と合流して❶**大台ヶ原駐車場**へ。

アクセス　往復＝大阪阿部野橋駅（近鉄南大阪線・吉野線急行1時間28分）大和上市駅（奈良交通バス1時間51分）大台ヶ原

駐車場情報　大台ヶ原駐車場は無料、約200台。

アドバイス　西大台の利用は法律により1日の利用者数が定められており、申請が必要。申請は利用したい日の3カ月前からでき、環境省西大台ホームページからインターネットで、または指定機関の上北山村商工会に電話で予約する（℡07468-3-0070）。その後、手数料1000円を振り込み、申請書と領収書・返信用切手と封筒を送ると、立入認定証が送られてくる。指定日の変更や入山者の変更は不可。

＊バス運行時期はコースガイド1を参照。

立ち寄り情報　大台ヶ原駐車場北に宿泊施設「心・湯治館 大台ヶ原」がある。ここをベースに、1日目に東大台、2日目に西大台を回るプランも検討してみたい。1泊2食付9000円（相部屋）〜。℡07468-2-0120

問合せ先　上北山村地域振興課℡07468-2-0001

2万5000分の1地形図　大台ヶ原山

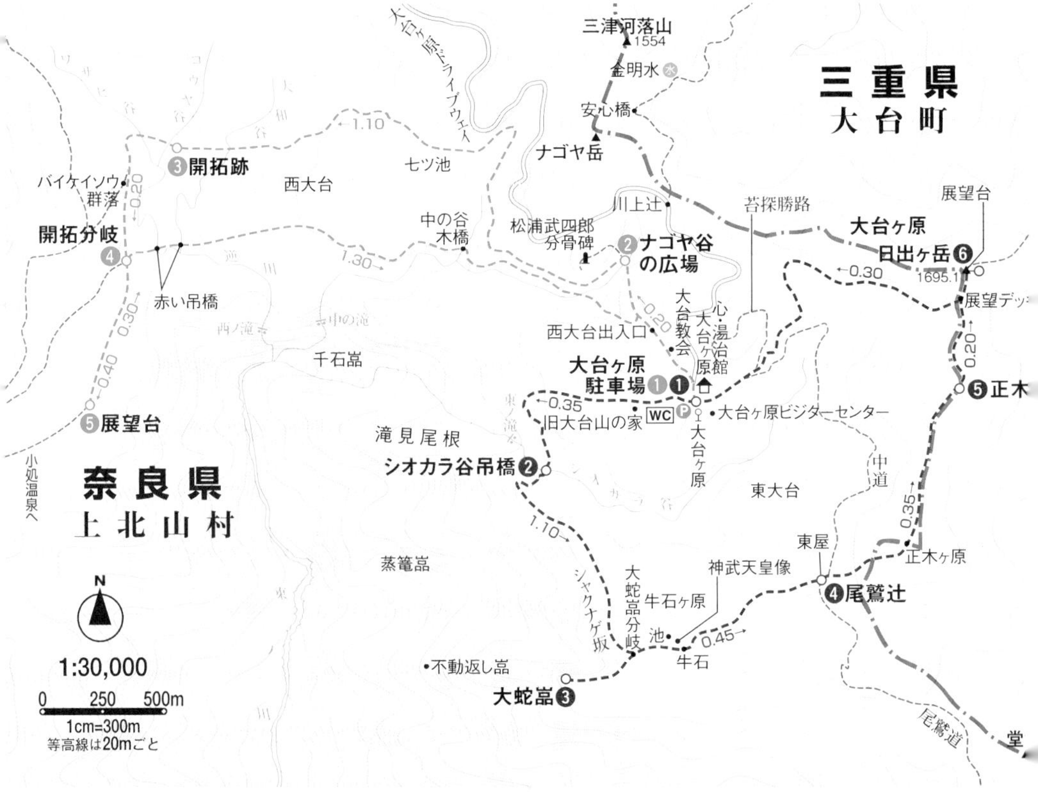

三重県
大台町
奈良県
上北山村
三津河落山
1554
金明水
安心橋
ナゴヤ岳
大台ヶ原ドライブウェイ
七ツ池
西大台
❸開拓跡
バイケイソウ群落
開拓分岐❹
赤い吊橋
中の谷木橋
松浦武四郎分骨碑
川上辻
❷ナゴヤ谷の広場
若探勝路
大台ヶ原
日出ヶ岳❻
1695.1
展望台
展望デッ
西ノ滝
中の滝
千石嵓
西大台出入口
大台教会
心・湯治館
大台ヶ原駐車場❶
旧大台山の家
WC
大台ヶ原ビジターセンター
大台ヶ原
❺展望台
滝見尾根
シオカラ谷吊橋❷
東大台
中道
❺正木
東屋
正木ヶ原
❹尾鷲辻
神武天皇像
牛石ヶ原
大蛇嵓分岐
池
牛石
シャクナゲ坂
蒸篭嵓
不動返し嵓
大蛇嵓❸
尾鷲道
堂
小処温泉へ
1.10
0.20
1.30
0.30
0.40
0.20
0.35
0.45
1.10
0.35
0.20
0.30
N
1:30,000
0 250 500m
1cm=300m
等高線は20mごと

1泊2日	一般向き	歩行時間：1日目＝4時間30分　2日目＝5時間50分

1日目＝❶大杉峡谷登山口（1時間10分）→❷京良谷出合（50分）→
❸千尋滝休憩所（1時間10分）→❹シシ淵（1時間20分）→❺桃の木山の家
2日目＝❺桃の木山の家（30分）→❻七ツ釜滝休憩所（1時間30分）→
❼堂倉滝（1時間20分）→❽堂倉避難小屋（2時間）→❾日出ヶ岳（30分）→❿大台ヶ原駐車場

　大杉峡谷登山バスは道の駅奥伊勢おおだい10時30分発で、❶大杉峡谷登山口バス停へ12時に到着する。入渓は宮川第三発電所から。岩盤をくり抜いた大日嵓を通過し林間を歩く。能谷、地獄谷と吊橋を2つ渡り、河原に出ると❷京良谷出合だ。ここから登山道は谷を高巻く。大杉谷最大落差の❸千尋滝を望む休憩所を過ぎ、次に河原に下りられるのは、ゴルジュの向こうにニコニコ滝がのぞく❹シシ淵だ。そそり立つ平等嵓の前を吊橋で渡り、しばらく歩くと宿泊する❺桃の木山の家に着く。

　翌日はバス便を考慮して早立ちする。渓谷沿いに進み、急坂を登ると❻七ツ釜滝を見る休憩所に出る。慎重に高巻き道を登り切り、吊橋を渡ると平坦になるが、岩盤は濡れてかなり滑る。やがて2004年に台風が作り出した大崩落地へ。巨岩の間を縫いながら越え、広くなった河原を歩き、右奥に光滝を見てひと登り。今度は隠滝の深い淵を見下ろしながら吊橋を渡る。対岸の樹間に与八郎滝を見て吊橋を2つ渡ると、探勝路の最後とな

大杉谷の見どころのひとつシシ淵

岩盤にえぐられた道を歩く場所も多い

日本の滝百選・
七ツ釜滝

る❼堂倉滝に着く。

　ここで大杉谷渓谷を離れ、日出ヶ岳を目指して急坂に取り付く。一度林道を歩き、登山道に入って❽堂倉避難小屋の横を通り、シャクナゲ坂を登っていく。初夏ならシロヤシオやアケボノツツジ、シャクナゲの花が慰めてくれる美しい道だが、登りは長い。登り切ると、❾日出ヶ岳に飛び出す。あとは❿大台ヶ原駐車場を目指す。

アクセス　行き＝鶴橋駅（近鉄大阪線・山田線特急1時間30分）松阪駅（JR紀勢本線特急30分）三瀬谷駅（徒歩10分）道の駅奥伊勢おおだい（大杉峡谷登山バス1時間30分）大杉峡谷登山口　帰り＝大台ヶ原（奈良交通バス1時間51分）大和上市駅（近鉄吉野線・南大阪線急行1時間28分）大阪阿部野橋駅　＊登山バスは3日前までに要予約。最少催行人数は4名で、道の駅10時30分発のみ。大杉峡谷登山バス（エス・パール交通）☎090-6398-8901
駐車場情報　本コースはマイカー不適。
アドバイス　大杉谷へは入山協力金1000円（1シーズン）が必要。大杉谷登山口、大杉谷登山センター、大台ヶ原物産店の自動販売機で納入する。
＊バス運行時期は4月下旬〜11月下旬。
立ち寄り情報　前泊に便利な奥伊勢フォレストピアが三瀬谷駅からの送迎や大杉谷への送迎プランもある。☎0120-017-137
問合せ先　大杉谷登山センター☎0598-78-3338、大台町観光協会☎0598-84-1050、桃の木山の家☎0597-32-2052（連絡所）
2万5000分の1地形図　大杉峡谷、大台ヶ原

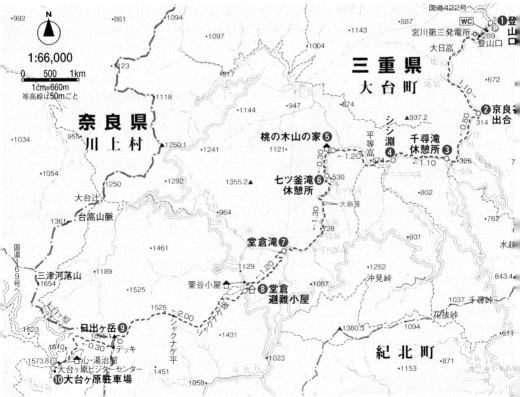

蘇岳
（あざみだけ）

標高
1406m

桧塚
（ひのきづか）

標高
1402m
△1402.2m

千石山
（せんごくやま）

標高
1380m
△1380.5m

台高山脈の別天地、明神平と周辺の山めぐり

台高山脈北部、尾根上に草原が広がる**明神平**は、四季を通じて多くの登山者が訪れる。西には岩尾根が魅力の蘇岳、東にはたおやかな山容が美しい桧塚がある。テント泊も絡めながら、台高山脈主稜線上の千石山にも足を延ばそう。

1月	2月	3月	4月	5月	6月	7月	8月	9月	10月	11月	12月
雪山				新緑					紅葉		雪山

花（シロヤシオ）

花　展望　温泉　　　新緑　紅葉

前山から明神平へ。最高のキャンプ地だ

コースガイド 1 展望抜群の蘇岳から明神平へ

日帰り｜一般向き｜歩行時間：6時間25分

❶大又（50分）→ ❷古池辻（50分）→ ❸大鏡池（1時間）→ ❹蘇岳雄岳（1時間10分）→
❺前山（15分）→ ❻明神平（50分）→ ❼明神平登山口（1時間30分）→ ❶大又

出発は❶**大又**（おおまた）バス停近くの笹野神社だ。登山口は神社の右手にある。登り始めて一度林道を絡んで植林帯へと入っていく。❷**古池辻**には特に場所を示すものはないが、大鏡池（だいきょう）への道標があるので従おう。一瞬植林帯を抜け出し広い稜線に出ると右方向に八大竜王を祀る❸**大鏡池**がある。ここからは尾根歩きで、植林にブナも混じる。自然林となり岩尾根をたどるようにな

ると、蘇岳雌岳を経て縦長の岩頭の❹**蘇岳雄岳**（こんごう）に着く。西に金剛山地、北には高見山に続く稜線、南は大台ヶ原の展望が広がる。

尾根通しに東に下っていくが、明神岳にかけてはブナやミズナラの美林が続く。登りに転じて登りつめると❺**前山**に着く。ここで北に方向転換するとワラビの茂る草原となって❻**明神平**にたどり着く。明神平は昔、スキー場があった場

245

大鏡神社がある湿地の大鏡池

所で、非公開の天理大ＷＶ部小屋とあしび山荘が立っている。

　明神平からは西へ下る。一度谷を絡んで、山腹道を下っていくが、やがて左手後方に明神滝を見るようになる。川沿いを徒渉しながら下っていくと、❼明神平登山口に着いて大又林道に出る。❶大又バス停までの林道歩きは長いが、およそ半分を過ぎたあたり、川向か

いに七滝八壺という段瀑があるので、観瀑するとよいだろう。

アクセス　往復＝鶴橋駅（近鉄大阪線急行50分）榛原駅（奈良交通バス20分）菟田野（東吉野村コミュニティバス50分：事前予約制・運行日注意）大又　奈良交通バス℡0742-20-3100、東吉野村総務企画課℡0746-42-0441
駐車場情報　大又林道の七滝八壺と登山口の中間に無料駐車場（約30台）がある。
アドバイス　奈良交通バスとコミュニティバスの接続は事前に確かめておくこと。薊岳の稜線はヤセ尾根になっている。樹木に囲まれて高度感はないが足もとには注意。
立ち寄り情報　大又から西にあるやはた温泉は明神平登山帰りの定番の湯。11〜21時（12月〜3月半ば〜20時）、火曜休、500円、℡0746-43-0333
問合せ先　東吉野村地域振興課℡0746-42-0441
2万5000分の1地形図　大豆生

コースガイド ❷　テント泊山行で秘峰・桧塚と千石山に足を延ばす

| 1泊2日 | 経験者向き | 歩行時間：1日目＝6時間45分　2日目＝6時間15分 |

1日目＝❶大又（1時間45分）→ ❷明神平登山口（1時間20分）→ ❸明神平（30分）→ ❹明神岳（45分）→ ❺桧塚奥峰（30分）→ ❻桧塚（30分）→ ❺桧塚奥峰（1時間）→ ❹明神岳（25分）→ ❸明神平
2日目＝❸明神平（30分）→ ❹明神岳（1時間30分）→ ❼千石山（1時間30分）→ ❹明神岳（25分）→ ❸明神平（50分）→ ❷明神平登山口（1時間30分）→ ❶大又

　❶大又から東へ大又林道を歩き、車止めゲートを経て❷明神平登山口へ。谷を何回か渡り返しながらさかのぼり、正面に明神滝を見ると、左の斜面の山腹道となる。高度を上げ、つづら折りが終わって水場まで来ると、❸明神平まであとひと息だ。

1日目はここでテント泊をするが、幕営支度の前に桧塚まで往復しておこう。

　明神平から南へ、三ツ塚から東へと尾根をたどり❹明神岳へ。桧塚奥峰への道標に従い主稜線を外れ左へ下る。地形は複雑だが、道標を頼りにアップダウンを繰り返す。赤嵓山の肩を越え、桧塚への分岐を左に見送ると❺桧塚奥峰に着く。先ほどの分岐からシロヤシ

桧塚奥峰から見た桧塚

オが多い稜線を**⑥桧塚**へ往復し、**③明神平**に引き返す。

2日目は**④明神岳**から尾根を南へ、台高山脈の主稜線をたどる。道は踏み跡程度だが、尾根伝いにしっかりとついている。笹ヶ峰手前で尾根が広くなるが、このあたりの樹林が何とも言えず美しい。笹ヶ峰では左の尾根に誘われないように注意しながら下る。アップダウンを繰り返し、千石山への登りに取りかかると、背後が開け、歩いてきた稜線を見渡すことができる。**⑦千石山**の頂上自体は三角点はあるものの展望はない。

山頂を踏んだら来た道を引き返し、**③明神平**のテントを撤収して**①大又**へ下山する。

笹ヶ峰あたりの樹林

アクセス　往復＝鶴橋駅（近鉄大阪線急行50分）榛原駅（奈良交通バス20分）菟田野（東吉野村コミュニティバス44分：事前予約制）大又　奈良交通バス☎0742-20-3100、東吉野村総務企画課☎0746-42-0441
駐車場情報　コースガイド1と同じ。
アドバイス　明神平の水場は天理大WV部小屋の東に5分くらいのところにある。台高山脈主稜線の笹ヶ峰あたりは尾根が広いのでガス発生時は要注意。
立ち寄り情報　やはた温泉の川向かいには築100年の小学校校舎を利用したふるさと村があり、キャンプも楽しめるほか、宿泊棟もある。火曜（祝日の場合翌日）・年末年始休、☎0746-43-0413
問合せ先　東吉野村地域振興課☎0746-42-0441
2万5000分の1地形図　大豆生

高見山
たかみやま

標高
1248m
△1248.4m

関西のマッターホルンに登る

高見山は台高山脈（だいこう）の北端に位置し、遠方からはその山容が尖って見えることから誰が呼んだか「関西のマッターホルン」とも。樹氷の山として人気があり、いちばんにぎわうシーズンは冬だが、新緑や紅葉も見事で、オールシーズン登りたい。

1月	2月	3月	4月	5月	6月	7月	8月	9月	10月	11月	12月
雪山				新緑					紅葉		

雪山

展望　温泉　　　新緑　紅葉

霧氷に覆われる高見山の頂稜

コースガイド

日帰り｜一般向き｜歩行時間：4時間30分

❶高見登山口（1時間10分）→ ❷小峠（25分）→ ❸平野道分岐（50分）→
❹高見山（35分）→ ❸平野道分岐（40分）→ ❺高見杉（50分）→ ❻たかすみの里

❶**高見登山口**バス停からバス道を少し戻ると「高見山登山口」の案内が立つ石段がある。ここから小峠・大峠を経由する道は伊勢南街道で、石畳の道をたどれば、撞木松（もくしょう）や古市場跡（ふるいちば）など、街道筋にまつわる史跡がある。

❷**小峠**で林道に出て、林道を横切った鳥居のある階段を登る。登りはじめの急登は植林帯だが、道がゆるやかになり乳岩を経て❸**平**野道分岐に出る頃には自然林になる。登りはまた急になるが、道筋には神武天皇が東征の折に周囲を見渡したという国見岩、子授けの息子岩、「多武峯（とうのみね）　大職冠　藤原鎌足公」と唱えると揺るぎだしたという揺岩（ゆるぎ）、大蛇伝説のある笛吹岩などがある。それらを見ながら行くと、気づけば山頂へ続く平坦な尾根に出る。たどっていけば、展望台を兼ねた休憩所の立つ❹**高**

見山山頂だ。展望台からは360度のパノラマが開ける。山頂に立つのは高角神社で、八咫烏建角命を祀っているという。

下山は来た道を戻り、❸平野道分岐から平野道を下っていく。最初は尾根を下るが、一度、谷へと下りる。しばらく進むと大きな❺高見杉が立ち、避難小屋がある。登山道は再び尾根道に転じ、下り続けると平野川に出る。丹ノ浦橋を渡ると、たかすみ温泉がある。帰りのコミュニティバスは駐車場の端にある❻たかすみの里バス停から乗車する。

アクセス　往復＝鶴橋駅（近鉄大阪線急行50分）榛原駅（奈良交通バス20分）菟田野（東吉野村コミュニティバス45分）高見登山口　帰り＝たかすみの里（東吉野村コミュニティバス35分）菟田野（奈良交通バス21分）榛原駅　奈良交通バス☎0742-20-3100、東吉野村総務企画課☎0746-42-0441
駐車場情報　たかすみの里の無料駐車場（約100台）を利用できる。
アドバイス　東吉野村コミュニティバスは事前予約制で、運行日により乗継のバス停も変わるのであらかじめ確かめておくこと。冬季の土・日・祝は奈良交通の直通バス「霧氷号」が榛原駅から高見登山口まで運行する。所要時間38分。冬季は、6〜8本爪の軽アイゼンは必携。4本爪の簡易アイゼンでは役に立たないこともある。
立ち寄り情報　平野にあるたかすみの里のたかすみ温泉が人気。11〜21時、木曜（祝日の場合翌日）休、500円、☎0746-44-0777
問合せ先　東吉野村地域振興課☎0746-42-0441
2万5000分の1地形図　高見山

南麓に通る伊勢南街道

学能堂山

<small>大峰・台高</small>

<small>奈良県・三重県</small>

<small>がくのうどうやま</small>

標高 1021m △1021.4m

初夏にはベニバナヤマシャクヤクが咲くススキ草原

奈良県御杖村にある学能堂山は、霧氷で有名な三峰山の北にある。三重県との境にあり、三重県側では「岳の洞」と呼ばれる。山頂は広々として、展望も抜群。初夏にはベニバナヤマシャクヤクを求めて多くの登山者が訪れる。

1月	2月	3月	4月	5月	6月	7月	8月	9月	10月	11月	12月
雪山				新緑					紅葉		

花（ベニバナヤマシャクヤク）　　雪山

花 展望 温泉　　新緑 紅葉

縦書き：ヤマシャクヤクが咲く学能堂山山頂。奥の山は局ヶ岳

コースガイド

日帰り｜一般向き｜歩行時間：3時間30分

❶神末上村（1時間）→❷小須磨峠（30分）→❸白土山（30分）→❹学能堂山（30分）→❸白土山（20分）→❷小須磨峠（40分）→❶神末上村

　❶神末上村バス停から川沿いに山の手へ向かい、道なりに川を渡るとT字路になる。道標に従って左へ進み、山中へと入っていく。ゲートがあるので開けて入っていこう。未舗装の林道を川沿いに進んでいく。林道が右に大きく曲がり細くなったところで、登山道が左手の植林の中に続いている。道標もあるので迷わないだろう。しばらく川沿いだがやがて水がなく

なり、谷地形を登っていくと、稜線上の❷小須磨峠に着く。

　峠を左、しばらくは植林の急登が続くが、植林が自然林に変わる頃、傾斜はなくなり、ゆるやかなピークをひとつ越える。緑の網に沿って進むと❸白土山に着く。白土山を越えてすぐに開けた場所があり、正面に目指す学能堂山が見えてくる。東俣山を過ぎ、佐田峠への分岐である鞍部へ。ここから

250

再び急坂だが、植林帯を抜けると背後に展望が開け始め、きつい登りも苦にならない。三峰山はじめ、頂を尖らせた高見山も見える。

坂が終われば山頂まではゆるやかな尾根になる。花の季節なら周辺を見渡してみよう。ちらほらとピンク色の花を見つけることができるはずだ。❹学能堂山山頂に立つと、北側も一望できるようになり、大洞山と尼ヶ岳が仲よく並んでいる。

山頂でゆっくり楽しんだら、往路をたどって下山しよう。

アクセス　往復＝鶴橋駅（近鉄大阪線急行50分）榛原駅（奥宇陀わくわくバス49分）掛西口（御杖ふれあいバス35分／運転手に神末上村で下車する旨を伝えること）神末上村　帰り＝神末上村（御杖ふれあいバス9分）神末敷津・敷津（三重交通バス54分）名張駅（近鉄大阪線特急50分）鶴橋駅　奈良交通バス☎0742-20-3100、御杖村総務課（コミュニティバス）☎0745-95-2001、三重交通☎0595-66-3715

駐車場情報　神末川を渡ったところに地元の好意で駐車できる場所があるが、3台程度。三峰山登山口バス停の無料駐車場（約30台）からなら徒歩30分で林道ゲートに着く。

アドバイス　下山後、14時台の掛西口行きバスに間に合えば、行きと同じルートで帰れる。三重交通敷津バス停は道の駅伊勢本街道御杖から国道を東へ約3分。名張駅行きバスへの乗継には1時間ほど待ち時間があるので、道の駅併設の日帰り温泉で汗を流すこともできる。

立ち寄り情報　道の駅伊勢本街道御杖にみつえ温泉姫石の湯がある。11〜20時、火曜（祝日の場合翌日）休、700円、☎0745-95-2641

問合せ先　御杖村むらづくり振興課☎0745-95-2001

2万5000分の1地形図　菅野

大峰・台高

奈良県・三重県

三峰山
（みうねやま）

標高
1235m
△1235.2m

初夏は新緑とシロヤシオ、冬は霧氷が美しい

奈良県御杖村と三重県津市の県境に横たわる三峰山は、尾根続きの高見山とともに霧氷を楽しめる山として人気がある。山頂の南には八丁平と呼ばれる広々とした草原があり、爽快。初夏にはシロヤシオの花が咲く。

| 1月 | 2月 | 3月 | 4月 | 5月 | 6月 | 7月 | 8月 | 9月 | 10月 | 11月 | 12月 |

雪山　新緑　花（シロヤシオ）　紅葉　雪山

花　展望　温泉　新緑　紅葉

新緑鮮やかな八丁平。展望も抜群だ

コースガイド

日帰り｜一般向き｜歩行時間：4時間45分

❶三峰山登山口（10分）→ ❷登り尾コース登山口（30分）→ ❸林道横断（1時間）→
❹避難小屋（15分）→ ❺三畝峠（10分）→ ❻三峰山（八丁平経由15分）→
❺三畝峠（45分）→ ❼新道峠（30分）→ ❽舗装路出合（1時間10分）→ ❶三峰山登山口

　❶三峰山登山口バス停で下車。みつえ青少年旅行村に入る手前で左の大タイ谷に入るとすぐに❷登り尾コース登山口がある。植林の中を登り始め、トイレのある休憩所の先で❸林道を横切り、再び登山道へ。森林組合の小屋を見て少し登ると北側の展望が開け、曽爾高原と倶留尊山が見える。1時間ほど登ると、左手尾根上にログハウス風の❹避難小屋がある。小屋

前にはブナの大木が四方に枝を広げている。ここで不動滝からのコースが合流する。そこから❺三畝峠へはひと登り。あとは尾根通しに山頂を目指す。

　樹木に囲まれた小広い❻三峰山山頂は、北側の展望が開けている。たっぷり時間をとるなら、山頂の南に高原状に広がっている八丁平がよい。南に台高山脈の山並みが一望できる。

八丁平からは三峰山側の斜面につけられた道を西へ、正面に高見山を垣間見ながらゆるやかに道を下っていくと、先ほど歩いた山頂への道と合流する。❺三畝峠からは尾根道を直進しよう。

ゆるやかで広々とした尾根道で、登り尾峰を越え、右手にヒメシャラの群落を見てゆるやかに下っていくと、❼新道峠に着く。道標に従って青少年旅行村に向けて下る。青少年旅行村へとつながる❽舗装路に下り立ち、あとは❶三峰山登山口バス停へ向かう。

アクセス 行き＝鶴橋駅（近鉄大阪線急行50分）榛原駅（奥宇陀わくわくバス49分）掛西口（御杖ふれあいバス38分／運転手に三峰山登山口で下車する旨を伝えること）三峰山登山口 帰り＝三峰山登山口（御杖ふれあいバス14分）神末敷津・敷津（三重交通バス54分）名張駅（近鉄大阪線特急50分）鶴橋駅 奈良交通バス☎0742-20-3100、御杖村総務課（コミュニティバス）☎0745-95-2001、三重交通☎0595-66-3715
駐車場情報 三峰山登山口バス停とみつえ青少年旅行村に無料駐車場がある（各約30台）。
アドバイス 冬季の土・日・祝は奈良交通の直通バス「霧氷号」が榛原駅からみつえ青少年旅行村まで運行。所要時間1時間12分。軽アイゼンは必携。
立ち寄り情報 P251参照。
問合せ先 御杖村むらづくり振興課☎0745-95-2001
2万5000分の1地形図　菅野

山頂から倶留尊山を望む

主な山名・地名さくいん

Alpine Guide
関西周辺 週末の山登り
ベストコース123

ヤマケイ アルペンガイド
関西周辺 週末の山登り
ベストコース123

2020年6月15日　初版第1刷発行

著者／加藤芳樹
発行人／川崎深雪
発行所／株式会社 山と溪谷社
〒101-0051
東京都千代田区神田神保町1丁目105番地
https://www.yamakei.co.jp/

■乱丁・落丁のお問合せ先
山と溪谷社自動応答サービス
℡03-6837-5018
受付時間／10:00〜12:00、
13:00〜17:30（土日、祝日を除く）
■内容に関するお問合せ先
山と溪谷社　℡03-6744-1900（代表）
■書店・取次様からのお問合せ先
山と溪谷社受注センター
℡03-6744-1919　℻03-6744-1927

印刷・製本／大日本印刷株式会社

装丁・ブックデザイン／吉田直人
編集／安武 大、横井広海
DTP／株式会社 ローヤル企画
地図製作／株式会社 千秋社

加藤芳樹（かとうよしき） 写真・文

　1967年京都生まれ。山と溪谷社大阪
支局勤務を経て、フリーのライター、編
集者に。現在は『岳人』（ネイチュアエ
ンタープライズ）の編集にも携わる。著
書に、分県登山ガイド『兵庫県の山』、
ヤマケイアルペンガイドNEXT『駅から
ハイキング 関西』（ともに山と溪谷社）
などのほか、共著、編著多数。日本山岳
会会員、環境省自然公園指導員、日本登
山インストラクターズ協会会員。